杉本敏夫 監修
最新・はじめて学ぶ社会福祉

社会福祉

原理と政策

立花直樹・波田埜英治・家髙将明

編著

ミネルヴァ書房

シリーズ刊行によせて

　この度，新たに「最新・はじめて学ぶ社会福祉」のシリーズが刊行されることになった。このシリーズは，もともと1998年に，当時岡山県立大学の教授であった故大島侑先生が監修されて「シリーズ・はじめて学ぶ社会福祉」として始まったものであった。当時，現監修者の杉本も岡山県立大学に勤務しており，一部の執筆と編集を担当した。そのような縁があって，その後，杉本が監修を引き継ぎ，2015年に「新・はじめて学ぶ社会福祉」のシリーズを刊行していただいた。

　この度の新シリーズ刊行は，これまでの取り組みをベースに，ちょうど社会福祉士の新しく改正されたカリキュラムが始まることに対応して新しいシラバスにも配慮しつつ，これからの社会福祉について学べるように改訂し，内容の充実を図るものである。また，これまでのシリーズは社会福祉概論や老人福祉論といった社会福祉の中核に焦点を当てた構成をしていたが，今回のシリーズにおいては，いままで以上に社会福祉士の養成を意識して，社会学や心理学，社会福祉調査等の科目もシリーズに加えて充実を図っているのが特徴である。

　なお，これまでの本シリーズの特徴は，①初心者にもわかりやすく社会福祉を説明する，②社会福祉士，精神保健福祉士，介護福祉士，保育士等の養成テキストとして活用できる，③専門職養成の教科書にとどまらないで社会福祉の本質を追究する，ということであった。この新しいシリーズでも，これらの特徴を継続することを各編集者にはお願いをしているので，これから社会福祉を学ぼうとしている人びとや学生は，そのような視点で社会福祉を学べるものと思う。

　21世紀になり，社会福祉も「地域包括」や「自助，互助，共助，公助」と

いった考え方をベースにして展開が図られてきた。そのような流れの中で，社会福祉士や精神保健福祉士もソーシャルワーカーとしての働きを模索，展開してきたように思うし，ソーシャルワーカー養成も紆余曲折を経ながら今日に至ってきた。複雑多様化する生活問題の解決を，社会がソーシャルワーカーに期待する側面もますます強くなってきている。さらには，社会福祉の専門職である保育士や介護福祉士がソーシャルワークの視点をもって支援や援助を行い，社会福祉士や精神保健福祉士と連携や協働が必要な場面が増加している。それと同時に，社会福祉士や精神保健福祉士としての仕事を遂行するのに必要な知識や技術も複雑，高度化してきている。社会福祉士の養成教育の高度化が求められるのも当然である。

　このまえがきを執筆しているのは，2021年1月である。世の中は新型コロナが蔓延しているまっただ中にある。新型コロナは人びとの生活を直撃して，生活の困難が拡大している。生活の困難に対応する制度が社会福祉の制度であり，それを中心となって担うのが社会福祉の専門職である。各専門職がどのような役割を果たすのかが問われているように思う。

　新型コロナはいずれ終息するであろう。その時に，我々の社会や生活はどのような形になるのであろうか。人びとの意識はどのように変化しているのであろうか。また，そのような時代に社会福祉の専門職にはどのようなことが期待されるのであろうか。まだまだよくわからないのが本当であろうが，我々は社会福祉の立場でこれらをよく考えておくことも重要ではないかと思われる。

　2021年1月

監修者　杉本敏夫

目　次

第Ⅱ部 社会福祉の現状と諸課題

プロローグ

社会福祉を学ぶにあたって

（1）社会保障と社会福祉の定義

　"社会保障"とはどのような意味なのだろうか？

　広義の社会保障は「国が国民の最低限度の健康で文化的な生活を保障する制度（社会保障という言葉が公的に使われたのは1935年米国で制定された社会保障法が初めとされ、日本では1950年の社会保障制度審議会の〈社会保障制度に関する勧告〉に基づいて整備されてきている）」と定義され、狭義の社会保障は「疾病、負傷、出産、廃疾、老齢、死亡、失業、多子、児童等に対しては社会保険・児童手当制度により、生活困窮者に対しては公的扶助によって生活保障を行うとともに、医療・保健事業と社会福祉を含むとされている」と定義されている。つまり、広義的に"社会保障"は、日本国憲法で規定された"最低限の健康で文化的な生活（生存権）を保障する制度"であり、狭義的には"社会保障の4つの柱である社会福祉・公的扶助・保健医療・公衆衛生などの制度による現物給付や現金給付を通じて、生活保障を行うこと"を意味している（第1章参照）。

　一方、"社会福祉"とはどのような意味なのだろうか？

　広義の社会福祉は「国民の生活の安定と福祉の増進を図ることを目的として行われる社会的な方策または行動体系」と定義され、狭義には「戦前は社会事業と呼ばれていたが、戦後は新しい憲法の理念に基づき、とくに社会福祉事業としては、社会保障制度の一環として、生活困窮者、障害者、児童、老人などの社会的に援護を要する者の自立と社会参加をうながす事業」と定義されている。つまり、広義的に"社会福祉"は"国民の生活の安定と福祉の増進を図ること"を意味しており、社会福祉には、介護、保育、相談、就労支援、更生、厚生、交流、生きがい支援、権利擁護、苦情解決、自立支援、自律支援など様々な要素が含まれている。また、狭義的には"社会保障の対象となる人々への援護（援助や保護）を通じた自立と参加のための事業"を意味することがわ

かる。まず，現代における社会福祉の意義を理念や構造から考えていただきたい（第1章参照）。

（2）社会福祉の意義と役割

　近年，「社会福祉サービス（契約が基本）」といわれるが，もともとの出発点は個人の善意（施し・憐れみ）であり，近隣同士の助け合い（相互扶助）が基本であった。それが時代とともに変遷してきたのである。20世紀初頭には「社会事業（保護が基本）」と呼ばれ，第二次世界大戦後は「社会福祉事業（措置が基本）」であった。過去の歴史的事実に目をつぶる者は，現代の社会の課題や成果を見過ごすことになってしまう。時代とともに変遷してきた社会福祉の歴史をしっかり学んでいただきたい（第2章参照）。

　長い歴史の中で，社会福祉の理念や制度が変遷してきたのは，時代ごとの社会や政権がどのような思想や哲学で「社会福祉」を捉え，学者や実践者が理論を構築してきたかによる。古代より中世，中世より近世，近世より近代，近代より現代と「思想・哲学・理論」に変遷があった事実は，歴史の集積の中で，福祉の理論や思想が深まってきたという証でもある。福祉の「思想・哲学・理論」を学ぶことで，現代における社会福祉の内容や意義を再認することができるはずである（第3章参照）。

　社会福祉の制度や構造が歴史的に変遷する中で，思想・理論・理念も変遷してきた。それは，「旧態依然の形に固執する側」「改革した形を推進する側」「両方の良い所取りをする側」「独自路線を歩む側」など，様々なパワーが交錯し，「既得権への固執」「新たな利権への執着」「慈善や公益の実践」など，種々の思惑が渦巻いてきた。福祉の原点に戻るなら，「いったい誰のための制度や援助・支援なのか（対象）」「何のために実施するのか（ニーズ）」を常に問い続ける必要がある。さらに，最善の方法は，社会福祉の枠の中にとどまるだけでなく，社会福祉の枠を越え学際的な視点をもつことや，他分野との連携や協働が必要となってくる（第4章参照）。

　基本的人権が保障されているのは，すべての法律の根幹となる日本国憲法の第11条〜第13条においてである。法治国家においては，すべてのルールは法律や制度で規定されている。もちろん，社会福祉が多岐の分野にわたっているため，社会福祉には多様な法律がある。社会福祉実践に携わる者は法律や制度の細部を理解するのが苦手だと感じている人が多い。専門職の援助の方向性が指

し示されているのが制度であり，援助や支援の基準が細かく規定されているのが法律である。ルールに基づいて援助を行い，逸脱した支援を行わないためにも，法体系や制度はしっかりと押さえておくべきである（第5章参照）。

　近年の ICT サービスやスマートフォンの普及によって，情報がデジタル化されていき，情報を収集・受信できない情報弱者が増えている。そうでなくても，情報弱者である要援護者の不利益がこれまでよりも増加しているため，サービスを提供する側のアカウンタビリティやインフォームド・コンセントがより重要視される状況である。一方，情報操作による「振込詐欺」，セキュリティの脆弱性による「個人情報流出」，匿名性による SNS システムの弊害といえる「ネットによる誹謗・中傷」「デジタルタトゥー」，情報入手が簡単であることによる SNS 等への「ネット依存」などが，「ネットの誹謗・中傷による自殺」「ネット犯罪」「ネット依存による不登校や生活荒廃」等の新たな社会問題を生み出している。それらを含めた多様な援助や解決方法が求められる時代となっている（第6章参照）。

　エスピン゠アンデルセン（G. Esping-Andersen）は，世界の「社会保障制度の整備を通じて国民生活を安定させる国家政策（福祉国家）」について，当初「社会的階層化」「脱商品化」の2つの指標を用いて分析し，「自由主義レジーム」「保守主義レジーム」「社会民主主義レジーム」の3形態に分類した。そして，その後のフェミニズム批判により「脱家族化」という指標を補完した。社会的階層化とは，「社会政策が国民の間の職業・階級・身分・性別などによる地位や権利の格差をどの程度固定させているかどうか（所得格差）の指標」，脱商品化とは「労働力を商品化できなくなっても生活できるかどうか（公的扶助）の指標」，脱家族化とは「制度や市場原理を活用して，家庭での育児や介護をどの程度軽減できるかどうか（家族への依存度）の指標」である。現代の福祉国家を検討する際には，「雇用・労働市場」を切り離すことが難しく，契約やサービス提供方法やプロセスについて評価する仕組みが必要となっている（第7章参照）。

　社会福祉において，法律や制度に基づいて援助や支援を行うのは当然であるが，財源（必要な資金）がなければ制度は成立せず，絵に描いた餅になってしまうだろう。財源がなければ，専門的な援助はできず，単なる素人としての善意に基づいた行為（施し・慈善）にとどまってしまうだろう。一方，財源（必要な資金）が際限なくあるわけではないため，有限な財源を効果的に利用するた

めには，同時に計画の策定と目標の設定が不可欠になり，富や所得の再分配の状況を確認することが必要となってくる（第8章参照）。

　財源が確保でき，計画が策定されたとしても，誰がそれを実行するのだろうか。誰が社会福祉事業やサービスの実施主体となる責任をもつのであろうか。事業やサービスを実施する主体は，①公的機関（行政），②非営利団体（公的団体・民間団体等），③営利団体（民間企業等），④自然発生的集団（ボランティア等）に分けられる。様々な実施主体がそれぞれの立場から強みを発揮し連携しながら，複層的にサービスを提供する中に，利用児・者のニーズに沿った援助や支援が可能になるのである。福祉多元主義は質の低いサービス供給主体の淘汰を生み出す一方で，状況によっては地域格差等を生み出す危険性もある（第9章参照）。

　長期間にわたり，第二次世界大戦以降の社会福祉事業やサービスの実施主体として，重要な役割を果たしてきたのが，社会福祉事業法（現・社会福祉法）で位置づけられた社会福祉法人（非営利団体）であった。しかし，急速な高齢化による介護ニーズの爆発的な増加や待機児童問題などに，社会福祉法人だけでは対応が難しかったことや一部の社会福祉法人による不正の影響により，一定の基準を満たした民間営利団体には社会福祉事業やサービスへの参入が認められだしている。国として一元化した施設や事業が年々減少し，自治体による施設認証基準の設置や任意事業・独自事業が増加している実態は，地域の実情を踏まえた柔軟な独自のサービスを生み出す一方で，状況によっては地域格差等を生み出す危険性もある（第10章参照）。

　多様化する様々な福祉の問題には，幅広い知識や技術で対応できる専門職が求められる時代となっている。しかしながら，より問題が深く専門的になっているため，多様なニーズに応じたそれぞれの領域における専門的な支援が必要である。そのため，時代のニーズに応じて，専門領域ごとで様々な専門職が誕生している。そして，各専門職が連携して，総合的かつ包括的なチームケアを行うことが当然の流れになりつつある。つまり，ジェネラル（多様）な視点とグローバル（包括的）な視野をもち，専門的な援助や支援が可能なスペシャリスト（専門職）の存在が不可欠となっている（第11章参照）。

　社会福祉に関する専門職が活躍する保健・医療・福祉・介護・保育・教育などの現場において，様々な人と関わり援助や支援を行うことをヒューマンサービスと呼んでいる。それぞれの現場では，種々の生活歴があり多種の課題や多

様な性格を持つ利用児・者が援助や支援を必要としている。それら利用児・者と信頼関係を構築しニーズをしっかり把握した上で，援助や支援を行わなければ，利用児・者の主体性を尊重できず，満足度は高まらない。利用児・者と信頼関係（専門用語で“ラポール”という）を構築し，ニーズを把握し，主体性を尊重した質の高い援助や支援を行う際に，効果的な手法がソーシャルワークである。ソーシャルワークの専門職である社会福祉士や精神保健福祉士でなくても，保健・医療・福祉・介護・保育・教育などの現場で活躍するためには，ソーシャルワークの視点を学んでおくことが非常に有用である（第12章参照）。

　特に現代の社会福祉を考える際に，「人権」「権利擁護」を抜きにして考えることはできない。当然，「社会福祉サービス（契約が基本）」においては，サービス提供者とサービス利用者の関係は“我－汝”という対等な全人格的関係が基本であり，「人権」「権利擁護」が社会福祉援助や支援の基盤におかれなければならないからである。

　福祉機関・施設や事業所等における援助者である専門職と被援助者である利用児・者の関係は対等であるといいながら，これまで数多くの専門機関や施設・事業所等において抑圧・虐待・詐欺・殺人・性犯罪などの逸脱行為が繰り返されてきた。一部の専門職の行為であるとはいえ，後を絶たない状況がある。そのため，中立的な立場の機関や第三者が，利用児・者の権利擁護を行い，苦情を受け付ける仕組みが確立している。専門機関や施設に入院・入所生活している利用児・者が，第三者や外部機関に問題や苦情を発信できる機会を保障されるシステム等を確立した上で，質の高いサービスや援助・支援が提供できているかどうかを評価する制度が近年必要とされてきている（第13章参照）。

　従来の貧困やホームレスの問題，入所者や通所者といった利用児・者の生きがいや主体性の尊重という問題のみならず，近年「虐待や配偶者間暴力・パートナー間暴力（DV：Domestic Violence）の被害による心理的ケア」「貧困問題や自殺やストーカー等に関する命に関する相談」「発達障害や性的虐待・暴力等の表面化されにくい問題への対応」「ネットカフェ難民や低所得者層の増加などの準要保護層の増大」「知的障害者や精神障害者等が含まれる刑余者支援の問題」や「LGBT 等に代表される多様な性への支援」など，より複層的で多領域が絡む人権問題が増加している。孤立を防ぐ取り組みや居場所づくりをどのように地域社会で進めていくかが重要なキーワードとなっている（第14章参照）。

（3）社会福祉の現状と課題

　これからの日本は少子化に加え多死社会の到来が懸念され，2010（平成22）年をピークとしてすでに人口減少社会へと突入している。国立社会保障・人口問題研究所によると，このままの出生率で今後推移すれば，2065年には全人口が8808万人となると推計されている。⁽³⁾

　一方で，人口を維持・増加させていく方向性に舵を切る方法もある。そのためには，少子・少産問題，待機児童問題（保育所，留守宅家庭児童育成）を解決し，家族形態の状況や世帯収入，障がいの有無などにかかわらず，子どもを産み育てやすい社会の構築が不可欠である。一方で，晩婚化による不妊治療の増加や高齢出産のリスク等に関するニーズにも手厚く対応できる制度の確立も不可欠である。待機児童解消とともに，障がいや配慮の必要な児童をも含んだインクルーシブな教育や保育の構築（質の転換）が求められている。つまり，人口を維持・増加させていくためには，複層的で多様なニーズに対応できる支援制度を構築していかなければならないのである（第15章参照）。

　社会福祉は大きな転換期を迎えている。1951（昭和26）年に制定された社会福祉の憲法ともいうべき社会福祉事業法は，2000（平成12）年5月に社会福祉法へと抜本的に改正された。それまでは，入所型福祉事業中心の措置制度であったが，入所型福祉事業と在宅型福祉事業を中心に据えた契約制度へとフルモデルチェンジされた。改正の1つの柱が，「地域福祉推進」であり，大都市への人口移動で失われつつある地縁や相互扶助を復活させようとするものであった。障がい者，高齢者や低所得者等，独居の要援護者が増加している状況から，孤立やセルフネグレクトを防止し，災害時の支援や援助にも対応すべく，地域ネットワークの再構築を迫られているのである。高齢・障がい・児童など各分野別のセクショナリズムの縦割り支援を行ってきたが，高齢者世帯に障がいのある家族もいれば，児童の保護者が精神障害を抱えるケースも増えていることから，「地域包括ケア」により多様かつ複層的な家族問題に対応できる相談的な支援・援助の必要性が求められており，保健・医療・福祉・保育・教育など，包括的・一体的に支援を受け安心して暮らすことのできる「地域共生社会」の実現を目指していく一助となるべく専門職が協働していかなければならない（第16章参照）。

　近年，障がい児・者が増加している。高齢者の増加に伴う内臓障害や肢体不自由等の身体障害者の増加，ストレスが増大する社会における精神障害者の増

加，さらには知的障害者や発達障害者も増加している。それらの要因は，土壌汚染・大気汚染・水質汚染・添加物摂食・農薬使用・薬剤摂取・電磁波の広がりなど，様々な要因が複雑に絡み合っているといわれる。障がい児・者が増加することで，障がい児・者が数の上では少数派から脱却していき，「物理的なバリア」「文化・情報面のバリア」「制度的なバリア」は，徐々に解消できるかもしれない。しかし，「意識のバリア・心のバリア」を取り去ることは非常に難しいだろう。私たちは，ノーマライゼーションへ向けた社会づくりに挑戦していかなければならない（第17章参照）。

　様々な社会サービスや経済システムを縮小し，全国各地をコンパクトシティ（Compact City）に転換し，日本全体をコンパクトステート（Compact State）に変貌させて，人口に見合った形で縮小していく方向性もある。縮小していけばサービスが低下する可能性があり，サービスを維持しようとすれば税金や保険料が上がっていくことになる。どのような道を選択すべきかを早急に検討しなければならない。

　さらに近年，社会福祉の領域では「グローバリゼーション」が重要なキーワードとなっている。人・物・金・文化・宗教が国境を越えて移動し，ボーダレスの社会に突入しているのである。ヨーロッパやアメリカでは，移民を受け入れたことで，人口減少に歯止めをかけることに成功した一方で，様々な問題や衝突が起こっている。日本でも現在外国人技能実習生をはじめ，医療・福祉領域に看護職や介護職の不足を補うために，日本とインドネシア，フィリピンおよびベトナムとの間で締結された経済連携協定（EPA）がますます広がりをみせている。また，これまでクローズでタブー視されてきた「多様な性の問題（LGBT 等）」も表面化され，社会全体で取り組まなければならない問題となっている。2015（平成27）年に国連で採択された「SDGs（Sustainable Development Goals：持続可能な開発目標）」は，2030年までに「世界中の人々が力を合わせて，だれ一人取り残さない持続可能な開発目標」をスローガンに，「貧困や不平等，格差，環境など様々な問題を解決するための具体的行動指針」を定めている（第18章参照）。日本が真の国際化を目指すのなら，イギリスや北欧・アメリカ等の他国のグローバリゼーション（globalization：国際性）から学び倣い世界基準に準拠するとともに，ローカリゼーション（localization：地域性）をも重視した日本型の福祉政策を構築することが不可欠となっている。一般の人々が社会問題の解決に踏み出していく中で，社会福祉専門職が先頭に立って，力量を発

揮することが求められている（第19章参照）。

　"不易流行"という言葉があるように，時代が変わったとしても，大切な心や意志を受け継いでいくことは大変重要である。また，本書を手に取った人が，何かを感じ，何かを決意し，世界中の人々が蜂起し始動しだした「SDGs」にどのように専門職として関与していくかを考え，何らかの行動を始めていただければ，それは未来の日本社会を変革させていく第一歩となっていくだろう。ぜひとも，本書を手に取ったあなた自身がこれから何をすべきか考えてほしい（エピローグ参照）。

　そして，「社会福祉」に関心をもち，将来福祉の仕事に携わったり，保健・医療・福祉・介護・保育・教育などの領域に従事する際の福祉的な視点を養ったり，福祉的援助を必要とする利用児・者と出会った際の援助や支援等に，本書を活かしたりしていただければ幸いである。

注
(1)　平凡社（2009）「社会保障」『百科事典マイペディア』。
(2)　平凡社（2009）「社会福祉」『百科事典マイペディア』。
(3)　国立社会保障・人口問題研究所（2017）「日本の将来推計人口（平成29年推計）」1頁。

参考文献
杉本敏夫監修／立花直樹・波田埜英治編著（2017）『児童家庭福祉論（第2版）』ミネルヴァ書房。
杉本敏夫監修／立花直樹・波田埜英治編著（2017）『社会福祉概論』ミネルヴァ書房。
西尾祐吾監修／立花直樹・安田誠人・波田埜英治編著（2019）『保育者の協働性を高める子ども家庭支援・子育て支援』晃洋書房。
横須賀俊司（1993）「『障害者』福祉におけるアドボカシーの再考——自立生活センターを中心に」『関西学院大学社会学部紀要』67，167〜176頁。

第 I 部

社会福祉の理念・歴史・理論と意義，制度と体系

第1章

社会福祉の構造と理念

　生活の身近にあるはずの社会福祉だが，その取り組みは非常に多様で，わかりにくい状況にある。本章では社会福祉の構造や理念について，また，その概要といった基本的な内容にふれる。これらの内容を通して，社会福祉は何を目指し，どのような仕組みで人々のニーズに応えようとしているのかを理解してもらいたい。同時に，私たちの生活と密接な関わりをもつ社会福祉にまずは関心をもってもらいたい。そして，社会福祉に関する様々な内容を学ぶ上での基礎を固めてもらえたらと思う。

1　社会福祉の基本構造

（1）私たちの暮らしと社会福祉

　「人と人が支え合う」「困ったことがあれば助け合う」ことが福祉の原点であるとするならば，大なり小なり私たちは生活の中で多くの福祉にふれているはずである。

　しかし，本来身近であるはずの社会福祉から切り離され，生活上の困難を抱えているものの，誰かの支えや助けを受けることができない，どうすればよいのかわからない人が少なからず存在している。たとえば，子どもの発達や子育てに悩んでいるが相談相手がいない人，突然の病気による寝たきりや車いす生活に困難を抱えている人，さらには自身の性別についての違和感を誰にも相談できずにいる人などである。同時に，「介護は家族が行うもの」「子育ての責任は親にある」「性別は男女のみである」というような古くからある価値観に縛られ，身近な人や家族に話せない状況もある。このように，誰かに悩みや不安を相談しない・できないことは本人の責任とは言い切れない部分もある。

　少子高齢化の進展をはじめ，近年の多発する自然災害など，想像もできない

ことが起こる社会の中で生活する私たちは，時に自分の力だけでは解決することができない困難や課題に直面することがある。このような状況に陥った際，相談にのったり，必要な支援やサービスを提供したりするものの1つとして社会福祉の制度や実践がある。そして，必要な場合は，新たな制度や実践を生み出し，生活を支えていくのである。

（2）社会福祉とは

　私たちの日々の生活は様々な形で支えられている。生活上の困難や課題を抱えた際に，まずは自らの力で解決しようとする「自助」や地域のつながりや家族によって解決を図る「互助」といった形である。また，「自助」や「互助」による解決が難しい場合に，国民全体でともに支え合う「共助」や国の責任により支える「公助」といった公的な支援によって課題の解決が図られることになる。

　近年では特に社会福祉における地域の役割が重要視されているものの，少子高齢化の進展や人口減少といった背景も絡み，地域における人々のつながりは弱まっている。私たちが暮らす地域の中で，孤立したり排除されたりすることなく，困難や課題を抱えた際にも，安心して生活することのできる「互助」を中心とした「地域共生社会」の実現が目指されている。

　社会福祉の対象は必要に応じて拡大し，その支援のあり方も社会の変化に対応してきたといえる。ただし，その対象は特定の誰かではなく，すべての人々であり，生活の中で生じる課題や困難から，生きにくさや生きづらさを感じている人たちを支援の対象とする。

　その中で，社会福祉とは，そのような人々に対し，自らの力で解決すること（自助）を前提としながらも，法律に定められた制度やそこに規定されたサービス（共助・公助），また社会福祉に関する国や自治体による政策およびそれらを具体的に活用するための実践（ソーシャルワーク）の全体を指している。これらの内容は多岐にわたり，制度化されていない地域の支え合い（互助）を含んでいる。それぞれの内容を全体的に学ぶことによって社会福祉を理解することができるのである。

（3）社会福祉と社会保障

　これまで述べてきたように，社会福祉は自身の努力や責任では対応しきれな

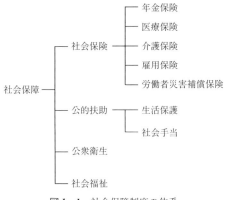

図1-1　社会保障制度の体系

出所：筆者作成。

い病気や失業，老齢や障がい，生活困窮など，誰にでも起こり得る困難に対して，私たちの生活を支えるものである。ただし，それらがすべて社会福祉の制度やサービスによるものというわけではなく，社会保障との関係で理解する必要がある。

　社会保障とは，私たちの生活の安定化を図るとともに最低生活を保障する公的な仕組みであり，その制度を社会保障制度という。社会保障制度は図1-1のように社会保険，公的扶助，公衆衛生，そして社会福祉から成り立っている。これらの制度があることで，私たちは病気になった時に安心して病院に行くことができ，高齢になり働けなくなったり障がいをもったりした際には生活を支えてくれる社会保険による給付を受け，生活の安定を図ることができる。また，それでも生活が困窮する場合には，生活保護や社会福祉により生活の保障が行われる。社会保障がセーフティネット（安全網）と表現されるのは，こうした役割を担っているからである。

　このように，公的に私たちの生活を支える社会保障の1つに社会福祉制度はあり，社会福祉は社会保障の一部であるともいえる。そのため，社会福祉を理解するためには，社会福祉制度だけでなく社会保障全体の理解が必要となるのである。

2　社会福祉の理念

（1）社会福祉の理念の理解

　社会福祉を理解する上で，重要なのが「理念」である。理念は価値と同じような意味で用いられることもあるが，理念とは「目指すべき方向性」「根本的な考え方」を示したものである。

　社会福祉が，生きにくさや生きづらさを抱えた人々を支えるものだとして，その実現には制度や実践が必要となるが，同時に「目指すべき方向性」「根本的な考え方」としての理念もなくてはならない。つまり，何を目的として社会福祉の制度や実践があるのか，今ある制度のどこに課題があるのか，その実践は正しい方向に進んでいるのかなどを確かめ，時に振り返るためには，この「理念」が重要な意味をもつ。

　ここでは，その主な概念として人権尊重，ノーマライゼーションとソーシャル・インクルージョン，自立支援について述べる。

（2）人権尊重

　人権とは，人が生まれながらにして当然もっている権利である。この権利は，私たちが私たちらしく生きていくために欠かすことのできないものである。特に社会福祉においての権利とは，日本国憲法に規定されている基本的人権を指し，国民主権，平和主義とともに三大原則の 1 つとされている。

　基本的人権に関して，憲法第11条は「国民は，すべての基本的人権の享有を妨げられない。この憲法が国民に保障する基本的人権は，侵すことのできない永久の権利として，現在及び将来の国民に与へられる」と規定している。

　この基本的人権の中でも，社会福祉の「目指すべき方向性」「根本的な考え」を示すものとして，憲法第25条が挙げられる。この第25条には，第 1 項に「すべて国民は，健康で文化的な最低限度の生活を営む権利を有する」，また第 2 項には「国は，すべての生活部面について，社会福祉，社会保障及び公衆衛生の向上及び増進に努めなければならない」と規定されている。この第25条を「生存権」といい，誰もがこの日本で生活する限り，人として当たり前の生活をする権利をもっていることを表している。

　基本的人権としてもう 1 つ押さえておきたいものとして，憲法第13条がある。

「すべて国民は，個人として尊重される。生命，自由及び幸福追求に対する国民の権利については，公共の福祉に反しない限り，立法その他の国政の上で，最大の尊重を必要とする」と「個人の尊重」「幸福追求権及び公共の福祉」が掲げられている。特に「幸福追求権」に関しては，誰もがそれぞれの価値観における幸福を求めることができ，ほかの誰かから決められるものではないことが表されている。この権利が大事であるのは，社会福祉の過去に目を向けると，社会的に弱い立場にある人たちの幸せの形を，社会福祉側から押しつけていた反省があるからである。

　しかしながら，誰もが生まれながらに当然にもっている基本的な権利であると同時に，「社会状況によりそれが侵害されている人々がいること，そして侵害されているという状況さえもが見えにくくなっている現状を忘れてはならない」のであり，社会福祉は常にそのような状況にある人たちに関心をもたなければならない。

（3）ノーマライゼーションとソーシャル・インクルージョン

　ノーマライゼーションとは，「誰もが差別や排除されることなく，普通に生活できる社会」の実現を目指した概念である。知的障害者を大規模施設の劣悪な環境下で処遇するのが当たり前であった時代，デンマークのバンク＝ミケルセン（N. E. Bank-Mikkelsen）が新たに提唱したもので，施設環境の改善および一般市民と同様の地域生活の実現を訴えた。

　日本では，1981（昭和56）年の「国際障害者年」以降において広まることになる。「国際障害者年行動計画」には「ある社会からその構成員のいくらかの人びとを締めだす場合，それは弱くてもろい社会である」と述べられている。つまり，障がいがある人たちを社会から排除し，当たり前に社会の中で暮らす権利を奪ってきた反省に立った概念といえる。

　ノーマライゼーションの概念は次に述べる自立支援などの社会福祉における多くの基本的な考え方に影響を与えてきた。そして現在においては，高齢者などの社会福祉の支援を必要とする人たちだけでなく，すべての人たちを対象とした概念として用いられる。

　しかし，前節でも述べたように，誰の助けを受けることもできず，社会から「排除」され「孤立」してしまっている状態の人たちがいる。ノーマライゼーションの実現には，この「排除」された，「孤立」している状態にある人たち

に関心をもたなければならない。そこで必要となる概念としてソーシャル・インクルージョンがある。ソーシャル・インクルージョンは「社会包摂」ともいわれ，「誰もが社会的に排除されることなく，社会とつながり，社会の構成員として包まれるという考え[2]」を意味している。その実現には，一度は切り離された社会との新たなつながりを生み出し，「排除」「孤立」させない社会を構築していくことが必要となる。

　現代において誰もが安心して自分らしく生活できる社会の実現には，ノーマライゼーションの概念が社会の中で一層理解されること，さらにはソーシャル・インクルージョンの考えに沿った実践が必要とされる。

（4）自立支援

　自立した生活とはどのようなものであろうか。その問いに答えるのは単純なことではないだろう。それは，「自立」という言葉の捉え方が多様であるからだと考えられる。最も想像しやすいのは，成人し親元を離れ，就職後自身の給料のみで生活するといった経済的な自立である。では反対に，経済的に自立をしていない人は自立していないということになるのだろうか。

　社会福祉やその実践であるソーシャルワークの形成過程をみてみると，他者に頼ることなく自身の力のみで生活を成り立たせること，またそれを目指すことを自立支援のあり方とする考えも存在した。しかしながら，前に述べたノーマライゼーションの概念や障がいがある学生の運動などの影響もあり，自立の捉え方は変化していく。

　1960年代の後半にカリフォルニア大学の身体障害のある学生が自立生活を目指した運動がよく知られており，これを「自立生活運動」と呼んだ。この運動の中で，「他の人の助けを借りて15分で衣服を着て外出できる人は，自分で衣服を着るために2時間かかるため外出できない人よりもある意味で自立している」という考え方が示されている。つまり，誰かに頼る（依存する）ことを自立とは異なる考え方とせず，むしろ「他者に頼る（依存する）ことを前提とした自立」「自らの生活や行動を自己決定により選択する自律」を提起したのである。

　私たちは「できることは自分で行う」といった考えを何気なく他者にも求めてしまう。これは社会福祉においても例外ではない。しかし私たちは，どこかに移動する手段としてタクシーや電車を使用し，お腹がすけばコンビニや飲食

店を利用するなど，他者の力を借りて生活している。このように考えると，完全に自身の力のみで生活しているとは言い切れない。そこに存在しているのは，自らの判断により自らの行動を選択，決定するという「自己決定」の考え方である。

　社会福祉における自立や自立支援で重要になるのは，「自己決定」を尊重し，いかに主体的に生きることを支えることができるのかという点である。誰かの力を借りたとしても，それが自らの責任より判断された，よりよく生活するためのものであるとすれば，それは自立し，自律した生活といえるのである。

3　社会福祉の概要

（1）社会福祉の目的

　社会福祉が制度や実践において目指すべきものの基盤となるのは，前述のとおり日本国憲法第25条および第13条である。私たち一人ひとりが個人として尊重され，それぞれが思い描く幸せを非難されることなく，誰もが最低限の生活を送ることができる社会の実現を目指している。その実現に向けた具体的なものの1つとして先に述べた社会保障があるが，当然それだけで十分なわけではない。

　社会状況や対象となる人たちを取り巻く環境の変化などに応じて，社会福祉の目的も発展してきている。そのため社会福祉の目的としてはノーマライゼーションやソーシャル・インクルージョン，自立支援も重要となる。同時に，人間の基本的欲求の最も高次なものとしても示される「自己実現」や，認知症などの症状により判断能力が十分でない人たちの権利を守るための「権利擁護」の理念も重要視されており，社会福祉の制度と実践において目指されるべきものである。

（2）社会福祉の対象とフォーマル・インフォーマルサービス

　社会福祉は貧困者を対象とした救済から広がっていったといえる。そして戦後の生活保護法の制定をはじまりとして，児童福祉法，身体障害者福祉法といった福祉三法の時代から知的障害者福祉法，老人福祉法，母子及び寡婦福祉法（現・母子及び父子並びに寡婦福祉法）を加えた福祉六法へとその対象を拡大していった。

　現在では六法に加え　精神保健及び精神障害者福祉に関する法律，発達障害者支援法も制定され，高齢者，障がい者，子ども，低所得者と幅広い対象を規定している。しかしながら，これらの社会福祉制度に規定されている人たちのみが社会福祉の対象というわけではない。

　たとえば，自身の性別に違和感を抱いている人や犯罪の被害者／加害者，HIV／AIDS の人や在日外国人などである。このような人たちは，時に差別や偏見をもたれやすく，生活上に困難を抱えると同時に生きにくさを感じる可能性が高い。社会福祉だけの対象とは言い切れないが，社会福祉においても，必要な支援を行うとともに，こうした人たちへの関心や理解も重要となる。

　以上のような対象者への社会福祉サービスは，フォーマルサービスとインフォーマルサービスに分けられる。フォーマルサービスとは制度化され，要件に当てはまることで利用可能な社会的に用意されたサービスのことをいい，国や地方自治体といった行政を中心に，社会福祉法人や社会福祉の専門職，さらには民間企業と様々な実施主体により提供されている。インフォーマルサービスとは地域住民や住民組織，ボランティアや制度に基づかない NPO 組織といった実施主体により提供されるサービスのことをいう。一般的にフォーマルサービスは専門性や継続性は高いが柔軟性が低く，インフォーマルサービスは柔軟性は高いが専門性や継続性は低いとされている。しかし，多様な対象に加え，現在の複雑・複合化した社会福祉の課題に対して，フォーマルサービスかインフォーマルサービスかどちらか一方ということではなく，必要に応じて両者が連携・協働し総合的にサービスを提供することが必要である。

（3）社会福祉の援助と専門職

　では実際に，社会福祉の現場で働く人たちにはどのような人たちがいるのだろうか。それぞれの場で直接的に対象者と接する人もいれば，間接的に関わる人もおり，それらを総じて社会福祉従事者と呼んでいる。この社会福祉従事者は，多岐にわたっており，たとえば社会福祉施設で働く人たちの職種を取り上げるだけでも生活支援員，生活指導員，母子・児童指導員，職業指導員など様々である。ただし，これらの職種に従事する人たちが実際に社会福祉の専門職であるかというと，必ずしもそうといえない部分があった。

　そのような中，1987（昭和62）年に社会福祉士及び介護福祉士法が制定され，社会福祉士や介護福祉士といった国家資格が誕生した。また，1997（平成9）

年には精神保健福祉士，2003（平成15）年には保育士が国家資格となり，現在社会福祉における国家資格は4資格となっている。

　これらの国家資格制定の背景には，社会福祉に関する課題や対象者の抱えるニーズの複雑化・多様化に伴い，より専門的な実践が求められていたことがある。それぞれの国家資格取得者が社会福祉の専門職として，医者や看護師，保健師などの他の専門職同様に社会的な認知度を高め，専門性を備えた実践の中で活躍されることが期待されている。

　しかしながら，まだまだ社会的認知度が低く，名称独占の資格でもあることから，これらの国家資格所持者でなければ社会福祉に関する仕事ができないわけではない。社会福祉の専門職としてさらに専門性を高めていくこと，そして現在の私たちの生活において必要な実践であると示していくことが必要である。

4　社会福祉の援助（ソーシャルワーク）と生活支援

　近年，「子どもの貧困」という言葉をよく耳にするようになったが，これは子どもを含む家族の貧困の問題である。その家族の抱える問題は，失業により収入が得られない，ひとり親家庭となることに伴う収入減といった金銭的な問題だけでなく，病気等により働きたくても働けない，DV，児童虐待などの背景とも絡み，複合的に起こっていることもある。

　こうした問題への支援において重要なのは，問題の原因や責任をその人「個人」のみに見出そうとするのではなく，その人を取り巻く「社会」との関係の中で捉えるといった，ソーシャルワークの視点である。私たちは多くの人や場所，地域といった「社会」と関わりながら生きている。この「社会」との接点を見極めながら，一つひとつの問題を整理し，その人らしく，生きがいをもって生活できるように，必要な支援を考えなくてはならない。

　しかしながら，社会福祉制度に基づくサービスが必ずしも万能というわけではない。課題や困難を抱えているにもかかわらず，その対象から漏れてしまったり，あるいは支援内容が不十分であったりすることもある。このことを十分に心に留め，ソーシャルワークは必要な人に必要なサービスが行き届いているかを常に問いかけていかなくてはならない。そして行き届いていないのであれば，現在の「社会の仕組み」に働きかけ，必要な場合は「新たな仕組み」を生み出すことが求められる。

　日々刻々と変化する社会において，私たちの抱える問題は多様化し，それぞれが複雑に絡み合っている。「子どもの貧困」にみられるように，これまで注目されなかった問題が浮き彫りになることもあるだろう。だからこそ，ソーシャルワークはこうした「社会」の状況を鋭く捉え，既存の制度や枠組みに縛られることなく，多様な対象への支援を可能とする専門的支援であることが期待される。

注
(1)　大野まどか（2010）「相談援助の理念　その1」成清美治・加納光子編著『イントロダクションシリーズ5　相談援助の基盤と専門職』学文社，78〜88頁。
(2)　空閑浩人（2016）『ソーシャルワーク論』ミネルヴァ書房，30頁。

参考文献
秋山智久（2000）『社会福祉実践論——方法原理・専門職・価値観』ミネルヴァ書房。
大久保秀子（2010）『新・社会福祉とは何か（第2版）』中央法規出版。
岡本民夫・永岡正巳・奈倉道隆編著（2000）『改訂版 社会福祉入門』財団法人放送大学教育振興会。
空閑浩人編著（2009）『ソーシャルワーク入門——相談援助の基盤と専門職』ミネルヴァ書房。
社会福祉士養成講座編集委員会編（2009）『相談援助の基盤と専門職（第2版）』中央法規出版。
成清美治・加納光子編著（2010）『イントロダクションシリーズ5　相談援助の基盤と専門職』学文社。
古川孝順（2009）『社会福祉原論（オンデマンド版）』誠信書房。
椋野美智子・田中耕太郎（2001）『はじめての社会保障——福祉を学ぶ人へ（第13版）』有斐閣。
山縣文治・柏女霊峰編（2000）『社会福祉用語辞典（第9版）』ミネルヴァ書房。

学習課題
①　日本国憲法を読んでみよう。特に基本的人権について，第13条や第25条以外にどのようなものが示されているのか調べてみよう。
②　「自立」についてあなたが考えたことをまとめてみよう。
③　あなたの住む市町村の社会福祉サービスについてホームページ等で調べてみよう。

第 2 章

社会福祉の歴史的変遷

　本章では，まず社会福祉を学ぶにあたり，なぜ各地の社会福祉の歴史を学ぶ必要があるかについて説明する。そののち，イギリスとアメリカの歴史を俯瞰する。イギリスは福祉国家が誕生した国，アメリカは比較的自助原理が強い国である。この 2 か国の歴史を確認後，わが国の歴史を振り返る。他国と比較してみることで，より一層，わが国の社会福祉の特徴がみえてくるであろう。

1　社会福祉の歴史

（1）社会福祉は「社会」とともにある

　社会福祉は，単に「福祉」ではなく，「社会」という言葉がついている。福祉は「幸せ」という意味であるので，社会福祉は「この社会における幸せ」と解釈できる。社会のあり方は，時代によって，また地域によって様々に移り変わり，どういう状態を「幸せ」と考えるかという価値観も変化する。つまり，社会福祉はその社会の影響を大きく受ける。わが国の，そして様々な国の社会福祉の歴史を学ぶと，社会と社会福祉の相関関係が理解でき，それは今の時代を再確認し，この社会における「福祉」を考える土台となるのである。

（2）様々な視点から社会福祉の歴史を知る

　法律や制度ができた年代を追っていくだけでも，社会福祉の歴史を追うことにはなる。しかし各々の制度や政策ができあがった背景には様々な実践があり，事件があり，社会的な課題がある。ある社会情勢が次の社会を作る発端になり，1 つの実践が次の新たな実践を生み出し，それらがそれぞれの時代の福祉文化を生み出す。社会福祉の歴史を概観する時，政策史，実践史，発達史，文化史など様々な視点を意識することで，歴史的事実に対する理解は深まるであろう。

2　海外の福祉の歴史

（1）イギリスの歴史

　中世，キリスト教国における貧民の救済は，宗教的慈善（チャリティ）として行われていた。イギリスではこれと同時に，ギルドという助け合いのシステムも存在していた。14世紀頃から，キリスト協会の教区が行政的機能を持ちはじめ，1601年，エリザベス救貧法が作られた頃には，この教区が救貧の単位になった。

　17世紀の市民革命により，王制は崩壊し，議会が権力をもつようになった。議会は，貧民救済において，ワークハウス（労役場）で能力ある貧民を働かせ，自らの救済費を稼がせようと考えた。当時，貧民はだらしなく，浮浪者は危険な者とみなされていたため，これは画期的な考え方で，「貧民の有利な雇用論」と呼ばれた。

　18世紀には産業革命等により，経済格差が生まれ，貧民が増加した。その一方，エリザベス救貧法による救済は安易で，貧民に自助努力する機会を奪っているという批判が高まった。これらの批判を受けて，1834年には新救貧法が成立し，これまでの制度よりも救済が抑制された。

　この時代，多くの民間による慈善活動が行われていたため，慈善団体の連絡・調整・協力などを目的とする慈善組織協会（COS）が1869年に発足した。1884年，世界初のセツルメントであるトインビーホールが設立される。この頃，貧困は貧民個人の問題ではなく，労働者階級の問題ではないかという考え方が生まれはじめた。また，19世紀末から20世紀初頭にかけて，ロンドンやヨークで貧困調査が行われ，予想以上の貧民の数が把握されたことから，貧困は個人の責任というより，社会改良で対応するものとして捉えるべきではないか，という考えをもつ者が少しずつ現れはじめた。20世紀初頭には，ウェッブ夫妻（S. & B. Webb）がそれまでの救貧政策を批判，新たに防貧の思想に基づくナショナルミニマム論を展開した。しかしまだ世間では，貧困は個人の問題であり，防貧の必要はないという認識が強かった。

　1929年の世界大恐慌が引き起こした世界的な大不況は，この認識が大きく変革するきっかけになった。失業や貧困などに対して，国家が積極的な役割を果たす必要性があると認識されたのである。このような背景のもと，当時のイギ

リス政府は1942年に「ベバリッジ報告」を出し，これに基づいて「ゆりかごから墓場まで」といわれる世界初の福祉国家体系を作り上げたのである。

（2）アメリカの歴史

　アメリカは労働力も土地も豊富で，自由な開拓者たちの国である。こうした文化における救貧は，まず病人や寡婦，障がい者などを対象とした救貧法を制定することからはじまった。

　19世紀前半の独立革命後間もない頃，景気の変動により失業者が出はじめる。しかし当時はアメリカもイギリスと同じく，貧困を個人の責任の罪と考えるところが大きかった。

　1877年，バッファローにアメリカ初の COS ができ，1886年にはアメリカ初のセツルメントであるネイバーフッドギルドができた。その後，COS とセツルメントは全国に広がっていく。セツルメントや COS で積み重ねられた援助の技術が次第に体系化され，20世紀初頭には各地に社会事業学校が設立されるようになった。のちにケースワークの母と呼ばれるリッチモンド（M. E. Richmond）は，1917年に『社会診断』を，1922年に『ソーシャル・ケース・ワークとは何か』を著した。

　1929年の世界恐慌は，イギリスと同じく，アメリカにも大きなショックを与えた。もともと自助原理が強い国であるが，個人的な努力や責任ではどうすることもできないことがあるということが強く認識された。ルーズベルト大統領はニューディール政策をもってこれに対応した。

　1950年代から1960年代にかけて，キング牧師らによる公民権運動などにより，人種問題や民族問題，そこから派生する貧困問題がアメリカに広く存在することが認識され，貧困を撲滅するためのプログラムが組まれた。1965年には，現在も続くアメリカの公的医療保険制度であるメディケイドとメディケアが創設された。

　近年ではオバマ大統領が国民皆保険を狙ってオバマケアと呼ばれる医療保険制度改革に取り組んだが，医療保険制度加入の義務づけやメディケイドの拡大に対する国民からの不満は大きい。2017年にはこのオバマケアの廃止を公約に掲げたトランプが大統領となった。その後もこの件については様々な議論がなされている。貧困にあえぐ国民への対応が必要である一方，この国の自由を尊重する姿勢と，自己責任・自助の伝統の強さが感じられる。

3　第二次世界大戦前のわが国の社会福祉の歴史

（1）近代以前の相互扶助と施し

　古代の社会において，人々は相互扶助的なつながりの中で生活をしてきた。このつながりは，わが国においては室町時代から形成される封建制の土台となり，江戸時代には「五人組」として制度化もされた。

　これに加えて宗教的な思想から，こころざしをもって慈善活動をする者も多くいた。聖徳太子や行基，和気広虫，キリスト教の布教のために来日したフランシスコ・ザビエルやルイス・アルメーナなど，様々な宗教家が活発に慈善救済を行った。

　江戸時代には，七分積金の法が備荒制度として作られた。幕府は大名や藩等を対象とした金品の貸し付けや，窮民教育所の設立などを実施した。

（2）明治時代の慈善活動と感化救済事業

　明治時代に入ると，土地の制度や税制が大きく改正され，人々の生活も大きく変わった。特に人口の約8割を占めていた農民・農家においては，一部地主のもとに土地が集中する一方，多くの農民が生活苦に陥った。

　この状況に対して，政府は様々な対策を打ち出した。その代表的なものが，1874（明治7）年の「恤救規則」である。この制度は，以後50年以上わが国唯一の公的扶助法として存在していたが，救済された者の数は大変少なかった。利用に先立って「人民相互の情誼」，つまり人々の相互の助け合いがなされる事が前提にあり，誰にも頼れない「無告の窮民」にのみ救済を行うという強い制限があったためである。

　この時代，世の中にあふれる窮民の惨状を目にした民間の篤志家が，様々な慈善事業を行った。岩永マキとド・ロ神父は孤児の救済に尽力し，この活動はのちに浦上養育院となった。感化教育の分野では，池上雪枝や高瀬真卿が有名である。

　またこの頃，わが国の新たな産業として製糸業や紡績業等がはじまった。工場で働く労働者の数も爆発的に増加したが，彼らの労働環境は劣悪であり，大きな社会問題になった。農村でも都市でも生活に苦しむ人々が増加し，全国的な社会問題になっていく。明治時代中期から末期にかけて，篤志家はさらに増

加した。

　児童保護分野では，石井十次の岡山孤児院や，小橋勝之助の博愛社が有名である。感化教育の分野では，留岡幸助が家庭学校を設立し，障がい児の分野では，石井亮一が滝乃川学園を，脇田良吉が白川学園を設立した。

　日清・日露戦争を経て，わが国は帝国主義を強化していく。このような時代背景における救済政策は，感化救済事業という形をとることとなった。つまり，まずは家族や共同体の相互扶助を第一に頼るべきであるとし，救済事業はあくまでも国家の「お恵み」としてあり，公利公益のための政策として存在していたのである。

（3）大正時代から戦後までの社会事業と厚生事業

　大正時代に入ると，社会的な不平等は一層深刻になり，各地に米騒動等の多くの社会運動が起こった。この社会不安に対応すべく，1917（大正6）年には岡山で済世顧問制度が，1918（大正7）年には大阪で方面委員制度ができた。特に方面委員制度はその有用性が評価され，またたく間に全国に広がった。現在の民生委員制度の前身となっている。

　1920年代には貧困問題はピークに達した。折しも各地で行われていた労働者に関する調査の結果や大正デモクラシーの影響を受け，貧困を個人の責任ではなく社会の責任とみる考え方が生まれ，それまでにはなかった「社会事業」という用語が公に用いられるようになった。恤救規則の制限的な救済にも批判が集まり，これに代わる制度として1929（昭和4）年に「救護法」が制定された。

　長らく続く不景気に対し，軍部では満州を植民地化して，この危機を乗り越えようという動きが強まった。こうして満州事変が起こり，長い世界大戦がはじまったのである。

4　第二次世界大戦後のわが国の社会福祉の歴史

（1）終戦直後から1970年代まで

　1946（昭和21）年，GHQ は「社会救済に関する覚書（SCAPIN775）」により，社会救済においては，①無差別平等の原則，②公的責任の原則，③公私分離の原則，④必要充足の原則を守るよう日本政府に対して指示した。これに従い，1946（昭和21）年「生活保護法」（現在では「旧生活保護法」といわれる）が制定さ

れたが、戦前の考え方を拭いきれない内容であった。1947（昭和22）年に「日本国憲法」が制定された後，憲法の趣旨を踏まえて，改めて1950（昭和25）年に「生活保護法」が制定された。

1947（昭和22）年には「児童福祉法」も制定された。戦前の子どもを対象とした法律は，不良行為がある等何らかの保護を要する子どものみを対象としたものであったが，この法律はわが国ではじめて「18歳未満のすべての者」を対象としたという点で画期的である。

1949（昭和24）年には「身体障害者福祉法」が制定される。身体障害者に対して，それまでのような救貧を中心とした支援ではなく，必要な訓練や補装具の支給を行うことを定めるなど，障がい者自身が社会活動能力を発揮できることを旨として作られた。

戦後の混乱を鎮めるためにまず出されたこの「生活保護法」「児童福祉法」「身体障害者福祉法」からなる福祉体制は，福祉三法体制と呼ばれている。また，1951（昭和26）年には「社会福祉事業法」が制定され，社会福祉事業に関する基本的なルールが示された。

1950年代の朝鮮戦争後の不況を乗り越え，わが国は高度経済成長期に入る。国全体が年々豊かになる一方，地縁・血縁の希薄化，交通事故の増加等，国民の生活基盤が大きく変化した時期でもある。1958（昭和33）年の『厚生白書』には「国民の上位あるいは中位の階層に属する人々の生活が着実に向上しつつある反面において，一部の下位の所得階層に属する人人の生活が停滞し，次第に復興の背後に取り残され」[1]，国民に大きな所得格差が生まれたとしている。これらを踏まえ，現在まで続くような法制度の基盤整備がなされた。特に，1958（昭和33）年に「国民健康保険法」が，1959（昭和34）年に「国民年金法」が成立し，ともに1961（昭和36）年に施行されたこと（国民皆保険・皆年金体制の成立）は大変重要である。

また，1960（昭和35）年に「精神薄弱者福祉法」（現・知的障害者福祉法）が，1963（昭和38）年には「老人福祉法」が，1964（昭和39）年には「母子福祉法」（現・母子及び父子並びに寡婦福祉法）が成立し，それまでの福祉三法とあわせて福祉六法体制が整った。

1973（昭和48）年4月，政府は「老人福祉法」を改正し，老人医療費を全国的に無料化した。医療や年金についても支給額を上げ，新たな助成制度も作った。この「福祉元年」と称えられた思い切った制度改正のわずか半年後の10月，

第四次中東戦争により，オイルショックが起こり，高度経済成長期は終わりを迎えた。

（2）1970年代から1980年代まで

　1974（昭和49）年以後，失業者が大量に発生し，生活保護の受給者が増大，社会不安が広がった。福祉分野においても，それまでのような税収に頼ったシステムの運用が難しくなりつつあった。1970年代後半頃から「日本型福祉社会構想」が提唱されはじめ，コミュニティの重要性が強調されるようになった。1983（昭和58）年には，市町村の社会福祉協議会が法制化された。地域福祉が充実するためには，地域に多くの福祉の専門職が必要である。そこで1987（昭和62）年「社会福祉士及び介護福祉士法」が成立し，国家資格を持つ専門職を養成するシステムが整えられた。この他，1981（昭和56）年の国際障害者年にあわせてノーマライゼーションの思想が広まったことも，障がい者福祉の地域生活，ひいては地域福祉を考える1つの契機となった。

（3）1990年代から2000年代まで

　1989（平成元）年3月，福祉関係三審議会合同企画分科会から「今後の社会福祉のあり方について」が提出された。市町村の役割重視，在宅福祉の充実，民間福祉サービスの健全育成等についての意見をまとめたものである。これを踏まえ，1990（平成2）年には「老人福祉法等の一部を改正する法律」が成立，いわゆる福祉関係八法改正が行われた。

　少子高齢化対策に政府が本腰を入れはじめたのは，1990年代である。1989（平成元）年にすでに「高齢者保健福祉推進十か年戦略（ゴールドプラン）」が出されていたが，1990（平成2）年，前年の合計特殊出生率が1.57という低い値になったことが判明し，全国民的に少子高齢化に対する切迫した危機感が感じられるようになった（1.57ショック）。これに対して1994（平成6）年には「21世紀福祉ビジョン──少子高齢化に向けて」が発表され，同年「エンゼルプラン」と「新ゴールドプラン」が提言された。以後，現在に至るまで，様々な対応策が出されている。

　またこの時期，障がい者分野も大きな変化があった。1993（平成5）年に「心身障害者対策基本法」が「障害者基本法」に改正され，はじめて精神障害者が障がい者として認められた。1995（平成7）年には「精神保健法」が「精

神保健及び精神障害者福祉に関する法律（精神保健福祉法）」に改正され，それまで保健医療分野の範疇であった精神保健に新たに福祉の要素が加えられた。

　当時の社会福祉制度の根本的な構造や考え方は，戦争直後からあまり変わっていなかった。しかし，少子高齢化や家庭機能の変化，低成長経済などを背景に，福祉ニーズが大きく変化していることは明らかであった。実際に，1997（平成9）年には「介護保険法」が成立し，「児童福祉法」の大きな改正が行われていた。社会福祉のあり方そのものを抜本的に見直す必要を感じる時期にきていた。

　1998（平成10）年，「社会福祉基礎構造改革について（中間まとめ）」が公表された。これには，改革する基本的方向として，サービスの利用者と提供者の対等な関係の確立（措置から契約へ），個人の需要の多様化，地域での総合的な支援，多様なサービス提供主体の参入，サービスの質と効率性の向上，事業運営の透明性の確保，住民による福祉文化の創造などが示されていた。これを受けて2000（平成12）年には，「社会福祉事業法」が「社会福祉法」に改正された。

（4）2000年以降から現在まで

　1990年代頃から虐待による死亡事例や家庭内暴力事件が連日メディアを賑わし，これらが社会問題として認識されるようになった。2000（平成12）年には「児童虐待の防止等に関する法律」，2001（平成13）年には「配偶者からの暴力の防止及び被害者の保護に関する法律」（現・配偶者からの暴力の防止及び被害者の保護等に関する法律），2005（平成17）年には「高齢者虐待の防止，高齢者の養護者に対する支援等に関する法律」が成立した。

　2006年，「障害者の権利に関する条約」が国連で採択された。わが国は2007（平成19）年にこの条約に署名した後，批准を目指して法制度を整備した。2011（平成23）年「障害者虐待の防止，障害者の養護者に対する支援等に関する法律」が制定され，2012（平成24）年には「障害者自立支援法」が改正され「障害者の日常生活及び社会生活を総合的に支援するための法律（障害者総合支援法）」になった。2013（平成25）年には「障害を理由とする差別の解消の推進に関する法律（障害者差別解消法）」が成立した。これらの過程を経て，2014（平成26）年，わが国は障害者の権利に関する条約に批准した。

　子育て支援関係では，2012（平成24）年にすべての子どもと子育て家庭を総合的に支援するため「子ども・子育て支援法」「就学前の子どもに関する教育，

保育等の総合的な提供の推進に関する法律の一部を改正する法律」「子ども・
子育て支援法及び就学前の子どもに関する教育，保育等の総合的な提供の推進
に関する法律の一部を改正する法律の施行に伴う関係法律の整備等に関する法
律」の，いわゆる子ども・子育て関連3法が成立し，これに基づいた「子ど
も・子育て支援新制度」が2015（平成27）年からスタートした。

　2000年代にはそれまであまり社会福祉の対象とされていなかった人々に対す
る福祉制度が次々と作られていった。2002（平成14）年には「ホームレスの自
立の支援等に関する特別措置法」が，2004（平成16）年には「発達障害者支援
法」が成立した。2009（平成21）年には「子ども・若者育成支援推進法」が制
定され，若者の支援が法制化された。2013（平成25）年には「子どもの貧困対
策の推進に関する法律」が成立，2015（平成27）年には「生活困窮者自立支援
制度」がスタートした。これらは，国民の生活問題が多様化したことだけでな
く，それらが複合的に，複雑に絡み合っているケースが増加し，既存の福祉
サービスだけでは対応しきれなくなってきたことの表れともいえる。

　2000年代後半からわが国の総人口，特に労働力人口が減少傾向にあり，福祉
サービスの持続可能性が課題として認識されはじめてきた。この現状を踏まえ，
2015（平成27）年9月，「誰もが支え合う地域の構築に向けた福祉サービスの実
現──新たな時代に対応した福祉の提供ビジョン（新福祉ビジョン）」が提示さ
れた。「地域住民の参画と共同により，誰もが支えあう共生社会の実現」を目
指し，「全世代・全対象型地域包括支援体制」を構築することが目的とされた。

（5）今後の社会福祉について

　2016（平成28）年6月，「経済財政運営と改革の基本方針2016」および「ニッ
ポン一億総活躍プラン」が出された。「希望を生み出す強い経済」「夢をつむぐ
子育て支援」「安心につながる社会保障」の「新・三本の矢」により，それぞ
れ「GDP 600兆円」「希望出生率1.8の実現」「介護離職ゼロ」の実現を目的と
し，働き方改革と生産性向上という課題に取り組んでいくことで，成長と配分
の好循環を目指すとした。

　これらの実現に向けて，特に福祉分野の具体策の検討を加速化させるため，
2016（平成28）年7月「我が事・丸ごと」地域共生社会実現本部が設置された。
設立の趣旨には「福祉は与えるもの，与えられるものといったように，『支え
手側』と『受け手側』に分かれるのではなく，地域のあらゆる住民が役割を持

ち，支え合いながら，自分らしく活躍できる地域コミュニティを育成し，公的な福祉サービスと協働して助け合いながら暮らすことのできる『地域共生社会』を実現する必要がある[2]」とされた。今後のわが国の社会福祉の方向性を考える上で「地域共生社会」は重要な鍵概念となると考えられる。

　また，高度に情報化された現代では，世界中の情報が瞬時に手に入るようになっている。これらにより，社会問題の把握と解決が，世界規模で行われることも珍しくなくなってきた。ある災害時に国境を越えた支援が行われたり，ある国の差別問題に他国から抗議活動が行われたりと，その活動は地球規模に大きくなっている。また近年，多くの外国人が日本で生活するようになったことで，日常生活における多文化共生のあり方が議論されつつある。国際的な視点が，日常生活の中にも必要になってきたのである。

　今後も，新たな社会問題が生まれ，これに対して現場が日々積み重ねていく実践が土台となり，新たな社会福祉制度が作られていくことであろう。

注

(1) 厚生省『厚生白書（昭和31年度版）』(http://www.mhlw.go.jp/toukei_hakusho/hakusho/kousei/1956/dl/03.pdf　2020年12月26日閲覧)。

(2) 第1回「我が事・丸ごと」地域共生社会実現本部（2016）「『我が事・丸ごと』地域共生社会実現本部について」(https://www.mhlw.go.jp/file/05-Shingikai-12601000-Seisakutoukatsukan-Sanjikanshitsu_Shakaihoshoutantou/0000134707.pdf 2020年12月26日閲覧)。

参考文献

岡本栄一・岡本民夫・高田真治（1992）『社会福祉原論』ミネルヴァ書房。

菊池正治・清水教惠・田中和男・長岡正己・室田保夫（2014）『日本社会福祉の歴史　付・史料（改訂版）——制度・実践・思想』ミネルヴァ書房。

経済財政諮問会議（2016）「経済財政運営と改革の基本方針2016〜600兆円経済への道筋〜」(https://www5.cao.go.jp/keizai-shimon/kaigi/cabinet/2016/2016_basicpolicies_ja.pdf　2020年12月26日閲覧)。

厚生労働省（2012）『平成24年版厚生労働白書』。

小山路男（1978）『西洋社会事業史論』光生館。

柴田善守（1985）『社会福祉の史的発展——その思想を中心として』光生館。

乳原孝（2013）「イギリス近世における貧民雇用論——マシュー・ヘイルとワークハ

ウス」『京都学園大学経営学部論集』23（10），1〜31頁。

内閣官房一億総活躍推進室（2016）「ニッポン一億総活躍プラン」（https://www.
kantei.go.jp/jp/singi/ichiokusoukatsuyaku/pdf/plan1.pdf　2020年12月26日閲覧）。

室田保夫編著（2006）『人物でよむ近代日本社会福祉のあゆみ』ミネルヴァ書房。

山縣文治・柏女霊峰編（2010）『社会福祉用語辞典（第8版）』ミネルヴァ書房。

山田美津子・稲葉光彦（2010）『社会福祉を学ぶ』みらい。

学習課題

①　石井十次，留岡幸助，石井亮一などの明治・大正時代の民間の篤志家の取り組み
には，現代社会にも通じる理念や実践が多く散見される。誰か一人を取り上げ，そ
の人生や業績をじっくりと調べてみよう。

②　現代における社会の出来事や課題を1つ取り上げ，それについて詳しいデータを
調べてみよう。データを踏まえて，自分ならどのような社会福祉制度を作るか，ア
イディアを考えてみよう。

第3章

社会福祉の思想・哲学・理論

　私たちの,「望む地域で豊かな生活を営みたい」という思いは,社会福祉の制度や実践によってその実現が目指されている。人々が予期せず直面する不安定な生活において,確かに制度や実践は必要であるが,それらは理論や哲学,思想なくしてあり得ない。そこで本章では,社会背景をみた上で社会福祉の理論や思想についてふれ,学んでいくこととする。そして,これまで国際的に議論されてきた社会福祉国家の模索について福祉国家の多元化などについて学んでいく。

1　福祉の思想と哲学

(1) 社会の変容と福祉

　2018 (平成30) 年4月1日に施行された改正後の社会福祉法は,その政策理念として,地域共生社会の実現に向けた地域福祉の推進を明示している。周知のとおり,日本の社会福祉は,2000 (平成12) 年の社会福祉法成立以降,地域福祉を重視した政策に転換した。改正社会福祉法が示す政策理念は,その延長線上にあるといえよう。

　冒頭で示したように,地域共生社会では,すべての人が地域で安心,安全に暮らしを営むことを望み,それを実現することを目指している。これまで,高齢,障がい,子ども,異文化等領域としての支援に加え,その中の具体的な課題として,自立,自己実現,虐待や孤立といった多様なニーズをもつ個人,家族に寄り添いソーシャルワークが展開されてきた。そこでは,社会の変化とともに,その社会環境で暮らしを営んできた人々と関わり,社会環境と個人の相互作用に目を向けた支援が行われてきた。

　2015 (平成27) 年4月より生活困窮者自立支援法に基づく支援が開始された。

これまでの日本の社会保障制度をみると，自助による取り組みのみで生活していくことが難しくなった場合に備える視点から，各種社会保険や，分野や対象別の社会福祉制度やサービスによる予防の視点が図られていた。あるいはセーフティネットである公的扶助で日本国憲法に定められる生存権が保障されてきた。本事業は，それにとどまらず，セーフティネットの対象となる前に，福祉相談機関とつながり，それぞれが有する生活課題の解決，軽減を図ろうとするものである。世界経済の悪化に伴って，自助努力のみでは安定した生活を営むことが難しい状況も発生しており，公助としての取り組みの前段階での支援の充実も図られているところである。

　私たちはその暮らしにおいて，程度の差はあれ介助等の直接的なケアとしての福祉サービスをはじめ，相談支援を利用しながら自立した暮らしをすることを望んでいる。このような願いを実現するための重要な下支えとなる社会福祉について，以下ではその思想や哲学，理論にふれていくこととする。

（2）社会福祉を支える思想

①　人間の尊厳

「人間の尊厳」の思想が示すように，すべての人々は生まれながらにして尊重されるものであり，それは死に至るまで保障されるべきことである。人として豊かな生活を営むことができることが権利として認められているのである。そして「人間らしい生活」というのは，これまで社会のあゆみ，発展の中で変化してきた。

　世界人権宣言の前文においては「人類社会のすべての構成員の固有の尊厳及び平等のかつ奪い得ない権利を認めることが世界における自由，正義及び平和の基礎をなすものである」とされており，近代の社会においてこの「尊厳」を価値として据えた。さらに，第1条において「すべての人間は，生まれながらにして自由であり，かつ，尊厳及び権利について平等である」と示されている。日本国憲法においてもこのような思想をもって制定されたものであるが，直接的な文言として「人間の尊厳」という言葉は用いられていない。第13条には「すべて国民は，個人として尊重される」とある。また第24条第2項「個人の尊厳と両性の本質的平等」があり，人間の尊厳の考え方がこれらに包含されているとみえる。また，社会福祉関係の法律でいうと社会福祉法第3条で「個人の尊厳の保持」が示されている。このように，世界人権宣言をはじめ，日本国

憲法，社会福祉法にも個人の尊厳が示されている。このことは対人援助職として理解しておかなければならない。

　昨今のテーマを例に挙げると，LGBT について行政による支援が推進されている。東京都渋谷区では，「渋谷区男女平等及び多様性を尊重する社会を推進する条例」に基づき，男女の人権の尊重とともに，マイノリティ（社会的少数派）に対する支援施策を進めている。具体的には，パートナーシップ証明を発行し，法律上の婚姻とは異なるものであるが，それに準じた理解，対応を市民，事業所に求めている。この取り組みは全国でも拡大し，社会福祉の対象としての認知，理解が広がっており，これまで福祉サービスや制度では狭間にあった人々も包含しながら社会福祉の取り組みが実践されているところである。国際ソーシャルワーカー連盟および国際ソーシャルワーク学校連盟によって2014（平成26）年に採択された「ソーシャルワーク専門職のグローバル定義」においても，社会正義や人権，集団的責任と並ぶソーシャルワークの中核をなす原理のうちの1つとして多様性の尊重が明記されており，多様性はソーシャルワークを展開する上できわめて重要な概念となっている。

　人々の多様性に対応するソーシャルワークとしては，主に多文化ソーシャルワークが広まっている。具体的には，2006（平成18）年に総務省がまとめた「多文化共生に関する報告書」において多文化ソーシャルワーカーの養成の必要性が指摘されたこともあり，各自治体で研修会などが開催され，文化的多様性に対応する取り組みが行われてきた。また2018（平成30）年には，社会保障審議会福祉部会福祉人材確保専門委員会がまとめた報告書である「ソーシャルワーク専門職である社会福祉士に求められる役割等について」においても，今後，社会福祉士がソーシャルワークの機能を発揮することが求められる役割の1つとして，多文化共生への対応が位置づけられている。

　② 社会正義

　アメリカの政治哲学者であるロールズ（J. Rawls）は『正義論』を著した。正義とは何か，正義そのものを理論的に考察するのではなく，正義を実現するための原理を思考し，功利主義に代わる新たな正義論を提示するものであった。ロールズは，功利主義思想の優れた点を認めつつも，批判を展開した。善と正を分け，正の善に対する優位性を説く。そして，各人の善は各人の善にゆだねられているため，ロールズの正義論は，善き社会の全体像を示すことができない。リベラルな立場の人々が多くの問題に同意しないということを前提してお

り，一定のルールを社会契約により作ろうとするものである。ロールズは社会の基礎構造についてマクロ的な視点から「正義の二原理」を理念・理想として定式化し，それに反しないようにミクロ的な事柄を規定することが合理的であるとしている。

　また，日本社会福祉士会においては倫理綱領を改定し，2020（令和２）年６月30日に採択した。改定の前からも位置づけられているが，社会正義について「差別，貧困，抑圧，排除，無関心，暴力，環境破壊などの無い，自由，平等，共生に基づく社会正義の実現をめざす」としている。

③　平和主義

　国民主権，平和主義，基本的人権の尊重など日本国憲法の基本的原則，立法・行政・司法の三権分立の仕組みはこれまで学習してこられたことだろう。憲法（constitution）とは，文字が示すとおり，国家権力，国家機構を作り上げる（constitute）もの，すなわち統治するものである。専門職としての職務が目指すべき究極の目的をなす体系化された価値観，あるいは倫理観を志向するものとして位置づけられるだろう。

　日本国憲法の原則の１つとされる平和主義は，第二次世界大戦後の平和志向の中で形成された国際的思潮の中に位置づくものである。第二次大戦後の1945（昭和20）年の国連憲章では，武力行使が違法化された。国連憲章１条は，国際連合の目的について，次のように規定している。「国際の平和及び安全を維持すること。そのために，平和に対する脅威の防止及び除去と侵略行為その他の平和の破壊の鎮圧とのため有効な集団的措置をとること並びに平和を破壊するに至る虞（おそれ）のある国際的の紛争又は事態の調整または解決を平和的手段によって且つ正義及び国際法の原則に従って実現すること」（かっこ内は筆者）。

④　社会連帯

　連帯は「結び合う」「２人以上が共同して責任を持つ」「共同する」等社会を構成する人々のつながりの状態を表す言葉である。相互依存関係，共同，共生などと同様に時代や文化的背景を超えて必要とされることがある。また社会連帯の概念は，これまでも法哲学，法社会学，公共哲学，社会事業史，社会保障論，公的扶助論などの中で多様に議論されてきている。

　社会的連帯という概念について，政治学者の齋藤純一は「互いの生を保障するために人びとが形成する人称もしくは非人称の連帯[1]」と定義している。「人

称的な連帯」は「人びとが、自発的に互いの生を支え合う連帯」という特徴を有し、「特定の人びとの間にネットワークとして形成されるものであり、それが可能にする生の保障は社会の全域に及ばない。それは、制度化されていないがゆえに、生の保障としては不安定であり、加えて、誰が支援し、その支援を誰が受けているのかが見えやすいという難点がある⁽²⁾」という。近年、福祉国家の再構築をめぐる論議が進む中で、その基本原理である社会連帯に注目する動きがみられ、社会福祉基礎構造改革の理念にも社会連帯に基づく支援が掲げられている。

2　戦後の社会福祉の思想の展開

（1）戦後の復興

　日本は先の大戦で敗戦し、そこで国内外から求められたことは平和国家であった。その内容の1つが「福祉」である。

　日本の社会福祉分野の政策は、日本の敗戦による戦後復興が GHQ の民主化政策のもとで進められる中で、その影響を受けて展開してきた。GHQ が1946（昭和21）年に「社会福祉の領域における4原則」（①無差別平等の原則、②公的責任の原則、③公私分離の原則、④必要充足の原則）を示した。これを政府は「覚書」として公表し、その後の「救済福祉」政策の最高規範とすることになった。この「基本原則」によって、家族および親族などの扶養による「私的救済」ができない場合の補完として公が限られた扶助を行うという、戦前の「劣等処遇」観を転換していくことになる。

　戦後、戦災浮浪児、戦災孤児、貧困児童も多く、本格的な児童に関する立法が求められていた。これらの社会的ニーズに応えるため、1947（昭和22）年12月に「児童福祉法」が制定された。同法によって、日本における長い社会福祉の歴史の中で、はじめて「福祉」という用語が法律の名称として用いられ、その後の福祉関連諸法の先駆けとなった。社会福祉関係法制度の主な法律である、「児童福祉法」「身体障害者福祉法」、1951（昭和26）年の新「生活保護法」と「社会福祉事業法」の成立は、戦後復興を示すものとなった。これらは、その後の社会福祉に関する法制度が成立していく大きな契機となるとともに、社会福祉の体制整備を図る上で大きな推進力となった。「社会福祉事業法」の成立により、「社会福祉改革6項目」の実現に向けて、福祉事務所の設置、有給専

門吏員としての社会福祉主事の位置づけ，その人材養成と訓練が実施できるようになった。さらに，地域住民の参加による社会福祉推進のために，アメリカから導入されたコミュニティオーガニゼーション（地域組織化）の展開の場として社会福祉協議会の活動が進められた。

　このように社会福祉の理念や原則は生まれてきたが，実態としては順調とはいえないものであった。たとえば1957（昭和32）年に国立岡山療養所の患者であった朝日茂氏が生活保護における保護基準が憲法に違反していることを訴えた裁判がある。憲法第25条に定められる「健康で文化的な最低限度の生活を営む権利」が保障されていないと主張したもので，朝日訴訟と呼ばれている。「人間裁判」ともいわれ，全国的な支援を得た。

　こうした過程で戦後の実態として，それまでの救貧的な性格が徐々にではあるが社会保障，社会福祉を進めていくという流れになっていく。

（2）福祉政策の軸としての社会福祉

　高度成長期にあった日本においては，福祉ニーズの多様化，高度化が求められ，人々の社会福祉に対する価値観が多様化してくることになる。そして，社会福祉の普遍主義化が進むと，社会福祉は社会的な「対象論」より「福祉サービス」が主流となった。

　1960年代になると経済においては高度成長を遂げるようになり，福祉予算も増額傾向を示す中で，所得倍増のかけ声の中，政府は多様な保健・医療・福祉に関わる問題への対応を迫られるようになった。しかし，これらは家族や地域をめぐる共通の生活問題を拡大させるとともに1950年代より被害が出た公害，環境問題が深刻化し全国規模で問題となった。

　高度経済成長を背景に福祉予算の拡大による生活向上が期待されたが，1973（昭和48）年のオイルショックによってインフレ，物不足，企業の倒産や失業者の増加が表面化し，翌年には戦後はじめての経済のマイナス成長となった。社会全体が低経済成長の時代に入っていく中で，行き詰まり感が顕著となってきた。福祉関連予算は経済の低成長による福祉の見直しと抑制にシフトし，政府は1979（昭和54）年に「新経済社会7か年計画」を公表し，そこでは，日本型福祉社会の柱として，個人の自助努力，家族，コミュニティにおける相互扶助的な連帯性を強調している。

　この時期は人々の生活問題への関心も広がり，社会福祉を改善しようとする

機運も高まったが，社会福祉施設をみてみると，施設の処遇の水準は低い状況にあった。その中で，特に人権を守る視点は薄かった。戦後，障がい児福祉の先駆的な取り組みを行ったのが近江学園を設立した糸賀一雄である。「この子らを世の光に」という言葉が有名である。「自己実現こそが創造であり，生産である」との考えのもと進められた糸賀の取り組みは，障がいをもつ子どもたちが社会の中で暮らすためには社会がどうあるべきかということを問うことになった。

3　社会福祉の理論

　古川孝順は，社会福祉研究の本格的展開は第二次世界大戦以後に属するが，その主要な潮流はおおむね①政策論，②生存権保障論，③歴史論，④技術論，⑤固有論，⑥運動論，⑦経営論，⑧多元統合論の8つであるとされる。

　また，今日の社会福祉理論研究において1950年代から1960年代前半に特に影響をもった理論類型が①政策論，②生存権保障論，③歴史論，④技術論，⑤固有論であり，1960年代後半から1970年代にかけて影響を及ぼしたのが⑥運動論，1980年代以降大きな役割を果たしてきたのが⑦経営論，1990年代以降になると先行研究を再整理，統合する試みが出現してきたと指摘される。これらの流れを汲み，1990年代以降は，地域福祉論や運営論を中心とした理論が台頭してくることになる。これらのうち代表的な理論について以下に整理をしていく。

　戦後マルクス主義の研究が自由となり，社会学的社会事業論が復活した。代表的な研究者としては，孝橋正一が挙げられる。孝橋は，アメリカ社会事業の「技術主義」を批判した。「社会政策」と「社会事業」を区別し，社会問題は資本主義体制が生み出す「基礎的・本質的課題」とした。孝橋は社会福祉事業（社会福祉）について次のように定義を与えている。「社会事業とは，資本主義制度の構造的必然の所産である社会的問題にむけられた合目的・補充的な公・私の社会的方策施設の総称であって，その本質の現象的表現は，労働者＝国民大衆における社会的必要の欠乏（社会的障害）状態に対応する精神的・物質的な救済，保護および福祉の増進を，一定の社会的手段を通じて，組織的に行うところに存する」としている。これは，「社会的諸問題の構造的分析」（対象規定）とそれに対応する社会的政策の限界性と社会福祉政策の補充・代替性の関連づけがその理論的核心であるとされる。政策論は社会福祉を，資本主義社会

における社会的問題に対する合目的・補充的な施策として把握することとした。孝橋は社会政策が対応すべきである社会問題への対策が機能せず，それに代わって社会事業が対応せざるを得ない場合，これを社会政策への社会事業の補充性・代替性によって緩和・解決することができるとした。「社会福祉」を「社会事業」の同義語として用いることを認めており，そして「資本主義制度の構造的運命に直接的にかかわっている社会的困難」，すなわち資本制的生産関係から直接発生する問題を「社会問題」と規定した。そして，社会政策を「資本主義制度の恒久持続性を前提として，労働者を賃金労働者として順当に生産・再生産するために，労働条件の基本問題をめぐる労資闘争の課題を，社会目的にとって合目的に処理しようとする国家の政策」としている。⁽⁵⁾

　次に，竹内愛二を代表とする技術論についてみる。竹内はケースワークを日本に導入した最初の研究者である。日本初のケースワークの体系的著書として『ケースウォークの理論と実際』を著している。一般的にいえば，アメリカで発展したソーシャルワークをわが国に紹介し，定着させようとした。また，1959年に著した『専門的社会事業研究』では，社会福祉を援助過程と捉え，個人・集団・地域社会が有する社会的要求をその他の様々な要求との関連の中で自ら発見し，かつ充足するために能力・方法などあらゆる資源を自ら開発しようとすることを，専門職業的な社会事業者の援助過程の体系とした。人間関係を基盤にした援助技術の体系を「専門社会事業」と呼び，社会福祉理論を形成した。

　岡村重夫は固有論の系譜をたどる。『社会福祉学総論』を著し，社会科学よりも「社会福祉固有の領域」を確立しようとした。岡村は３種類の生活困難である社会関係の不調和，社会関係の欠損，社会制度の欠如に焦点を当て，個人が基本的な社会制度を主体的に利用できるようにするとした。「生活者」に核をおいて，生活の社会性，現実性，全体性，主体性の４つの原理を示し，社会学的な視点からアプローチをしている。社会関係の主体的側面にみられる不調性の克服を目指す技術として捉えられたものである。この固有論は，ソーシャルワークを独自の立場と視点に基づいて捉え直したものとなった。

　そして，真田是は，孝橋正一の社会事業論を公的マルクス社会事業論として批判した。真田は運動論の系譜にあるが，運動論は日本の高度成長の時代を中心として発展したもので，政策論を継承しながらその機械論的，決定論的な限界を克服しようとしたものである。社会福祉運動が果たす役割を重要視し，社

念構成休的把握，社会福祉対象と政策主体と運動の力動的理解，福祉労働の3
点を示した。また，一番ヶ瀬康子は社会福祉を目標としての福祉，手段として
の福祉に区分して捉えた。一番ヶ瀬は『社会福祉事業概論』において，現実の
社会福祉生成過程と実態を資本主義の法則に照らしてみるという実体概念，社
会福祉事業自体にひそむ具体的な方法や課題という内在性，それを活動や実践
の中で再構築することを示した。

　この他に，経営論がある。従来の社会福祉行政論を含みつつ，民間における
施策や活動を含むより広い領域を研究の対象として設定し，かつそれを社会福
祉の経営という視点から捉えようとした。この理論は三浦文夫に代表されるも
のである。従来みられた政策論から運動論に至る技術論・固有論に依るもので
はない。政策と技術の中間に位置するものだと捉えられる。これは貨幣的ニー
ズと非貨幣的ニーズ等の社会状況が変化する中で広く取り入れられることにな
る。

4　「産業主義理論」と「権力資源動員論」

　福祉国家の形成と発展は第二次世界大戦後のことである。大戦直後の1940年
代半ばから，高度経済成長が終焉を迎えた1970年代初めまでは，福祉資本主義
の「栄光の30年」とも呼ばれ，経済と福祉が両輪となり相互に発展を遂げた。
その中で産業主義理論をみていく。ピアソン（C. Pierson）が主張する福祉国家
は，経済が発展し，人口構造が変化する中で，政治的な近代化が進むにつれ，
それに伴って自然発生的に形成され拡大していくという考え方を整理したもの
である。このような考え方は，1950年代から60年代にかけて，比較政治経済学
の中で主流を占めたものである。ただし，福祉国家形成の指標として何に着目
するのか，効果をどのように捉えるかについては一様でなく様々な考え方が展
開されている。この潮流を代表するウィレンスキー（H. L. Wilensky）は1人あ
たり国民総生産（GNP），政治体制類型（自由主義−全体主義），イデオロギーの
類型，65歳以上の高齢者の全人口比，社会保障制度の発足以来の経過年数など
と社会保障支出の GNP 比の関係について調査を行った。

　権力資源動員論は，福祉国家の発展によって資本主義社会と市場が大きな変
化を遂げていくことを重視しており，生産手段をコントロールする経営者の権
力を重視している。コルピ（W. Korpi）によれば，資源動員の制度として特に

重要なのは，政策決定，紛争処理，再分配などの制度であり，こうした諸制度がどのように形成されるかで労働運動の資源動員のコストは大きく異なっているとしている。そして，権力資源の投資が成功し労働運動に有利な制度形成がなされれば，その政治的な影響力も大きく増大しうるとしている。

　これらは，ウィレンスキーらの産業理論である福祉国家は経済成長や人口構造などの社会経済の要因に伴って発展していくという考え方に対して，政治こそが問題であると捉えた。

注

(1)　齋藤純一編著（2004）『講座・福祉国家のゆくえ　第5巻　福祉国家／社会的連携の理由』ミネルヴァ書房，1頁。

(2)　(1)と同じ，275〜276頁。

(3)　京極髙宣（2006）「社会福祉の基礎理論」『新版社会福祉士養成1　社会福祉原論（第4版）』中央法規出版，15頁。

(4)　孝橋正一（1960）『社会事業の基本問題』ミネルヴァ書房，28〜29頁。

(5)　孝橋正一（1963）『社会政策と社会保障』ミネルヴァ書房，12頁。

参考文献

埋橋孝文（1997）『現代福祉国家の国際比較――日本モデルの位置づけと展望』日本評論社。

荻野源吾（2006）「社会福祉本質論争とその位置づけ」『広島文京女子大学紀要』41，45〜55頁。

小田憲三（1991）「英国社会福祉学の基礎理念としての残余主義と制度主義」『川崎医療福祉学会誌』1（1），33〜42頁。

新川敏光・井戸正伸・宮本太郎・眞柄秀子（2004）『比較政治経済学』有斐閣。

百瀬優（2005）「社会政策の形成と展開における企業の役割」『産業経営』37，71〜90頁。

学習課題

①　社会福祉の哲学や思想は私たちの職業観にどのような影響を及ぼすのか考えてみよう。

②　社会福祉実践を進めていく上で社会福祉の理論を学んだことをどのように活かすことができるのか考えてみよう。

第4章

社会福祉の論点・対象とニーズ

　社会福祉の対象を理解することは，制度設計や具体的サービスの提供におい
て不可欠な営みである。現行の制度では対応が困難な新たな課題にも対処して
いかなければならない。そこで本章ではまず，社会福祉の転換期にあって，福
祉政策を進めていくために課題とされる諸概念について整理する。そして，そ
の基礎概念である「ニーズ（社会生活上の必要）」と「資源」について解説する
とともに，対象把握の視点と方法について理解を深める。

1　社会福祉の論点

（1）社会福祉における公私の関係

　日本における社会福祉の供給体制は，いわゆる行政処分としての「措置制
度」中心であったが，2000（平成12）年5月に社会福祉法が成立するとともに
関連法が改正され，社会福祉の構造的転換がみられた。その議論の過程におい
て，福祉多元主義（welfare pluralism）という考え方が注目された。伝統的に，
公私関係や公私責任分担という考え方があったが，行政主体のシステムから市
場メカニズムを導入する流れの中で，資源の供給システムを再編することが求
められたのである。

　福祉多元主義においては，①インフォーマル・セクター（家族，親族，友人，
知人，近隣組織等による地域共同体），②民間営利セクター（営利企業や自営業者等
の事業者によるサービス），③民間非営利セクター（非営利組織や地域の互助団体に
よる公益性に基づく活動），④政府セクター（国や地方自治体によるサービス）と
いった各部門から，資源の供給システムが構成される。

　供給システムの多元化は，公的責任を曖昧にさせるという批判はあるにせよ，
各セクターの役割を明確にすることによって，利用者の利益につながる可能性

は拡がる。これに伴い，行政と民間の役割分担が見直され，「新しい公共」という概念が示された。行政のみならず，地域住民やNPO，企業等も公共サービスの担い手としての役割が期待され，よりきめ細やかなサービスを提供できるような仕組みづくりが求められたのである。

（2）公平性と効率性

　福祉サービスの申請や手続き，審査，利用にあたっては，福祉サービス利用者（以下利用者）の人種や身分，家柄，職業，性別，年齢等による恣意的な判断が介入することのないよう一定の配慮をもって進められなければならない。適切な情報公開と明快な基準，透明性が担保された手続きが求められる。しかしながら，公平性は画一的にサービスを提供することを必ずしも意味するわけではない。福祉サービスにおいて公平であるということは，福祉ニーズの種類や程度に応じて適切に提供されているかどうかによって判断される。

　同時に，福祉サービスでは，投資された費用との関係性において効率的かつ効果的であったかどうかが問われることになる。しかし，費用対効果のみに注力して，利用者の最善の利益が損なわれることがあってはならない。時代の変遷とともに，社会的ニーズの質も変容したが，利用者にとって意味あるサービスであることが常に希求されなければならない。

　近年，医療・保健・福祉等，かつて分断的に行われてきたサービスが，多分野・多職種協働により総合的に提供される体制づくりが進められてきた。これには，利用者の利益のために分断されたサービスの提供のあり方を見直すことにより，公平性や効率性を確保することが背景の1つにある。

（3）普遍主義と選別主義

　それでは，福祉サービスの需要のある人，つまり供給の対象とは誰であろうか。社会福祉の歴史を紐解くと，長らくウェルフェア（welfare）が意味する福祉観に基づく生活困窮世帯の救済や，いわゆるボーダーにある層を対象とした支援策がもとにあった。たとえば，低所得者援護の対象となる人々を選ぶ資力調査（ミーンズ・テスト）に代表される「選別主義」はその考え方による。

　しかし，近年の福祉サービスの供給体制は，ウェルビーイング（well-being）に基づく福祉観へとその仕組みを転換している。世界保健機関（WHO）における健康の定義では，ウェルビーイングは，身体的，精神的，社会的にバラン

スよく「満たされた状態」である。⁽¹⁾つまり，衣食住といった必要最低限の生活を保障するだけにとどまらず，標準的な所得を得ている階層にも保育や医療，介護等「満たされた状態」のために求められる様々なニーズがあり，単に所得水準だけが福祉サービスの給付対象の基準とはなり得ない。

　折しも，2020（令和2）年の新型コロナウイルス感染症の拡大（コロナ禍）では，生活状況が激変した家庭も少なくない。働き方を見直し，テレワークを導入する企業も数多くみられるようになった。児童・生徒・学生は，オンライン授業（非対面型授業）により学校での生活も一変した。感染拡大防止のために提示された「新しい生活様式」では，これまで各自が営んできたライフスタイルを見直すことが必要になり，一定の不自由を感じる人々も多くいただろう。

　こうして，生活課題という言葉を意識するかしないかにかかわらず，「生活課題」が決して他人事ではないことは衆目の知ることとなったのである。現代社会においては，誰しもがいつ何時生活状況が変わるかもしれないというリスクを抱えている。このように，所得や資産のみによらないニーズやリスクの基準によって福祉サービスの供給を判断する仕組みを「普遍主義」と呼んでいる。

（4）自立の考え方と自己決定

　自立には，生活の様々な局面を独力で乗り切り，自らの力のみで生活するといったイメージがある。それは，たとえば，身辺的自立だったり，精神的自立だったり，経済的自立だったりするであろう。しかし，多くの人は，よりよく生きるために，自分以外の誰かの支えを必要としている。生活者としての人間は，様々な制度と関係を切り結ぶことにより，生きるための手段や方策を得ながら，自らの生活を構築しているのである。

　たとえば，介護を受けながら生活している障がい者は"誰かの手を借りなければ自立できない人"なのであろうか。自らできることについて最大限の努力をしながら，介護によってできることを広げ，生活範囲を拡大していこうとする姿も自立といえるのではないか。自立には，「自助的自立」と「依存的自立」という2つの考え方があることを理解しておかなければならない。

　支援の場は，ともすると「支援する人−支援される人」という固定化された関係性（パターナリズム）を生み出す。人間は，誰かの，あるいは何かの助けを必要としている存在である。依存しながらの自立も，自立の1つのかたちだと捉えることにより，パターナリズムからの脱却を図ることができる。

　また，自立は，「自己決定」によって支えられるという点も重要である。福祉サービスを利用する人々は，様々な身体・心理・社会的状況にある人々である。自立支援とは，本来の意味で自己決定が使用されることを目指し，示される選択肢から可能な限り自らの意思で決定することができるような社会環境の整備を含んでいる。自己選択と自己決定は基本的人権に関わっている。

　また，福祉サービスの質的向上のためには，できる限り利用者の側に立ち，利用者が自らの権利を自覚し，行使していくことができるよう社会への参画や参加を支援するエンパワメント（empowerment）の視点も忘れてはならない。

（5）社会的ニーズと社会的承認

　個人で対応できる範疇を超えて，制度・政策による社会的対応が必要であるといった社会的承認を受けているニーズを，社会的ニーズと呼んでいる。たとえば，介護や子育て支援は，もはや家庭内の問題にとどまらず，社会全体で対応すべき課題であり，制度的対応が必要であるとの認識が社会的に理解されるようになってきた。社会的承認がなされることにより，1つのケースも社会全体で共有すべき課題とみなされるようになる。社会全体の認識が変わることにより，1つのケースの見え方が変わってくるのである。

　近年の社会福祉では，ジェンダー（gender）の考え方も重視される。ジェンダーとは，フェミニズム理論の中心的な概念の1つであり，社会的・文化的に規定される男女の特性を表している。従来の社会福祉制度のモデルは，賃金を伴う労働の担い手は男性であり，家事労働に従事するのは女性であるという発想のもとに制度設計が行われてきた。しかしながら，働き方の多様性やそれに伴う見直しの中で，今後の社会福祉制度の構想においても従来の発想の転換が課題となるだろう。こうした近年の動向もまた，社会における価値観の変容がもたらした社会的承認によってなされたものであると考えられる。

2　社会福祉の対象とニーズ

（1）社会福祉におけるニーズの捉え方

　社会生活上の必要をニード（need）と呼ぶ。生活者としての人間は複数のニードを調整し，調和を保つ努力をしながら社会生活を送っている。このため本章では，意図的に用いる箇所や定型句以外では，複数形であるニーズ

（needs）を用いている。

　たとえば，岡村重夫は社会生活の基本的要求という概念を取り上げている。[2]
①経済的安定，②職業的安定，③家族的安定，④保健医療の保障，⑤教育の保障，⑥社会参加ないし社会的協同の機会，⑦文化・娯楽の機会がそれである。岡村は，この社会生活の基本的要求を満たすために，個人が制度との間に切り結ぶ関係性を「社会関係」と呼んだ。社会福祉の独自性は，生理学的あるいは心理学的な欲求の捉え方のみでなく，社会関係との関連で個人のニーズを捉えるところにあるといえる。そして，社会の側は，7つの基本的要求に対応する社会制度をそれぞれ用意しているとした。社会関係が何らかの理由で十分に機能しなくなった時に，生活課題が立ち現れるのである。

（2）ニード概念の定義と類型

　三浦文夫は，「『ある種の状態が，ある種の目標や一定の基準からみて乖離の状態にある』ものを仮に依存的状態（dependency）あるいは広義のニードと呼び，この依存状態の『回復，改善等を行う必要があると社会的に認められたもの』を要救護性あるいは狭義のニードと呼ぶ」[3]という。三浦は，現金給付で対応できるニーズである「貨幣的ニーズ」と，現物給付で対応することがより効果的である場合に用いられる「非貨幣的ニーズ」に分類したことで知られる。

　また，ニード概念の類型としては，イギリスの社会政策学者，ブラッドショウ（J. Bradshaw）が著したニードの4類型が有名である。①ノーマティブ・ニード（normative need：規範的ニード），②フェルト・ニード（felt need：感得されたニード），③エクスプレスド・ニード（expressed need：表出されたニード），④コンパラティブ・ニード（comparative need：比較ニード）である。[4]

　「ノーマティブ・ニード」とは，専門家や行政職員等が特定の基準・規範によって判断する社会生活上の必要を指している。「フェルト・ニード」とは，当事者自身が気づいている社会生活上の必要である。ただし，この段階ではまだ，それを要求するアクションには至っていない。フェルト・ニードのうち，福祉サービスの利用を求めるといったアクションを起こす段階まで踏み出した社会生活上の必要を「エクスプレスド・ニード」と呼んでいる。また，「コンパラティブ・ニード」とは，ある特定の福祉サービスを受けている人と類似した状況にある人とを比較した上で，同じ社会生活上の必要があると判断することを意味している。

（3）潜在的ニーズと顕在的ニーズ

　潜在的ニーズと顕在的ニーズもまた，理解しておきたい概念である。「顕在的ニーズ」は，表面的に表れているニーズであり，その存在を容易に把握できるニーズである。「潜在的ニーズ」は，通常は深部に潜んでおり，表面的に表れてこないが，何らかの手段によって表面化され，把握できるニーズを指している。

　私たちは，この潜在的ニーズに着目しなければならない。先に挙げたブラッドショウの類型との関連で述べるならば，ノーマティブ・ニードがあってもフェルト・ニードとなって表れていない状態（専門的な視点からはニードがあると判断されても，本人の自覚がみられない状態）や，フェルト・ニードがあってもエクスプレスド・ニードへと進展していない状態（本人の自覚はあるが，何らかの理由により福祉サービスの利用へと至っていない状態）が潜在的ニーズとして考えられる。では，なぜこのようなニーズの潜在化が起こるのか，その要因に目を向けてみる必要がある。

　まず考えられるのは，ニーズを充足するための制度や福祉サービスといった資源そのものが用意されていない場合である。次に，ニーズを充足するための資源があったとしても，その情報が行き渡っていなかったり，その存在は知っていたとしても利用方法や効果等について理解がなされていない場合である。また，ニーズを表明し，制度や福祉サービスを利用するということには一定のスティグマ（恥辱の烙印）が伴う場合があるからである。行政から支援を受けることは国民の税金が使用されるため恥ずかしいことであるという考えや，心身の状態を他者に知られたくないということなどが理由となって制度や福祉サービスから遠ざかるということが考えられる。

3　福祉政策におけるニーズと資源

（1）福祉政策における資源の種類

　満たされていないニーズを充足するための手段を「資源」と呼んでいる。人間が社会生活を送る上でのニーズは多様であるため，ニーズを充足するための手段としての資源の種類もまた広範囲に及ぶ。坂田周一は，「資源をサービスに変換し，それをニードに割り当てることによってその充足を図る仕組み」[5]が福祉制度であるという。

　たとえば，子育て家庭のニーズを充足するために，子ども・子育て支援新制度が設計された。その「制度」の枠組みにおいて，子育て家庭また妊産婦が，教育・保育施設や地域子ども・子育て支援事業，あるいは保健・医療・福祉等の関係機関を円滑に利用できるよう，身近な場所での相談や情報提供，助言等，必要な支援を行うとともに，関係機関との連絡調整，連携・協働の体制づくり等を行うことを目的としたものが，利用者支援事業である。

　この「事業」を展開するために，地域の「機関」や「施設」が連携・協働して体制づくりを進めることになる。そして，専門的な訓練を受けた「人材」によって，子育てニーズといった需要を充足するために，直接的かつ間接的なサービスが供給される。また，事業を運営するために必要な「資金（財源）」を獲得することも求められる。

　上記に例示したように，人材を「人的資源」と呼び，制度や事業，機関や施設，資金等を総称して「物的資源」と呼んでいる。人的資源は，必ずしも専門的な訓練を受けた者だけに限らず，家族や親族，友人，知人，近隣住民等のような，よりプライベートな関係性に近い人々がニーズを充足するための資源になることがある。このため，インフォーマル（私的）な資源とフォーマル（公的）な資源に区分することもある。

（2）ソーシャル・キャピタル（社会関係資本）の概念

　資源について考える時，ソーシャル・キャピタル（social capital：社会関係資本）も忘れてはならない概念である。パットナム（R. D. Putnam）はソーシャル・キャピタルについて，「調整された諸活動を活発にすることによって社会の効率性を改善できる，信頼，規範，ネットワークといった社会組織の特徴」[6]であるとしている。リン（N. Lin）は，「人々が何らかの行為を行うためにアクセスし活用する社会的ネットワークに埋め込まれた資源」[7]であるとしている。また，稲葉陽二は，「人々が他人に対して抱く『信頼』，それに『情けは人の為ならず』『お互い様』『持ちつ持たれつ』といった言葉に象徴される『互酬性の規範』，人や組織の間の『ネットワーク（絆）』ということ」であり，「これらの社会関係資本によって，集団としての協調性や，『ご近所の底力』といった，市場では評価しにくい価値が生み出される」[8]ことになるという。

　ソーシャル・キャピタルの基本概念の1つとして，橋渡し型（bridging）と結束型（bonding）というネットワークの類型が用いられる。前者は異質な者が

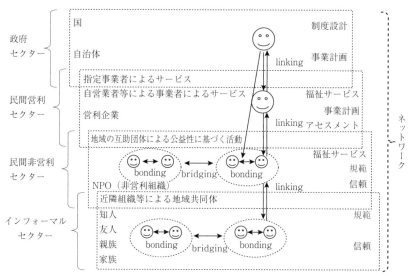

図4-1　社会福祉の供給システムとソーシャル・キャピタルが紡ぐネットワークの関係

出所：早田宰（2015）「地域再生・復興とソーシャル・キャピタル」橘木俊詔・宮本太郎監修『福祉＋α
　　⑦　ソーシャル・キャピタル』ミネルヴァ書房，153〜162頁および古川孝順（2014）「福祉政策資源
　　の配分システム」社会福祉士養成講座編集委員会編『新・社会福祉士養成講座4　現代社会と福祉
　　（第4版）』中央法規出版，186〜193頁を参考に筆者作成。

結びつくソーシャル・キャピタルのタイプであり，後者は同質な者同士が結び
つきを強くするソーシャル・キャピタルのタイプである。また，これらに加え
て，異なる階層の個人や団体がつながる連結型（linking）のソーシャル・キャ
ピタルがある。いずれにしても，様々なスキルや知識，資質をもったヒューマ
ン・キャピタル（人的資本）の結びつきがこの概念を捉える時に重要な位置を
占めている。

　図4-1は，上記にもとづき，社会福祉の供給システムとソーシャル・キャ
ピタルが紡ぐネットワークの関係を表した図である。

（3）資源の開発

　近年，コミュニティソーシャルワークが注目されるようになってきたが，そ
の背景には，既存の制度や福祉サービスで対応しきれないニーズの存在がある。
そうした制度の狭間にあるニーズに応えていくために，地域の中に新たな資源
を開発するという社会福祉が担ってきた機能が再考されることとなった。

　地域ニーズは，時代背景とともに変化するものである。その変化に伴って，従来からあるものをどのように活用していくかという視点のみならず，地域に生きる当事者の生活実態や地域の実情に応じて，新たな資源を創り出す，つまり「開発」するという視点が一層求められるようになっている。

　地域の中には，先に述べたような潜在化されたニーズが埋もれており，自らのニーズに自覚的でない人や，SOS の声を上げることができない人もいる。生活課題を的確に把握し，整理していくためには，地域に積極的にアプローチし，当事者の声に耳を傾けていかなければならない。それにより，当事者の強みを見出し，支援に活かす道筋を発見することができるであろう。当事者自身や支援者もまた，資源の1つなのである。また，資源の開発は，何も新しい福祉サービスやプログラム等を生み出すことだけを指しているわけではない。地域にある既存の資源を支援のために効果的に活用することをも含んでいる。

　先に述べたソーシャル・キャピタルは，「信頼」「規範」「ネットワーク」が鍵概念となっているが，ネットワークの中に埋め込まれたものであるがゆえに，普段は意識化しにくい側面をもっている。このため，地域住民と地域の課題を共有する取り組みも求められる。ソーシャル・キャピタルを福祉サービスやプログラムのために有効に活用することにより，新たな資源が地域の中に生み出されていくことであろう。

4　ニーズと資源を把握する際の視点とその方法

（1）ニーズ把握と社会調査

　ニーズを把握するために用いられる方法が社会調査である。社会調査法は大きく量的調査法と質的調査法に区分され，前者は主として制度や福祉サービスの設計・開発に用いられ，後者は主として支援実践に用いられる。

　たとえば，地域住民全体や特定のニード集団を調査対象として福祉サービスの必要性を調査することによってフェルト・ニードを把握するために行われる。また，法令や専門的見地などから一定の基準を設け，その基準に応じて質問し，それにより収集されたデータを分析することによりニードを把握する方法が用いられる。これは，ノーマティブ・ニードを把握するために用いられるものである。このために，アンケート（質問紙）調査やヒアリング（聴き取り）調査といった社会調査が用いられる。

　また，面接によるケース記録等公文書の分析，カンファレンス（ケース検討会議）による検討，住民座談会（コミュニティ・フォーラム）の開催等も，ニーズ把握の方法として知られている。

（2）ニーズと資源の把握方法とアセスメント

　アセスメント（assessment）とは，情報収集や情報に基づく分析を行い，支援計画や福祉計画を策定するために総合的な判断を行う手続きを指している。このアセスメントには，ニーズの把握と資源の把握という2つの観点がある。

　本人や家族から語られたニーズや生活課題が，どのような状況によってもたらされたものなのか事実関係を明らかにすることによって，実態・実情を踏まえた効果的かつ効率的な支援につながる。そのために，より正確な情報が求められる。収集された情報は，整理・分析されることで，現実と実態に応じた支援計画の策定につながる。このために行われるものを個別アセスメントと呼ぶ。

　また，それぞれの地域にはそれぞれの歴史や文化があり，その中で生起した地域独特のニーズがある。そして，社会変動の影響を受けて，新たな現代的ニーズが地域の中に生み出される。アセスメントでは，地域の資源に関する特徴や独自性，強み等に関しても把握しておかなければならない。これら総合的な地域アセスメントを行い，得られた情報を分析し，地域の資源を有効かつ適切に活用していくことが求められている。

（3）対象把握の課題

　日本における福祉サービスの提供については，エクスプレスド・ニード，すなわち本人や家族，また代理人による申請により利用が開始されることが原則となっている。

　ただし，ニーズが潜在化している可能性があるため，フェルト・ニードのみに着目していては，支援が必要な人々に福祉サービスが行き渡らないということにつながりかねない。したがって，ノーマティブ・ニードを把握するために適切な基準と方法が求められる。

　支援を必要としている人に適切に福祉サービスが行き渡るよう，地域のインフォーマルおよびフォーマルな資源が協働・連携しながら対象把握のための仕組みを作っていくことが今後も求められていくことになるだろう。

注
⑴　公益社団法人日本 WHO 協会「健康の定義」(https://japan-who.or.jp/about/
　　who-what/identification-health/　2020年 5 月11日閲覧)。
⑵　岡村重夫 (1983)『社会福祉原論』全国社会福祉協議会，78～82頁。
⑶　三浦文夫 (1995)『(増補改訂) 社会福祉政策研究——福祉政策と福祉改革』全国
　　社会福祉協議会，60～61頁。
⑷　Bradshaw, J. (1972) "The Concepts of Social Need," *New Society*, 30, pp. 640-
　　643.
⑸　坂田周一 (2020)『社会福祉政策——原理と展開 (第 4 版)』有斐閣，251頁。
⑹　パットナム，R. D./河田潤一訳 (2001)『哲学する民主主義——伝統と改革の市
　　民的構造』NTT 出版，206～207頁。
⑺　リン，N./筒井淳也・石田光規・桜井政成・三輪哲・土岐智賀子訳 (2008)
　　『ソーシャル・キャピタル——社会構造と行為の理論』ミネルヴァ書房，32頁。
⑻　稲葉陽二 (2011)『ソーシャル・キャピタル入門』中央公論新社，1 頁。

参考文献
社会福祉士養成講座編集委員会編 (2014)『新・社会福祉士養成講座 4　現代社会と
　　福祉 (第 4 版)』中央法規出版。
橋木俊詔・宮本太郎監修 (2015)『福祉 + *a* ⑦　ソーシャル・キャピタル』ミネル
　　ヴァ書房。
平岡公一・杉野昭博・所道彦・鎮目真人 (2011)『社会福祉学』有斐閣。
古川孝順 (2005)『社会福祉原論 (第 2 版)』誠信書房。
牧田満知子・立花直樹編著 (2017)『現場から福祉の課題を考える　ソーシャル・
　　キャピタルを活かした社会的孤立への支援——ソーシャルワーク実践を通して』ミ
　　ネルヴァ書房。

学習課題
①　福祉多元主義の詳細について調べてみよう。
②　社会福祉におけるニーズ把握の視点について，あなたの考えをまとめてみよう。
③　あなたが関心をもっている社会福祉の領域について，人的資源や物的資源にはど
　　のようなものがあるか，自治体のホームページ等で具体的に調べてみよう。

第5章

社会福祉の法体系と法制度

　わが国には，日本国憲法を基盤として社会福祉に関する法律や制度があり，国民の生活部面の保障を具体化させるものである。中でも，社会福祉の機関や施設等によって供給される社会福祉サービスを規定しているのが「福祉六法」であり，その他，社会福祉法，介護保険法，障害者総合支援法，児童虐待防止法，更生保護法等，多くの法律が社会福祉の組織や体制，社会福祉サービスに関係している。本章では，それらの概要を確認していく。

1　法律と制度

（1）法律とは

　社会に秩序を与えるルールを社会規範というが，法律は，他の社会規範と異なり，政府が権力を使って国民に法律を守らせることで秩序を与え，守らない国民に対しては刑罰などの制裁を課することができる。現代社会において法律は，幸福を守ることであり，また，増進させるために必要なことを定めている。

　法律には種類があり，歴史上いつでもどこでも誰にでも当てはまり変化することがない人間の本性（理性や良識）に根ざした普遍的な「自然法」と，歴史上，特定の社会の中で人為的に作られ実際に効力をもつ「実定法」に分けられる（実定法は，文書の形で制定された「成文法」と，文書の形で制定されたものではない「不文法」に分けられる）。

（2）法律と制度の違い

　「法律」とは，日本国憲法第41条の規定から国会の議決によって制定された社会規範のことをいう。「制度」とは，法律であれ，社会関係を円滑に営むために統治者によって定められた決まりや枠組みのことで，社会全般に関する制

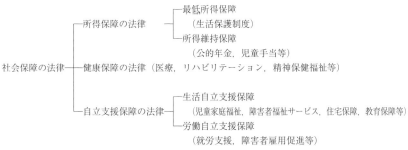

図 5-1　目的別法体系
出所：日本社会保障法学会編（2001）『講座社会保障法 1　21世紀の社会保障法』法律文化社，23頁の図
を一部改変。

度を社会制度（人権，社会保障，教育，税制など）という。法治国家において多
くの制度は，法律により定められている。

2　社会福祉の法体系

（1）社会保障制度審議会勧告が示した社会保障の体系

　1950（昭和25）年に社会保障制度審議会は「社会保障制度に関する勧告」を
発表し，その中で社会保障制度を 4 つの部門（社会保険，国家扶助（公的扶助），
公衆衛生及び医療，社会福祉）に分けて体系を示した。

　この 4 つの部門は個別の制度や法律について区分したわけではなく，その目
的と方法の組み合わせによって部門が並んでいる。「社会保険」は，保険的方
法（社会保険方式）で実施される所得保障やサービス，「国家扶助（公的扶助）」
は税方式で実施される所得保障や各種手当，「公衆衛生及び医療」は保健・医
療サービス，「社会福祉」は対象別の社会福祉施設やサービスを表している。

（2）目的別による法体系

　この勧告以降，社会福祉の法体系は対象別の制度として発展してきた。その
ため，わが国の社会福祉の法体系は対象別の法律によって区分，整理すること
が一般的となっている。しかし，ここでは対象別の整理にとどめずに，目的別
の枠組みで全体の法体系を整理する（図5-1）。

　まず，社会保障の法律は「所得保障」「健康保障」「自立支援保障」の 3 つに

分類できる。「所得保障」には生活保護法や国民年金法等が含まれ，金銭給付によって所得を保障する。「健康保障」は医療や健康に関する法律が含まれ，「自立支援保障」は児童福祉法や身体障害者福祉法等を含む生活自立支援保障と，就労支援サービスや障害者の雇用の促進等に関する法律等の労働自立支援保障の2つに区分される。

3　社会福祉の主な法制度

（1）社会福祉法

　社会福祉法は，社会福祉の共通的基本事項を定めている法律である。福祉サービス利用者の視点に立った質の高いサービスを提供する仕組みにすることを目的に2000（平成12）年，社会福祉事業法から社会福祉法に改正された。社会福祉サービスの利用者の利益の保護と地域福祉の推進を図るとともに，社会福祉事業の適正な実施および社会福祉を目的とする事業の健全な発達を図っている。この法律では，福祉サービスの基本的理念，国および地方公共団体の責務，社会福祉事業，社会福祉審議会，福祉事務所，社会福祉法人，社会福祉協議会，社会福祉主事，福祉サービスの適切な利用や社会福祉従事者に関する事項等を規定している。

（2）福祉六法

　次に挙げる，社会福祉に関連する6つの法律は「福祉六法」と総称されている。
• 児童福祉法…最初に「福祉」という言葉がつけられた法律で，すべての児童を対象として1947（昭和22）年に制定された児童家庭福祉の基本法。児童の権利に関する条約の精神に則り適切に養育されること，その生活を保障され，愛され，保護されること，心身の健やかな成長および発達，自立が図られ，その他の福祉を等しく保障される権利を有していることを基本理念に，児童・妊産婦・障害児・保護者の定義，児童相談所，児童福祉施設（助産施設，保育所，幼保連携型認定こども園，乳児院，児童養護施設，福祉型障害児入所施設，医療型障害児入所施設，児童心理治療施設，母子生活支援施設，児童自立支援施設，児童家庭支援センター等），子育て支援サービス，児童福祉審議会，要保護児童対策地域協議会，児童福祉司や児童委員，保育士資格等を規定している。

- **身体障害者福祉法**…18歳以上で都道府県知事から身体障害者手帳の交付を受けた者を身体障害者として，障害者の日常生活及び社会生活を総合的に支援する法律（障害者総合支援法）と相まって，身体障害者の自立と社会経済活動への参加を促進するため，身体障害者を援助し，必要に応じて保護し，身体障害者の福祉の増進を図ることを目的としている。また国および地方公共団体に対して，身体障害者の自立と社会経済活動への参加を促進するための援助と必要な保護を総合的に実施するように努めなければならないとする努力義務を定めている。その他に実施機関（身体障害者更生相談所，身体障害者相談員等），更生援護（身体障害者手帳等），福祉の措置（施設入所，障害福祉サービス等）について規定している。

- **生活保護法**…生活保護は，日本国憲法第25条に規定する生存権の保障に基づき，国が生活困窮状態にある者に対して困窮の程度に応じ，最低生活水準を満たす生活ができるよう必要な金品を支給して救済する制度で，その自立を助長することを目的としている。すべての国民は，この法律の定める要件を満たす限り社会保険のように保険料の負担を必要とせず，生活困窮の原因を問うこともなく，状態のみで無差別平等に保護を受けることができる。ナショナル・ミニマムを保障するという目的から，生活保護制度の実施主体は国および地方公共団体とされ，財源は租税等による一般財源である。また，生活の保持や扶養は扶養関係や個人の資産活用といった私的扶助が優先されることから，救済される者についての資産や扶養関係等の資力調査（ミーンズ・テスト）が行われ，その結果によって給付の可否が決定される。

- **知的障害者福祉法**…障害者の日常生活及び社会生活を総合的に支援する法律（障害者総合支援法）と相まって，知的障害者の自立と社会経済活動への参加を促進するため，知的障害者を援助するとともに必要な保護を行い，知的障害者の福祉を図ることを目的としている。また国および地方公共団体に対して，知的障害者の自立と社会経済活動への参加を進めるための援助と必要な保護の実施に努めなければならないとする努力義務を定めている。その他に実施機関（知的障害者更生相談所，知的障害者相談員等），更生援護，福祉の措置（施設入所，障害福祉サービス等）について定めている。

- **老人福祉法**…高齢者福祉について定めた基本法。老人福祉に関する原理を明らかにするとともに，老人に対し，その心身の健康の保持および生活の安定に必要な措置を講じ，老人の福祉を図ることを目的としている。また国および地

方公共団体は老人の福祉を増進する責務があり，老人の福祉に関係のある施策を通じて基本的理念が具現化されるように配慮しなければならないことが規定されている。その他に老人福祉施設（特別養護老人ホーム，養護老人ホーム，軽費老人ホーム，老人短期入所施設，老人デイサービスセンター，老人福祉センター等），老人福祉サービス，老人クラブ活動事業等について定めている。また，都道府県と市町村には「老人福祉計画」の策定を義務づけている。

• 母子及び父子並びに寡婦福祉法…1964（昭和39）年に母子福祉法として制定され，その後，1981（昭和56）年に寡婦家庭も対象として母子及び寡婦福祉法となり，2002（平成14）年の改正で父子家庭も対象に加え，2014（平成26）年に現行法名となった。母子家庭等および寡婦の福祉に関する原理を明らかにするとともに，母子家庭等および寡婦に対し，その生活の安定と向上のために必要な措置を講じ，母子家庭および寡婦の福祉を図ることを目的としている。また国および地方公共団体は，母子家庭等および寡婦の福祉を増進する責務を有することを定めている。この他に母子・父子自立支援員，母子・父子・寡婦福祉資金の貸し付け，母子家庭等日常生活支援事業等その他の措置，母子・父子福祉施設等を規定している。

4　社会福祉に関連する法律・条約

（1）社会福祉に関連する法律
①　児童福祉関連

• 児童虐待の防止等に関する法律（児童虐待防止法）…2000（平成12）年に制定された法律で，児童虐待を禁止するとともに，国および地方公共団体が予防，早期発見，児童の保護を行うことを責務と定め，通告，敏速な保護の対応，警察への援助要請，一時保護や同意入所措置中の面会や通信の制限等を定めている。従来の接近禁止命令は親権者等の意に反して施設入所等の措置がとられている場合にのみ行うことができるとされていたが，2017（平成29）年の改正において，一時保護や保護者の同意による施設入所等の措置の場合にも接近禁止命令を行うことができるようになった。

• 次世代育成支援対策推進法…次世代育成支援対策に関する基本理念，国および地方公共団体，事業主，国民の責務を明らかにすることを通して，次代を担う児童が健やかに生まれ，育成される社会の形成に資することを目的としてい

る。また，保護者を雇用する事業主も行動計画策定の対象として，101人以上の従業員を抱える事業主には従業員の仕事と子育ての両立を図るための雇用環境の整備や，子育てをしていない従業員も含めた多様な労働条件の整備等に取り組むにあたっての対策およびその実施時期を定める「一般事業主行動計画」の策定・届出・公表・周知が義務づけられている。

② 子ども・子育て関連3法

次に示す3つの法律をいう。この成立により「子ども・子育て支援新制度」が創設され，2015（平成27）年4月から実施されている。

・子ども・子育て支援法…子ども・子育て支援新制度の給付内容等を定めた法律で，子育てが社会連帯のもとに社会全体で行われるものであることを示している。

・就学前の子どもに関する教育，保育等の総合的な提供の推進に関する法律の一部を改正する法律（認定こども園法の一部を改正する法律）…幼保連携型認定こども園を創設し，こども園の勤務に必要な資格として「保育教諭」を設けることを定めた。

・子ども・子育て支援法及び就学前の子どもに関する教育，保育等の総合的な提供の推進に関する法律の一部を改正する法律の施行に伴う関連法律の整備等に関する法律…就学前の子どもに対する教育および保育，保護者に対する子育て支援を推進するための措置，地域において子どもが健やかに育成される環境の整備に資することを目的としている。また，認定こども園の設置に関する学校教育法や児童福祉法の特例についても規定している。

③ 障害者福祉関連

・障害者の日常生活及び社会生活を総合的に支援するための法律（障害者総合支援法）…障害者基本法の基本理念に則り，障害児・者が基本的人権を享有する個人としての尊厳に相応しい日常生活または社会生活を営むことができるよう，必要な障害福祉サービスに係る給付，地域生活支援事業，その他の支援を総合的に行い，障害児・者の福祉の増進を図るとともに，障害の有無にかかわらず国民が相互に人格と個性を尊重し，安心して暮らすことのできる地域社会の実現に寄与することを目的としている。

・精神保健及び精神障害者福祉に関する法律（精神保健福祉法）…精神障害者の医療および保護を行い，障害者の日常生活及び社会生活を総合的に支援する法律（障害者総合支援法）と相まって，その社会復帰の促進や自立と社会経済活動

への参加に必要な援助等を行い，国民の精神的健康の保持・増進に努めることにより精神障害者の福祉の増進および国民の精神保健の向上を図ることを目的としている。また都道府県は，精神保健の向上および精神障害者の福祉の増進を図るため精神保健福祉センターを置くものとされ，都道府県および市町村は精神保健福祉相談員を置くことができるとされている。

• **発達障害者支援法**…自閉症，アスペルガー症候群その他の広汎性発達障害，学習障害（LD），注意欠陥多動性障害（ADHD）などの発達障害のある者を対象に発達障害を早期発見し，発達支援を行うことを目的としている。医療・福祉・教育の連携の重要性を指摘し，発達障害児を特別支援教育の対象とした。国および地方公共団体，国民の責務，学校教育における発達障害者への支援，就労支援，発達障害者支援センター等を規定している。

• **障害者虐待の防止，障害者の養護者に対する支援等に関する法律**（障害者虐待防止法）…障害者の尊厳を守り，自立や社会参加の妨げとならないよう虐待を禁止するとともに，その予防と早期発見のための取組や障害者を養護する人に対して支援措置を講じること等を定めている。対象となる障害者は，身体障害，知的障害，精神障害（発達障害を含む），その他心身の機能に障害がある人で，障害者手帳を取得していない場合も含まれる。

• **障害を理由とする差別の解消の推進に関する法律**（障害者差別解消法）…障害者基本法の基本的な理念に則り，障害をもつ人が障害をもたない人と同様に基本的人権をもつ個人として尊厳が重んじられ，障害を理由とするあらゆる差別（社会的障壁）の解消を推進し，不当な差別的取扱いの禁止，合理的配慮の提供，国による啓発・知識の普及を図るための取組等が規定されている。

④　高齢者福祉関連

• **介護保険法**…2000（平成12）年4月，市町村を保険者に「介護を社会全体で支える仕組み」を定める法律として施行された。この法律は，要介護状態となり，介護，機能訓練，看護，医療を要する者等に必要な保健医療サービスおよび福祉サービスの提供を行い，国民の保健医療の向上および福祉の増進を図ることを目的としている。介護保険制度は要介護または要支援の認定を受けた高齢者に保険給付を行うもので，医療との連携に十分配慮して行わなければならない。保険給付のほか，保険者と被保険者，介護認定審査会，介護支援専門員，地域支援事業，介護保険審査会，介護保険施設，介護保険事業計画，社会保険診療報酬支払基金の介護保険関係業務，国民健康保険団体連合会の介護保険事

業関係業務等が規定されている。

• **高齢者虐待の防止，高齢者の養護者に対する支援等に関する法律**（高齢者虐待防止法）…高齢者に対する虐待が深刻な状況にあるという認識のもと，高齢者虐待を家族等の養護者によるものと介護施設従事者によるものに分け，高齢者虐待の防止に関する国の責務，虐待を受けた高齢者の保護措置，養護者の高齢者虐待防止のための支援措置，国および地方公共団体に対して虐待防止のために成年後見制度の利用促進を図る義務を定めている。

• **高齢者，障害者等の移動等の円滑化の促進に関する法律**（バリアフリー新法）…高齢者，障害者等の自立した日常生活および社会生活を確保することの重要性から，公共交通機関の旅客施設および車両等，道路，路外駐車場，公園施設並びに建築物の構造および設備を改善するための措置，道路，駅前広場等の整備の推進を講ずることで高齢者，障害者等の移動や施設利用の利便性や安全性の向上を図り，公共の福祉の増進に資することを目的としている。

⑤　その他

• **民生委員法**…民生委員は，都道府県知事の推薦によって厚生労働大臣が委嘱をする。民生委員は社会奉仕の精神をもって常に住民の立場に立って相談に応じ，必要な援助を行い，社会福祉の増進に努めるものとされ，その職務を遂行するにあたっては個人の人格を尊重し，その身上に関する秘密を守り，人種，信条，性別，社会的身分または門地によって差別的な取り扱いをすることなく，実情に応じて合理的に職務を行わなければならないこととされている。また，民生委員の定数，推薦，委嘱，主任児童委員，職務，民生委員協議会等を規定している。

• **生活困窮者自立支援法**…経済的に困窮し，最低限度の生活を維持することができなくなるおそれのある者を「生活困窮者」といい，生活困窮者自立相談支援事業，生活困窮者住居確保給付金の支給などの措置を講ずることによって，生活困窮者の自立の促進を図ることを目的としている。生活保護法に適用されない生活困窮者に対する相談，自立支援計画の作成，就労支援・自立支援の実施，生活困窮者住居確保給付金（公的な住宅手当）の支給等を行っている。

• **ホームレスの自立の支援等に関する特別措置法**（ホームレス自立支援法）…この法律においては，ホームレスを「都市公園，河川，道路，駅舎その他の施設を故なく起居の場所とし，日常生活を営んでいる者」（第2条）と定義し，国と地方自治体の責務として自立の意思のあるホームレスの自立の支援，ホームレ

スとなるおそれのある者が多数存在する地域への支援，その他ホームレスに関する問題の解決に取り組むこととしている。

• 配偶者からの暴力の防止及び被害者の保護等に関する法律（DV 防止法）…配偶者からの暴力にかかる通報，相談，保護，自立支援等の体制を整備することにより，配偶者からの暴力の防止および被害者の保護を図ることを目的としている。2013（平成25）年改正において，生活の本拠を共にする関係にある相手からの暴力および被害者についてもこの法律を準用することとなり，法律の名称のうち「保護」の部分が「保護等」に変更された。

• 更生保護法…犯罪者や非行少年（刑務所や少年院を仮釈放・仮退院した者や，執行猶予で保護観察に付された者等）に対して適切な処遇を行うことで再び犯罪をすることを防ぎ，非行をなくし，これらの者の改善更生することを助け，犯罪予防活動の促進等を行うことで社会を保護し，個人および公共の福祉を増進することを目的としている。

• 出入国管理及び難民認定法…わが国に入国し，または出国するすべての人の出入国および在留するすべての外国人の在留の公正な管理を図るとともに，難民の認定手続を整備することを目的に，外国人の入国，帰国，出国，日本国在留に関する許可要件や手続，在留資格制度，出入国在留管理庁の役割，不法入国や不法在留に関する罰則等の出入国管理制度と，難民条約および難民議定書に基づく難民認定制度等を規定している。

• 健康増進法…2003（平成15）年に「健康日本21」を中核とする国民の健康づくりを積極的に推進する法的基盤を整備するために施行された。この法律は，国民の健康維持と現代病予防を目的に，国民は生涯にわたって健康の増進に努めなければならないと健康の維持を国民の義務として，国，地方自治体や医療機関等に協力義務を課している。また厚生労働大臣は，国民の健康増進についての基本方針を定めることになっている。

（2）国際条約

• 国際的な子の奪取の民事上の側面に関する条約（ハーグ条約）…1980年にオランダのハーグ国際私法会議で採択され，1983年に発効した条約。国境を越えた子どもの不法な連れ去り（一方の親の同意なく子どもを元の居住国から出国させる）や留置（一方の親の同意を得て一時帰国後，約束の期限を過ぎても子どもを元の居住国に戻さない）をめぐる紛争に対応するため，元の居住国に子どもを返還す

る手続や国境を越えた親子の面会交流のための締約国間の協力等について定めている。2020年7月現在，締約国は101か国で，わが国においては2014（平成26）年4月1日に発効した。

• 児童の権利に関する条約…児童を「18歳未満のすべての者」と定義し，その基本原理として「児童の最善の利益」が掲げられている。また，この条約には子どもの「生きる権利」「守られる権利」「育つ権利」「参加する権利」の4つの柱があり，子どもの「生存」「保護」「発達」「参加」という包括的な権利を実現する内容となっている。条約の特徴として，子どもは自由に自己の意見を表す権利をもっていることが明記されており（意見表明権），子どもの権利には受動的権利だけではなく能動的権利も含まれるということ，子ども自身が権利の主体者であるということから，児童観の大きな転換がなされているといえる。この条約は，国際連合の加盟国数を上回る196の国と地域で締約されており，最も広く受け入れられている人権条約である。

• 障害者の権利に関する条約…障害者の人権および基本的自由の享有を確保し，障害者の固有の尊厳の尊重を促進することを目的として，障害者の権利の実現のための措置等について定めた条約で，すべての障害者の人権および基本的自由の完全かつ平等な享有を促進，保護，確保すること並びに障害者の固有の尊厳の尊重を促進することを目的としている。わが国では条約締結に先立ち，2011（平成23）年に障害者基本法改正，2012（平成24）年に障害者の日常生活及び社会生活を総合的に支援する法律（障害者総合支援法）成立，2013（平成25）年に障害を理由とする差別の解消の推進に関する法律（障害者差別解消法）成立等，様々な法制度の整備が行われた。2019年8月現在，179の国と地域で締約されており，わが国においては2014（平成26）年2月19日に発効した。

参考文献

井村圭壯・今井慶宗編著（2019）『福祉の基本体系シリーズ10　社会福祉の形成と展開』勁草書房。

公益財団法人児童育成協会監修（2019）『新・基本保育シリーズ④　社会福祉』中央法規出版。

学習課題

① 第4節で取り上げられていない社会福祉に関連する法律を調べてみよう。

② 社会福祉の制度を実施する機関や従事者について，調べてみよう。

③ 今後の社会福祉がどのような方向に展開していくかを考えてみよう。

第6章

社会問題と福祉利用過程の課題

　いつの時代にも，その時代の世相を反映した様々な問題が生まれる。一見，人々が抱える生活上の問題は個人に起因するものと考えられがちであるが，そうではなく個人を取り巻く環境や社会と密接に結びついているとする視点から支援を行うのが社会福祉である。本章では社会問題が生じるメカニズムを例示し，さらに福祉の利用者であるクライエントが支援を受ける際に，どのような課題があるのかについて理解を深めることがねらいである。

1　社会問題の背景とは

（1）社会問題はどのように出現するのか

　社会問題には，詳しくは本章第2節で述べるが，①時代を超えて存在する社会問題，②時代の変化により新しく生じた，もしくは以前から存在してはいたものの，新しく着目された社会問題，③従来から存在していた社会問題の実態が新しい形に変化したり，程度がより深刻になった社会問題がある。図6-1は，社会問題と福祉利用の過程を図式化したものである。社会問題には背景となる「事象」や「状態」が存在し，それが直接的・間接的な要因となって社会問題が生じる。また社会問題は個人レベルの生活問題に直結している。すべての人に当てはまる問題から個々人が抱える生活課題や問題まで様々である。さらに個人や家族では解決が難しい場合，福祉利用が必要となる。

（2）社会問題の背景にあるもの

　前述したように社会問題には背景がある。たとえば日本は少子高齢社会，人口減少社会といわれて久しい。2019（令和元）年の高齢化率は28.4％で，約3人に1人が高齢者である。一方で合計特殊出生率は1.36と4年連続低下し，出

図6-1　社会問題と福祉利用の過程

出所：筆者作成。

生数も過去最低を記録し続けている。[2]このような状況下にあるわが国は，人口は2008（平成20）年以降，減少の一途をたどっている。[3]

　また経済に目を向ければ，日本は1990年代初頭に起こったバブルの崩壊以降，低成長経済が続いている。[4]加えて東西冷戦の終結以降，グローバル化が一層進み，それに伴い雇用も大きく変化している。1990年代後半から規制緩和の一環として労働者派遣法の見直しなどが行われ，非正規雇用が急速に拡大した。いまや非正規雇用者の割合は約4割を占める。[5]

　時代や社会，生活様式の変化に応じて，社会意識や価値観も大きく変化している。たとえばスマートフォンなどの情報端末によるインターネットの利用時間が増加し，家族で時間や空間を共有する時間が減少するなど世帯内個人志向が高まっている。生活価値観についても結婚や離婚，夫婦のあり方や子どもをもつことに対する伝統的家族観から脱却し，それぞれが自立して行動する生活への志向がみられる。またセクシュアルマイノリティやジェンダー，外国人など多様性を受け入れる意識の高まりがみられる一方で，個人志向の高まりから近所や地域，社会に対する意識や関係性が希薄化する傾向もみられる。[6]

（3）社会問題の背景と社会問題のつながりの例

　社会問題の背景と社会問題が影響し合っている例として，1990年頃から認識

されはじめた少子化を挙げる。当初は都市化や核家族化により家庭や地域の子育て力が低下し，育児不安の増大や育児の孤立が生じた結果，少子化につながったと考えられ，待機児童対策をはじめ仕事と育児が両立できるための施策が行われた。しかしそれは結婚をし，子どもを産み育てることを前提としたものであり，少子化の原因には非婚化・晩婚化もある。その理由として女性の社会進出，結婚や出産に対する価値観の変化などがあり，また若い世代の非正規雇用労働者の未婚率が顕著に高いことからも不安定な経済や雇用が影響していると考えられる。そして超高齢社会の中で，近年は晩婚化・晩産化により子育てと親の介護を同時に抱える「ダブルケア」という新たな社会問題も生じている。このように社会問題の背景として複数の要因が重層的に影響し合う中で社会問題が生まれ，その社会問題が新たな背景につながり，さらに新たな社会問題が生じるという循環が起こっている。

2　社会問題と具体例

（1）時代を超えて存在する社会問題と新しい社会問題

　社会問題をリスクと置き換えた場合，ニューリスクという概念が，従来予期していなかったリスク，あるいは従来予期していたリスクであるものの，従前の予想をはるかに超える頻度や重大さであることが判明したリスクであるとするなら，社会問題も①時代を超えて存在する社会問題，②時代の変化により新しく生じた，もしくは以前から存在してはいたものの，新しく着目された社会問題，③従来から存在していた社会問題の実態が新しい形に変化したり，程度がより深刻になった社会問題の 3 つがあると考えられる。さらに社会の多くの人にとっての問題であるか，人数の多さにかかわらず解決すべき問題かという視点もある（図 6-2）。

（2）社会問題の具体例

①　時代を超えて存在する社会問題

　社会福祉の原点が18世紀のイギリスにおいて産業革命による工業化社会への転換期に発生した貧困問題への取り組みにあることからも，貧困は時代を超えて存在する社会問題の最たる例といえる。日本における貧困は，戦後の「身体上の健康を維持するために最小限度必要な支出」ができない絶対的貧困から，

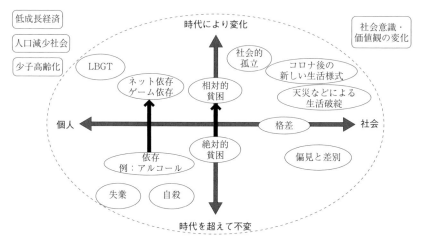

図6-2　時代を超えて存在する社会問題と新しい社会問題

出所：筆者作成。

復興期の高度経済成長を経て，「自分たちが所属する社会で慣習となっているような社会的諸活動への参加が不可能である状態」である相対的貧困へと変化している。1990年代半ば以降，経済の停滞や雇用形態の変化等とともに貧困は拡大し，2018（平成30）年の相対的貧困率は15.8％と6人に1人が貧困状態である。貧困は失業者だけの問題ではない。非正規雇用の4人に3人が賃金年収200万円という，いわゆるワーキングプアの問題も深刻である。貧困は所得格差や雇用格差だけでなく，さらに教育格差や健康格差，情報格差など，複数の領域における格差へとつながっている。

　また貧困が「状態」を表すのに対し，社会との関係性を重視し，そのメカニズムやプロセスに着目した「社会的排除」という概念もある。社会的排除は物質的・金銭的欠如のみならず，居住，教育，保健，社会サービス，就労など多次元の領域において個人が排除され，社会的交流や社会的参加さえも阻まれ，徐々に社会の周縁に追いやられていくことを指す。

　②　時代の変化により新しく生じた，もしくは以前から存在してはいたものの，新しく着目された社会問題

　前述した社会意識や価値観の変化から，LGBT すなわち性的マイノリティの人々の尊厳や人権を守る動きがみられるようになっている。日本における性的マイノリティの対人口比は7.6％といわれ，これまで偏見や差別により，婚

姻・教育・雇用と労働において多くの権利侵害を受けてきた。また性的マイノリティの自殺リスクは高く，性的マイノリティの男性は，異性愛者の男性と比べて自殺を図るリスクが約5.9倍という調査結果もある[15]。

　また時代の変化により新しく生じた社会問題としては，スマートフォンなどの普及によるゲーム依存，ネット依存がある。2019年に世界保健機関（WHO）はICD-11（国際疾病分類第11版）に「ゲーム障害」を認定した。実態調査では1日のゲーム時間が長い人ほど，学業成績や仕事に悪影響が出ていること，また心身や人間関係にも影響が出ていることが明らかになっている[16]。

　③　従来から存在していた社会問題の実態が新しい形に変化したり，程度が
　　　より深刻になった社会問題

　社会的孤立は「家族や地域社会との交流が著しく乏しい状態[17]」を指す。日本はOECD諸国の中で「友人，同僚，その他の人」との交流が最も乏しく[18]，また人助け指数においても126か国中107位と先進国の中では最下位という結果が出ている[19]。

　社会的孤立が着目されるようになったのは1990年代である。特に1995（平成7）年に発生した阪神淡路大震災後の仮設住宅等での孤独死が増加したことで問題が顕在化した。その後，高齢者の一人暮らし世帯や若年層のひきこもり，子育て世帯や介護を行う世帯，生活困窮者など，すべての年代において普遍的な問題となっている。

　さらに近年の気候変動による自然災害，新型コロナウイルスに代表される感染症など，一瞬で生活が破綻するリスクや生活不安はすべての人に常に存在する。

（3）社会問題を捉える際の福祉的視点

　日本は諸外国に比べて，失業や貧困など個人が抱える問題を「自己責任」と捉える傾向が強い[20]。しかし岡村重夫は社会福祉固有の視点として「生活難は個人的・主観的な困難ではなくて，社会制度の欠陥を表現する社会問題としての生活難[21]」であると捉えた。2014年に採択されたソーシャルワークのグローバル定義も，「ソーシャルワークは，社会変革と社会開発，社会的結束，および人々のエンパワメントと解放を促進する，実践に基づいた専門職であり学問である[22]」と，個人を対象とするミクロレベルの実践にとどまらず，より社会や社会構造に働きかけるマクロの視点が強調されている。

　さらにマーシャル（T. H. Marshall）により提唱された「シティズンシップ」の概念によると，福祉国家における市民は，市民的権利，政治的権利に加え，社会的権利の３つの権利をもつとされる。社会的権利とは「全ての人は社会的な標準的な水準に照らして文明市民としての生活を送る権利[23]」であり，クライエントを支援の受動的存在だけでなく権利主体として捉えている。そのことはソーシャルワーカーの職能団体である日本社会福祉士会の倫理綱領においても，クライエントの「参加の促進[24]」を行うとしている点で共通している。

3　福祉を利用する人々と支援者

（1）福祉を利用する人々とは

　福祉領域では支援対象者をクライエントという言葉で表す。クライエントは，専門的な社会福祉のサービスを利用する個人，グループ，家族，コミュニティを指す[25]。しかし福祉を「個人が社会生活をしていく上で遭遇する障害や困難に対して，社会福祉政策，地域社会，個人などが独自にあるいは相互に協働しながら，これを解決あるいは緩和していくための諸活動の総体[26]」として捉えた場合，福祉専門職や福祉機関，あるいは福祉サービスを提供する行政による援助を受けている人々だけではなく，より広範に捉える必要がある。

　図６-３のように，「要援護性」「ヴァルネラビリティ」をもつ人々が，本来福祉を利用する「べき」人々である。要援護性は三浦文夫によると，「『ある種の状態が，一定の目標となり，基準からみて乖離の状態にある』ものを仮に依存的状態あるいは広義のニードと呼び，この依存的状態の『回復，改善等を行う必要があると社会的に認められたもの』を要救護性あるいは狭義のニードと呼ぶことにしておく[27]」と表されている。つまり社会的にみて支援が必要と判断される状態である。

　一方，ヴァルネラビリティは「脆弱，傷つきやすさ」とも訳され，社会福祉実践の１つであるソーシャルワークは2014年にグローバル定義を改定した際，ソーシャルワークの中核となる任務の１つとして「脆弱（vulnerable）で抑圧された人々を解放」することとした。さらに2010（平成22）年に日本学術会議が提言した「バルネラブル・モデル」は他者との関係性において，ある者が一方的に「傷つきやすい」立場に置かれるという非対称な関係性を示すモデルであり，ケアを最も必要としている者に対して配慮することこそが社会の責任で

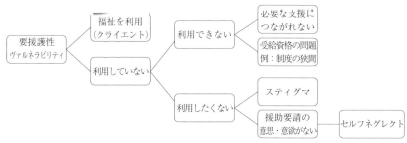

図 6-3 福祉利用の過程

出所：筆者作成。

あるとしている。

（2）支援者とは

　ケアワーカーやソーシャルワーカーなど社会福祉専門職，社会福祉の専門機関，そして多くの福祉サービスを提供する行政機関などが福祉の支援主体に該当する。

　ただし前述したように，福祉を「個人が社会生活をしていく上で遭遇する障害や困難に対して，これを解決あるいは緩和していくための諸活動の総体」と捉えた場合，近年は支援主体の多様化がみられる。ソーシャルビジネス（社会的企業）やコミュニティビジネス，NPO による活動など，様々な手法を取り入れながら社会問題の解決を図る取り組みが増えつつある。

（3）クライエントと支援者の関係

　ソーシャルワークは隣接領域の知見を援用することで学問体系を確立してきた経緯から，当初は医学モデルに基づいて支援を行っていた。つまりクライエントが抱える問題はクライエント個人の病理に起因すると捉え，支援者が主体となった治療的支援が行われていた。専門的知識をもつ支援者とクライエントには情報量も含めて圧倒的な「情報の非対称性」があり，クライエントと支援者は医師と患者のような援助関係にあった。

　その後，医学モデルの反省から生活モデルが提唱されるようになり，クライエントは生活主体者として，クライエントが抱える問題は生態学（エコロジー）的視点から個人と環境との相互関係から生じる生活問題として捉えられた。生活主体者であるクライエントが中心となり，支援者によるクライエントを取り

巻く環境・生活の調整・整備に焦点を当てた支援が行われるようになった。関係性についても対等な関係性を理想としつつ，支援者がクライエントにエンパワメントを行う関係性など，そもそも非対称性が内包されていることを前提に，パートナーシップをもった協働関係が理想であるとされている。そのことは前述した社会福祉士の倫理綱領においても，ソーシャルワーカーがクライエントに必要な情報を適切な方法・わかりやすい表現を用いて提供するべきとする説明責任や，クライエントが自らの人生に影響を及ぼす決定や行動のすべての局面において，完全な関与と参加を促進することが求められていることからも明らかである。

4　福祉を利用する過程で生じる課題

（1）福祉を利用する過程とは

　社会心理学では，援助を求める行動を「援助要請」とし，①問題への気づき，②問題の重大性判断，③自己解決能力の判断，④援助要請の意思決定，⑤潜在的援助者の探求，⑥援助要請方略の検討，⑦援助要請の評価という7段階が含まれているとする1つのプロセスモデルがある。

　わが国は申請主義であり，①から⑦のプロセスをすべて経ることで福祉利用に至ることになるが，図6-3で示したように，「要援護性」「ヴァルネラビリティ」をもつ人々が必ずしも福祉利用に至るとは限らない。その場合，福祉利用を「したくない」場合と「できない」場合に分かれる。

（2）クライエント側にみる福祉利用過程の課題

　福祉利用をクライエントが「したくない」と考えるケースでは，さらに「利用したくてもできない」パターンと「本当に利用したくない」というパターンに分かれる。

　前者は利用したい意思があったとしても偏見や差別をおそれ，逸脱者としてラベルが貼られるスティグマを回避しようとしたり，自尊感情の低さや恥と感じるセルフスティグマにより福祉利用が妨げられている場合が当てはまる。

　一方で「本当に利用したくない」場合の例として，自分自身の健康または安全を脅かすことになっても支援を受け入れないセルフネグレクト（自己放任）が，近年では社会問題になりつつある。

（3）支援者側にみる福祉利用過程の課題

　福祉利用が「できない」場合として，前述した援助要請のプロセスモデルの
①問題への気づきがない場合，②問題が重大であると判断していない場合，③
自分で解決が可能かどうかの判断が困難な場合があるほか，④の援助要請を希
望，つまり福祉を利用したいという意思をもっていても，⑤の潜在的援助者，
つまり利用が可能な社会資源やその情報にたどりつけない，⑥の援助要請方略
としてどのように福祉利用を行うかの方法がわからないなどの問題がある。ま
たは受給資格の問題で，実際に困難な状態にあったとしても，いわゆる「制度
の狭間」などで福祉利用が難しい場合もある。

（4）福祉利用過程における支援者の役割

　支援者は，生活課題や問題を抱えるクライエントの福祉利用が妨げられてい
る場合に，その原因に応じた対応や関わりが求められる。

　たとえば前述したように福祉利用を「したくない」場合，支援者が粘り強く
クライエントにアプローチを行う，「アウトリーチ」の発想が重要である。ま
た福祉利用が「できない」支援者に対しては，スクリーニングなども活用しな
がら早期発見，早期介入に努め，自己決定の原則に基づきながらクライエント
本人が福祉利用を希望する状態まで寄り添うことが求められる。また，「制度
の狭間」により福祉利用が困難な場合にはソーシャルアクション（社会活動法）
の手法を用いた関わりが期待される。

（5）福祉を利用する過程の前段階

　時代の変化，社会の変化に応じて，支援者が新たに必要とされるようになっ
た役割は，前述したソーシャルワークのグローバル定義において中核となる任
務の1つとして新たに加わった「社会的結束」である。人々の社会的・精神的
結びつきや社会としてのまとまりを促進することは，福祉の全過程に必要なも
のであり，そして前段階として福祉利用に至るまでの予防的な意味合いでも有
用である。

注
(1)　内閣府（2020）『令和2年版高齢社会白書』（https://www8.cao.go.jp/kourei/

whitepaper/w-2020/zenbun/pdf　2020年8月31日閲覧）2頁。

⑵　厚生労働省（2020）「人口動態調査」（https://www.mhlw.go.jp/toukei/saikin/hw/jinkou/geppo/nengai19/dl/kekka.pdf　2020年8月31日閲覧）6頁。

⑶　総務省（2020）「人口推計」（https://www.stat.go.jp/data/jinsui/2019np/pdf/2019np.pdf　2020年8月31日閲覧）。

⑷　消費者庁（2019）『令和元年版消費者白書』（https://www.caa.go.jp/policies/policy/consumer_research/white_paper/2019/white_paper_102.html　2020年8月31日閲覧）。

⑸　総務省（2020）「労働力調査2019年（令和元年）結果の概要」9頁。

⑹　電通総研・同志社大学（2020）「世界価値観調査2019」（https://institute.dentsu.com/articles/1037/）9～10頁。内閣府（2020）「社会意識に関する世論調査」（https://survey.gov-online.go.jp/r01/r01-shakai/index.html）。野村総合研究所（2018）「生活者1万人アンケート調査」（https://www.nri.com/-/media/Corporate/jp/Files/PDF/knowledge/report/cc/mediaforum/2018/forum272.pdf）1頁。いずれも2020年8月31日閲覧。

⑺　内閣府（2020）『令和2年版少子化社会対策白書』（https://www8.cao.go.jp/shoushi/shoushika/whitepaper/measures/w-2020/r02pdfhonpen/pdf/s1-4.pdf　2020年8月31日閲覧）22頁。

⑻　吉澤卓哉（2018）「近時のエマージング・リスクに保険会社はどう向き合うべきか」『保険学雑誌』642，112頁。

⑼　橘木俊詔・浦川邦夫（2007）「日本の貧困と労働に関する実証分析」『日本労働研究雑誌』563，5頁。

⑽　厚生労働省（2019）「国民生活基礎調査の概況」（https://www.mhlw.go.jp/toukei/saikin/hw/k-tyosa/k-tyosa19/dl/03.pdf　2020年8月31日閲覧）14頁。

⑾　国税庁（2020）「平成30年分民間給与実態統計調査——調査結果報告」（https://www.nta.go.jp/information/release/kokuzeicho/2019/minkan/index.htm　2020年8月31日閲覧）。

⑿　内閣官房社会的包摂推進室（2012）「社会的排除に至るプロセス」（https://www.mhlw.go.jp/stf/shingi/2r9852000002kvtw-att/2r9852000002kw5m.pdf　2020年8月31日閲覧）2頁。

⒀　レズビアン（同性を好きになる女性），ゲイ（同性を好きになる男性），バイセクシュアル（両性を好きになる人），トランスジェンダー（生物学的・身体的な性，出生時の戸籍上の性と性自認が一致しない人）の頭文字をとったものであり，「LGBT」という言葉を，上記4つのあり方に限らない性的マイノリティの総称として用いる。厚生労働省（2019）「令和元年度厚生労働省委託事業　職場におけるダイバーシティ推進事業報告書」より。

⒁　日本学術会議法学委員会社会と教育における LGDTI の権利保障分科会（2017）「性的マイノリティの権利保障をめざして――婚姻・教育・労働を中心に」（http://www.scj.go.jp/ja/info/kohyo/pdf/kohyo-23-t251-4.pdf　2020年 8 月31日閲覧）　1頁。

⒂　日高庸晴ほか（2008）「わが国における都会の若者の自殺未遂経験割合とその関連要因に関する研究」（http://www.healthissue.jp/suicide/index.html　2020年 8 月31日閲覧）。

⒃　厚生労働省（国立病院機構久里浜医療センター）（2019）「ネット・ゲーム使用と生活習慣に関するアンケート調査結果」（https://www.ncasa-japan.jp/pdf/document17.pdf　2020年 8 月31日閲覧）。

⒄　内閣府（2010）『平成22年版高齢社会白書』（https://www8.cao.go.jp/kourei/whitepaper/w-2010/zenbun/22pdf_index.html　2020年 8 月31日閲覧）52頁。

⒅　OECD（2005）「Society at a Glance : OECD Social Indicators（2005）」83頁。

⒆　Charities Aid Foundation（2019）「World Giving Index 10th Edition」（https://www.cafonline.org/about-us/publications/2019-publications/caf-world-giving-index-10th-edition　2020年 8 月31日閲覧）。

⒇　Pew Research Center（2007）「World Publics Welcome Global Trade : But Not Immigration」（https://www.pewresearch.org/global/2007/10/04/chapter-1-views-of-global-change/　2020年 8 月31日閲覧）。

㉑　岡村重夫（1997）『社会福祉原論』全国社会福祉協議会，71頁。

㉒　日本社会福祉士会（2017）「『グローバル定義の日本における展開』について」（https://www.jacsw.or.jp/06_kokusai/IFSW/files/SW_teigi_japanese.pdf　2020年 8 月31日閲覧）。

㉓　日本社会福祉学会事典編集委員会（2014）『社会福祉学事典』丸善出版，16頁。

㉔　日本社会福祉士会（2020）「社会福祉士の倫理綱領」（https://www.jacsw.or.jp/01_csw/05_rinrikoryo/files/rinri_koryo.pdf　2020年 8 月31日閲覧）。

㉕　山縣文治・柏女霊峰編（2013）『社会福祉用語辞典（第 9 版）』ミネルヴァ書房，214頁。

㉖　㉕と同じ，157頁。

㉗　三浦文夫（1985）『社会福祉政策研究』全国社会福祉協議会，60頁。

㉘　日本学術会議（2010）「現代における《私》と《公》，《個人》と《国》――新たな公共性の創出」（http://www.scj.go.jp/ja/info/kohyo/pdf/kohyo-21-tsoukai-11.pdf　2020年 8 月31日閲覧）。

㉙　植戸貴子（2001）「エンパワメント志向の社会福祉実践――利用者とワーカーのパートナーシップ形成」『神戸女子大学社会福祉学研究』 5 ， 1 〜20頁。

㉚　㉔と同じ。

⑶　水野治久ほか（2017）『援助要請と被援助志向性の心理学——困っていても助け
を求められない人の理解と援助』金子書房。

⑶　福祉サービスの利用手続きの特性を示す用語で，当事者の申請によってサービス
が開始される場合をいう。⒅と同じ，214頁。

⑶　接近困難な人に対して，要請がない場合でもワーカーの方から積極的に出向いて
いく援助のこと。⒅と同じ，1頁。

⑶　社会福祉専門職団体協議会（社専協）国際委員会（2016）「ソーシャルワーク専
門職のグローバル定義と解説」（https://www.jacsw.or.jp/06_kokusai/IFSW/files/
SW_teigi_01705.pdf　2020年8月31日閲覧）。

学習課題

　社会問題が生じるメカニズムを理解するために，本章にあるキーワードを参考に具
体例を考え，空欄に記入してみましょう。

社会問題の背景		
例：少子高齢化	（	）
社会問題		
例：育児不安の増大	（	）
個人の生活問題		
例：産後うつ	（	）
福祉利用		
例：産前産後ホームヘルパーの利用	（	）

第7章

社会福祉政策の構成要素と過程

　社会福祉政策を学ぶ上で，福祉国家の意味を理解することは重要である。そのため，本章では福祉国家の類型（レジーム）を整理した上で，私たちの暮らしに関わりの深い福祉政策および関連政策の概要と機能について述べる。福祉政策の対象は広く，社会保障制度だけでなく，教育や住宅，労働に至るまでを対象としており，これらを学ぶ中で，国民生活を支える福祉政策を身近な存在に感じるようになってほしい。

1　福祉レジームと福祉国家の成立と類型

　福祉国家とは，国家形態の1つであり，社会保障制度等を整備し，国民生活の安定や国民の福祉を増進し，高い福祉を実現している国家のことである。福祉国家の特徴は，政治・経済・法律や制度・歴史等それぞれの条件により異なっており，エスピン＝アンデルセンは，福祉国家に関する概念として，福祉国家レジーム（後に福祉レジームと呼ばれる）という考え方を提唱した。福祉政策の類型として「自由主義レジーム」「保守主義レジーム」「社会民主主義レジーム」という3つの形態を導き出したもので，それぞれのレジームについて，当初は「脱商品化」「社会階層化」の2つの指標を用いて分析し，その後「脱家族化」の指標を補完して分析を加えた。

　ここではそれぞれの概略を説明する。

（1）自由主義レジーム

　自由主義レジームは，国家の役割は小さく，個人によるリスク管理を中心に考えられており，福祉の役割は最低限である。個人の責任が重視されるため，社会保障の対象は必要最小限となり，給付額も必要最小限となる傾向にある。

社会保障給付も社会保障負担も比較的低水準になるため，必要に応じて民間の医療保険サービスに加入するなどの対応となる。自由主義レジームの典型例として挙げられるのは，アメリカ，カナダ，オーストラリアである。

（2）保守主義レジーム

　保守主義レジームは，家族主義や職域を重視しており，社会保障制度は職域ごとに整備されている。社会保障給付と社会保障負担については，他の2つのレジームと比べると中程度の水準である。社会保障制度の特徴として，社会保障給付は，退職後の高齢者向けの現金給付が多くなっている。保守主義レジームの典型例として挙げられるのは，ドイツ，フランス，イタリアである。

（3）社会民主主義レジーム

　社会民主主義レジームは，国家の役割が大きく，社会保障を受ける権利は，個人の権利であるという考えであり，国民は等しく社会保障制度を受給する権利を有する。社会保障給付水準は高く，現金給付よりも現物給付（サービス給付）が多くなっている。社会保障負担水準も高く，高福祉・高負担が特徴である。社会民主主義レジームの典型例として挙げられるのは，スウェーデン，デンマーク，ノルウェーである。

2　福祉政策および関連政策

（1）保健医療政策

　わが国の医療保険制度の特徴の中に，1961年以降の国民皆保険制度がある。すべての国民は，医療保険に加入することが義務となっており，労災保険等を除き，医療サービスを受ける場合は医療保険が適用される。医療保険は医療行為そのものを支給される現物給付（一部負担金は年齢や所得により区分が異なる）が中心であり，ほかには傷病手当金や出産育児一時金等の現金給付で構成されている。

　医療保険制度の近年の制度改正として，①2015（平成27）年1月より，70歳未満の高額療養費の所得区分の細分化（3区分から5区分に変更），②2018（平成30）年8月より，70歳以上の者の高額療養費の所得区分の細分化と上限額の見直しが行われている。今後，後期高齢者の増加が見込まれるため，医療費の増

表7-1　医療ソーシャルワーカーの業務の範囲

心理的・社会的問題の解決，調整援助	生活と傷病の状況から生じる心理的・社会的問題に対応するため，患者や家族からの相談に応じ，必要な援助を行う。
退院援助	生活と傷病や障がいの状況から生じる心理的・社会的問題に対応するため，退院・退所後に向けて患者や家族からの相談に応じ，必要な援助を行う。
社会復帰援助	社会復帰が円滑に進むように，必要な援助を行う。
受診・受療援助	患者や家族等が円滑に受診，受療できるように，必要な援助を行う。
経済的問題の解決，調整援助	患者が経済的に困っている場合に，社会保障制度や社会福祉関係各法に基づいて，援助を行う。
地域活動	患者のニーズが反映されるように，地域の関係機関・職種等と連携・協働して，地域の保健・医療・福祉の体制づくりを行う。

出所：厚生労働省健康局長通知「医療ソーシャルワーカー業務指針（2002年改定）」より筆者作成。

大が予測されており，診療報酬の見直しも含め，持続可能な保健医療政策となることが求められる。

　保健医療に関する専門職として，医療ソーシャルワーカーが挙げられる。主には，表7-1に関する業務に従事しており，療養に関する患者や家族の課題解決だけでなく，経済的な問題や地域移行まで対応している。

（2）教育政策

　日本国憲法第26条には，「すべて国民は，法律の定めるところにより，その能力に応じて，ひとしく教育を受ける権利を有する」と規定され，障がいや経済的理由から教育を受ける権利が阻害されてはならず，教育を受ける機会も保障されなければならない。

　教育政策における重要な概念の１つが，生涯学習である。生涯学習とは，生涯にわたって学び，学習活動を続けていくことで，範囲は知識や技術の習得に限らず，スポーツや文化活動，レクリエーション，ボランティア活動，仲間作りなど幅広く用いられる。教育基本法第３条では，生涯学習の理念について，「国民一人一人が，自己の人格を磨き，豊かな人生を送ることができるよう，その生涯にわたって，あらゆる機会に，あらゆる場所において学習することができ，その成果を適切に生かすことのできる社会の実現が図られなければなら

ない」と規定している。

　障がいのある児童生徒の自立や社会参加に向けた支援を行う特別支援教育は，児童生徒が主体的に取り組めるように教育的ニーズを把握し，個別の教育支援計画を立てて，生活や学習上の課題に対して適切な指導および必要な支援を行う。特別支援教育は，2007（平成19）年4月から学校教育法に位置づけられることになり，すべての学校において，障がいのある児童生徒に対する支援のさらなる充実を図ることになっている。

　また，高等学校等就学支援金制度は，高等学校等の教育に係る経済的負担の軽減を図るもので，国公私立を問わず，高等学校等に通う世帯の生徒を対象にして，授業料に充当するために，高等学校等就学支援金を支給する。受給資格要件は高等学校等に在学し，日本国内に住所を有することとなっている。所得制限があり，年収目安は約910万円未満の世帯の生徒が対象である。支給額は，公立高校に通う学生は年間11万8800円，私立学校等に通う場合は世帯収入に応じて加算支給がある[1]。

（3）住宅政策

　住宅は，人々の暮らしにおいて重要となる「衣・食・住」の構成要素の1つであり，生活の安定のために，高齢者や障がい者，子育て世代には，ハード・ソフト両面からの支援が必要となる。

　たとえば公営住宅は，地方公共団体等が住宅に困窮する低所得者等を対象として提供する住宅である。収入による入居要件があるが，社会情勢の変化等を踏まえて，入居要件も緩やかになってきている。これを定める公営住宅法の目的は，「国及び地方公共団体が協力して，健康で文化的な生活を営むに足りる住宅を整備し，これを住宅に困窮する低額所得者に対して低廉な家賃で賃貸し，又は転貸することにより，国民生活の安定と社会福祉の増進に寄与すること」とされている（第1条）。

　また住宅政策における基本法として施行された住生活基本法は，住生活の安定確保のために，行政や住宅関連事業者の責務等を明らかにしている。本法の目的は，「住生活の安定の確保及び向上の促進に関する施策について，基本理念を定め，並びに国及び地方公共団体並びに住宅関連事業者の責務を明らかにするとともに，（中略）住生活の安定の確保及び向上の促進に関する施策を総合的かつ計画的に推進し，もって国民生活の安定向上と社会福祉の増進を図る

とともに　国民経済の健全な発展に寄与すること」とされている（第1条）。

　高齢者の居住の安定確保に関する法律では，高齢者に良好な居住環境を備えるために，行政の責務や基本方針，高齢者居住安定確保計画等を定めている。本法の目的は，「高齢者が日常生活を営むために必要な福祉サービスの提供を受けることができる良好な居住環境を備えた高齢者向けの賃貸住宅等の登録制度を設けるとともに，（中略）高齢者の居住の安定の確保を図り，もってその福祉の増進に寄与すること」とされている（第1条）。

（4）労働政策

　日本国憲法第27条に「すべて国民は，勤労の権利を有し，義務を負ふ」と規定されているように，適切な環境下での労働が保障されなければならない。

　近年推進されるワーク・ライフ・バランス政策は仕事（ワーク）と生活（ライフ）の調和と呼ばれるもので，内閣府によると，「国民一人ひとりがやりがいや充実感を感じながら働き，仕事上の責任を果たすとともに，家庭や地域生活などにおいても，子育て期，中高年期といった人生の各段階に応じて多様な生き方が選択・実現できる社会」を目指すものである。具体的には，①就労による経済的自立が可能となる社会を目指す，②働く本人だけでなく，家族や友人との時間も含め，健康で豊かな生活のための時間が確保できる社会を目指す，③個人の能力や環境に応じた多様な働き方・生き方が選択できる社会を目指すことである。[2]

　また，ワークフェアは労働（work）と福祉（welfare）を組み合わせた造語である。福祉の目的として就労を求めるもので，労働が可能な者を労働市場につなげる政策であり，「福祉から就労へ」を目的にしている。

　このほかにも，すべての個人に対し最低限の生活を保障するために，無条件に必要とされる現金を支給する制度としてベーシック・インカムが構想されている。貧困問題の解決やワーク・ライフ・バランスの実現などの効果が期待できるが，財源等に課題がある。

（5）経済政策

　経済の発展・向上のためには，雇用の保障が重要な政策となる。労働者の雇用の安定のためには，雇用の機会を確保することや，労働条件の透明性等が必要となる。

　職業安定法には，職業選択の自由（第2条），労働条件等の明示，求職者等の個人情報の取扱い（第5条），行政（公共職業安定所）等の役割等が定められている。本法の目的は，「労働施策の総合的な推進並びに労働者の雇用の安定及び職業生活の充実等に関する法律（中略）と相まつて，公共に奉仕する公共職業安定所その他の職業安定機関が関係行政庁又は関係団体の協力を得て職業紹介事業等を行うこと，（中略）もつて職業の安定を図るとともに，経済及び社会の発展に寄与すること」とされている（第1条）。

　労働施策の総合的な推進並びに労働者の雇用の安定及び職業生活の充実等に関する法律（雇用対策法）は，労働者の雇用の安定と職業生活の充実等のための法律であり，国や地方公共団体の施策，事業主の責務，雇用に関する事項等が定められている。本法の目的は，「国が，少子高齢化による人口構造の変化等の経済社会情勢の変化に対応して，労働に関し，その政策全般にわたり，必要な施策を総合的に講ずることにより，（中略）労働者の職業の安定と経済的社会的地位の向上とを図るとともに，経済及び社会の発展並びに完全雇用の達成に資すること」とされている（第1条）。

　雇用の分野における男女の均等な機会及び待遇の確保等に関する法律（男女雇用機会均等法）は，雇用の分野における男女の均等な機会および待遇の確保等や，性別を理由とする差別の禁止等，また事業主の講ずべき措置等，紛争の解決等を定めている。本法の目的は，「法の下の平等を保障する日本国憲法の理念にのつとり雇用の分野における男女の均等な機会及び待遇の確保を図るとともに，女性労働者の就業に関して妊娠中及び出産後の健康の確保を図る等の措置を推進すること」とされている（第1条）。

3　福祉政策の構成要素と福祉供給過程

（1）政府の役割と機能

　わが国の社会福祉は国による施策を中心としており，社会福祉行政は，国や都道府県，市町村で役割が分かれている。国および地方公共団体における社会福祉関係費等は増加しており，社会福祉政策がわが国において重要な仕組みであることは明らかである。

　社会福祉に関する国の行政機関は厚生労働省が中核を担っており，社会福祉法第6条（福祉サービスの提供体制の確保等に関する国及び地方公共団体の責務）に

規定しているように，都道府県や市町村，関係機関と連携を図り，福祉サービスを提供する体制の確保に関する施策等，必要な措置を講じている。

（2）市場の役割と機能

社会福祉基礎構造改革により，社会福祉事業に市場原理が導入された。これにより，従来の措置制度が見直されることになり，サービスの効率性およびサービスの質の向上が求められることになった。1998（平成10）年の中央社会福祉審議会社会福祉構造改革分科会「社会福祉基礎構造改革について（中間まとめ）」によると，社会福祉基礎構造改革の理念は，①個人が尊厳をもち，利用者と提供者の対等な関係を確立する，②地域にて，保健・医療・福祉の総合的な提供体制を構築する，③利用者の幅広いニーズに対応するための多様な提供主体の参入を促進する，④社会福祉従事者の専門性の向上と，サービスの質の向上と効率化を図る，⑤サービス内容や評価等を開示し，透明性を確保する，⑥社会福祉に係る費用の公正・公平な負担を実現する，⑦福祉に関する関心と理解を深め，福祉文化を創造する，の7つである[3]。

市場とは，売り手と買い手の関係があって成立するものである。少子高齢化の進展に伴い，福祉サービスのニーズの拡大が見込まれており，高齢者福祉，障がい者福祉，児童福祉における市場原理は，今後も増加が見込まれる。

（3）国民と事業者の役割と機能

福祉政策における国民の役割は，国や地方自治体と協働して地域福祉の推進を担うことである。具体的には，地方分権における重要課題である財源確保に向けた納税の義務が挙げられる。日本国憲法第30条では，「国民は，法律の定めるところにより，納税の義務を負ふ」と規定されている。社会福祉法第4条第1項には，「地域住民，社会福祉を目的とする事業を経営する者及び社会福祉に関する活動を行う者（中略）は，相互に協力し，福祉サービスを必要とする地域住民が地域社会を構成する一員として日常生活を営み，社会，経済，文化，その他あらゆる分野の活動に参加する機会が確保されるように，地域福祉の推進に努めなければならない」と規定されている。

社会福祉法の目的に，「社会福祉事業の公明かつ適正な実施の確保及び社会福祉を目的とする事業の健全な発達を図り，もつて社会福祉の増進に資すること」（第1条）とあるように，国民にとって安心して利用できるための福祉サー

ビスの提供が求められる。社会福祉事業は，第一種社会福祉事業および第二種社会福祉事業に分かれる（第2条）。

（4）福祉供給過程

　福祉サービスの供給は，サービス利用者とサービス提供者の関係で構成される。供給とは，人々のニーズに応じて必要なサービスを提供することであり，福祉サービスの供給過程は，福祉サービス提供者から福祉サービス利用者に提供される構造になっている。福祉サービスを利用することになった背景を理解し，サービス内容の評価を適切に実施することが重要となる。サービス利用は主に申請主義であり，申請後にサービス利用のための審査を経て，サービスが提供される。福祉供給過程は，公正・公平で，かつ，多様化されたニーズに応えなければならない。

　社会福祉法第5条は，「社会福祉を目的とする事業を経営する者は，その提供する多様な福祉サービスについて，利用者の意向を十分に尊重し，（中略）かつ，保健医療サービスその他の関連するサービスとの有機的な連携を図るよう創意工夫を行いつつ，これを総合的に提供することができるようにその事業の実施に努めなければならない」と規定している。従来の措置制度から新たな利用制度に移行することで，利用者の選択・決定，サービス提供者の情報公開等が導入された。

4　福祉政策の手法と評価

（1）福祉政策の方法と手段

　政策評価は，福祉サービス第三者評価事業（全国社会福祉協議会がガイドラインを示している）や政府における各府省が実施する政策評価等によって実施されている。

　福祉政策の過程において重要なことは，福祉政策のニーズや対象者への影響，効果について考えなければならないことである。福祉政策の過程は，PDCAサイクルに基づいて，地域における福祉課題を考えることができる。具体的には，P（Plan：福祉課題の把握，福祉政策の立案・決定），D（Do：福祉政策の実施），C（Check：福祉政策の評価），A（Action：福祉政策の改善，提言等）である。

　政策決定過程において，政策決定までのプロセスが明確かつ検証が可能であ

ること，すなわち評価する仕組みが求められる。とりわけ，国や地方自治体が
策定する福祉計画は，国民の理解と福祉ニーズの把握は必要不可欠である。

（2）福祉政策と福祉計画

　福祉計画は，国や地方自治体が法律に基づいて定めるものであり，それぞれ
の根拠法に基づいて，達成すべき数値目標等を定めている。1990（平成 2 ）年
の老人福祉法等，福祉関係八法改正の際に，福祉計画は法定化された。福祉計
画の意義は，国や地方自治体の政策・制度の持続性のある執行・運用のために，
目標設定と必要となる資源の配置や必要量を定めることにある。地方自治体が
定める主な福祉計画は，市町村地域福祉計画，都道府県地域福祉支援計画，市
町村障害福祉計画，都道府県障害福祉計画，市町村障害児福祉計画，都道府県
障害児福祉計画，市町村老人福祉計画，都道府県老人福祉計画，市町村介護保
険事業計画，都道府県介護保険事業支援計画，市町村行動計画，都道府県行動
計画，市町村子ども・子育て支援事業計画，都道府県子ども・子育て支援事業
支援計画である。

（3）政策評価の実際

　わが国の行政の特徴の 1 つに，政策評価が不十分であることが挙げられてい
る。行政における政策評価を充実させるために，民間企業等における市場原理
等を取り入れることを目的として，NPM（New Public Management）が導入さ
れている。NPM は導入された国による違いはあるが，市場メカニズムを活用
することとされており，PFI（Private Finance Initiative）の導入等（民間による公
共サービスの提供，運営等を行う）がある。

　政策評価の目的は，国民に対する説明責任（アカウンタビリティ）を果たすこ
とである。政策評価の機能は，PDCA サイクルで実施されており，政策評価
を厳格に実施し，情報公表することで説明責任を果たすことになる。具体的に
は，各府省の政策について，「必要性，効率性，有効性」の観点から評価し，
結果を反映・公表する。さらに，客観性を高めるために，総務省が各府省の政
策評価を行う[4]。

　社会福祉を取り巻く環境の変化に対応するためにも，福祉計画に則ってサー
ビス提供を行い，政策評価の実施，情報公表を行うことが求められる。

注

(1) 文部科学省「高等学校等就学支援金制度」(https://www.mext.go.jp/a_menu/shotou/mushouka/1342674.htm 2020年10月23日閲覧)。

(2) 内閣府「仕事と生活の調和とは（定義)」(http://wwwa.cao.go.jp/wlb/towa/definition.html 2020年10月11日閲覧)。

(3) 厚生労働省「『社会福祉基礎構造改革について（中間まとめ)』の要点」(https://www.mhlw.go.jp/www1/houdou/1006/h0617-1.html 2020年8月10日閲覧)。

(4) 総務省「政策評価制度について」(https://www.soumu.go.jp/main_sosiki/hyouka/seisaku_n/000065209.html 2020年9月20日閲覧)。

参考文献

磯部文雄・府川哲夫編著（2017)『概説 福祉行財政と福祉計画（改訂版)』ミネルヴァ書房。

一般財団法人厚生労働統計協会編（2019)『国民の福祉と介護の動向・厚生の指標増刊』66 (10)。

稲沢公一・岩崎晋也（2019)『社会福祉をつかむ（第3版)』有斐閣。

岩田正美・大橋謙策・白澤政和監修（2014)『MINERVA 社会福祉士養成テキストブック1 現代社会と福祉（第2版)』ミネルヴァ書房。

公益社団法人日本医療社会福祉協会「業務指針：2002年改訂版（医療ソーシャルワーカー業務指針〔厚生労働省健康局長通知 平成14年11月29日健康発第1129001号])」(http://www.jaswhs.or.jp/upload/Img_PDF/183_Img_PDF.pdf 2020年10月10日閲覧)。

九州社会福祉研究会編（2019)『21世紀の現代社会福祉用語辞典（第2版)』学文社。

厚生労働省（2012)『平成24年版厚生労働白書』。

社会福祉士養成講座編集委員会編（2014)『新・社会福祉士養成講座4 現代社会と福祉（第4版)』中央法規出版。

社会保障入門編集委員会編（2020)『社会保障入門2020』中央法規出版。

畑本裕介（2012)『社会福祉行政——行財政と福祉計画』法律文化社。

福祉臨床シリーズ編集委員会編（2019)『社会福祉士シリーズ4 現代社会と福祉（第5版)』弘文堂。

宮本太郎（2013)『社会的包摂の政治学——自立と承認をめぐる政治対抗』ミネルヴァ書房。

学習課題

① 医療ソーシャルワーカーの業務内容について調べてみよう。

② 自分の住んでいる地域の生涯学習のプログラムについて調べてみよう。

第 8 章

社会福祉の行財政と指針・計画

　本章では，社会福祉における制度の中でも，特に福祉行財政と指針・計画に焦点を当てて議論を進める。福祉行財政の仕組みは，第二次世界大戦後の中央集権的システムから種々の改革を経て，地方分権の時代へと突入していく。一方，福祉計画・行政計画についても上記同様，国が全国一律の計画をたてることを中心とする時代から，個々の地域に応じた計画をたてることをメインとする時代へと変化してきている。本章では，社会福祉における今日の行財政と計画に関する意義・役割を学ぶとともに，それらが時代の変遷の中で変化していることを学んでほしい。

1　社会福祉における行政の役割と意義

（1）福祉行政の役割と意義

　福祉行政は，日本国憲法で保障された生存権や幸福追求権を保障することを大きな目標の 1 つとしている。種々の社会調査の歴史は，個人の努力のみでは貧困を防ぐことができないことを明らかにしてきた。また，人々は社会生活を営む中で，保育や介護，突然の失業など様々な困難に遭遇することがある。そのような時，自助，共助と並んで重要となるのが公助である。公助は，国や地方公共団体の福祉行政が主な担い手となる。

　公助を支える福祉行政は，一定の基準を定め，当該の状況にある人々に対し平等に施策を実施する。それは自助や共助が，ともすれば個人的感情によって支援の質に差が生じるおそれがあるのに対し，基準を満たしたものを一律に支援していく側面を有する。

　第二次世界大戦後には，福祉行政は福祉政策の主役として法の制定や施設の基盤整備を行ってきた。その後，社会成熟とともに福祉行政は，主役の座を社

会福祉法人や NPO，地域住民等に譲ることとなったが，その役割の重要性は，今日においても変わることのないものである。

（2）社会福祉基礎構造改革以前の福祉行政

　今日の社会福祉は，利用者主体が今まで以上に求められ，そのシステムは契約制度が主体となっている。このような考え方は，1990年代前半の福祉関係八法改正時にその萌芽がみられ，1990年代後半から断行された社会福祉基礎構造改革にその根拠を求めることができる。同改革は，それまでの社会福祉行政のあり方に大きな変更を迫るものであった。

　1980年代以降，福祉の普遍化や地域福祉思想の浸透化などを主な要因として，社会福祉を利用する人々の人権擁護や権利主体が叫ばれるようになり，その流れは，上記の社会福祉基礎構造改革へと結びついていくこととなる。

　この流れによって，福祉行政は，国や都道府県中心ではなく，住民に身近な市町村の役割を重視することとなった。

（3）社会福祉基礎構造改革以降の福祉行政

　社会福祉基礎構造改革は，以前の行政と利用者との関係性に変更を迫った。それは，これまで述べてきたような利用者を大切にする考え方を制度の根底に据えるものであったといえる。同改革によって，措置制度の多くは契約制度に改変が行われた。契約制度は，措置制度において貫かれてきた行政と利用者との上下関係の思想を，より対等なものへと変革を促した。このような制度変更により，福祉行政の役割は，社会福祉の主体を担う存在から，利用者の意向を尊重し，条件整備を行う存在へと変貌を遂げた。

　さらに，1990年代以降，社会福祉の中で地域福祉の充実が求められるようになり，2000（平成12）年に制定された社会福祉法において，「地域福祉の推進」が法律に明記されるようになった。これは，それまでの福祉行政が施設福祉を中心に社会福祉の仕組みを整えてきたのに対して，今後は，在宅福祉にその中心を移行することを求めるものであった。

　今日，上記のような流れの中で変貌を遂げた福祉行政は，他の社会福祉制度と相まって，利用者により身近な市町村が仕事を担うシステムづくりが進行している。

　今日の国と地方公共団体との関係は，1999（平成11）年に制定された地方分

権一括法によって規定されている。ここでは，それまでの国を中心とする福祉行政のあり方を改め，国と地方との関係性を対等なものとする立場をとった。福祉行政における国と地方との関係は，かつての中央集権モデルの中では，国の仕事を機関委任事務として地方公共団体に代行させるシステムを採用していた。このシステムは，国の方針を全国一律に効率良く浸透させることが可能なものであるため，国が地方公共団体に対してリーダーシップを発揮するものであった。

　その後，時代を経て，福祉行政のあり方は見直され，1986（昭和61）年の整理合理化法によって，社会福祉サービスに関する事務の多くは，地方公共団体の団体委任事務となった。機関委任事務と団体委任事務の相違点は，機関委任事務は，上述のとおり国の仕事を地方公共団体に代行させる立場をとるのに対して，団体委任事務は，法律または政令によって，国から地方公共団体そのものに委任されたものであるということである。これらを言い換えると，機関委任事務は，あくまでも国の仕事を地方公共団体が代わりに行っているのに対して，団体委任事務は，国とは独立した地方公共団体の仕事であるといえよう。このような歴史を経て，中央集権を中心とした日本社会は，地方分権の時代へと変革を遂げた。さらに上記の地方分権一括法の制定時には，機関委任事務・団体委任事務等の区分が廃止され，地方公共団体の仕事は，自治事務と法定受託事務に改変された。

　21世紀に入り，福祉行政のあり方は，より「官から民へ」の方向性を強めている。それは，社会福祉制度の中に市場原理を組み込むことによって，より質の良いサービスを利用者に提供することを目指したものである。これを実現するために，社会福祉におけるサービスの民営化，業者への委託等に代表される指定管理者制度や PFI 等の活用が進行している。また，利潤の追求を目指す株式会社の社会福祉分野への参入は，近年よりその加速度を増している。そのため福祉行政は，適正な市場競争を見守ることが新しい役割として期待されている。

　市場競争の容認と激化は，福祉行政の縮小を招き，小さな政府の台頭を呼ぶこととなった。このような時代の中で，ナショナルミニマム[1]の保障や健康で文化的な最低限度の生活の保障のあり方が福祉行政には改めて問われているといえるであろう。

2　社会福祉と福祉財政

（1）福祉財政における国と地方公共団体の関係

　福祉行政がその役割を遂行していく上では，財政問題を切り離して考えることはできない。福祉財政の歴史は，上述の福祉行政と相似形をなす部分が多い。福祉財政における国と地方公共団体との関係は，かつて集権的分散システムと呼ばれる上下関係に基づいて運営されてきた。この方法では，地方公共団体は国が決定した歳出・歳入のあり方を一方的に実行することが求められていた。

　しかし，時代の進展に伴い国と地方公共団体との関係は，地方分権一括法以降，上下関係ではなく，対等なものとして考えられるように変化してきた。また，地域福祉の推進に関する思想は，福祉サービスの供給主体を国ではなく，利用者にとって身近な都道府県や市町村に求めるものであった。

　このような経過の中で，2002（平成14）年以降には，三位一体の改革が実施された。この改革は，地方の財政主権を確立することを目指したものであり，①国庫補助金の整理，②税財源の移譲，③地方交付税交付金の見直しの3点を特徴とするものであった。この改革は，住民の自治という視点からは必要なことであるものの，貧困対策などマイノリティのための政策が不十分になるおそれがあるとの指摘もあり，今後も注視が必要である。⁽²⁾

　福祉財政のあり方が，国から地方にその主体を移行している間，社会保障のシステムも大きな変革を遂げることとなった。日本の社会福祉制度は第二次世界大戦後，福祉六法の成立と国民皆保険・皆年金制度の確立によって，その内部構造を整えていった。その際の財源は，もっぱら租税に依存していた。これは制度確立期においての特徴といえる。その後，制度が成熟してくると，財源の主体は租税から社会保険料に移行していく。社会保険は救貧を目的とする公的扶助とは異なり，防貧を主な目的とする制度である。このシステムにおいて保険料を負担する者は，保険を給付する事由が発生した時に備えて事前に負担をすることとなる。そのため，社会保険制度は利用者にスティグマ（恥辱感）を抱かせることなく，給付を受けることができるものであるといえよう。

　福祉財政に関わる国のシステムは，一般会計予算における社会保障関係費という区分や国際労働機関（ILO）が定めた基準に則って計算される社会保障給付費等によって運営されている。これらは，上述の少子高齢化などの影響を受

け，年々増加している。一般会計予算における社会保障関係費は，一般会計歳
出予算目的別分類の主要経費の中で第1位となっている（2020年度）。また，社
会保障関係費は，年金，医療，介護，福祉等によって構成されており，その中
で，年金の占める割合が最も高くなっている（2020年度）。

（2）年金制度の仕組み

　年金制度は，社会保障制度において，防貧の役割を担うものである。一方，
生活保護制度を中心とする公的扶助制度は救貧の役割があり，利用者の拠出を
必要としない。

　国民皆年金制度が整備されている今日の日本において，国民は何らかの公的
年金制度と関わりをもつことになる。日本では長年，国民年金（基礎年金）の
1階部分と厚生年金等の2階部分をもつ重層構造を維持している。近年では，
年金制度から受けるメリットが少ないとされる自営業者，国民年金を負担する
ことなく将来の年金を受け取ることのできる第3号被保険者など，同じ公的年
金制度に属する人々の間にも格差や不公平感が発生しており，今後の動向が注
目される。年金制度の概要は図8-1を参照してほしい。

（3）地方公共団体の福祉財政

　地方公共団体の福祉財政については地方財政法によって定められている。地
方公共団体の中で，社会福祉の実施に関わる費用は，民生費という名称を与え
られている。『令和2年版地方財政白書』によると，民生費の歳出総額に占め
る割合は26.2％で最も大きな割合となっている。なお，民生費の目的別内訳は
図8-2のようになっている。ここでは，児童福祉費が最も大きな割合を占め
ている。

　近年，地方財政は歳出削減が行われている一方で，ここで取り上げている民
生費は増加しており，収入不足等によって予断の許さない状況が続いていると
いえる。

（4）民間の財源

　民間財源の中で大きな役割を果たすものの1つとして，共同募金を挙げるこ
とができる。

　共同募金は，社会福祉法において，第一種社会福祉事業として規定されてい

○現役世代は<u>全て国民年金の被保険者</u>となり，高齢期となれば，<u>基礎年金</u>の給付を受ける。(1階部分)
○民間サラリーマンや公務員等は，これに加え，<u>厚生年金保険</u>に加入し，基礎年金の上乗せとして報酬比例年金の給付を受ける。(2階部分)
○また，希望する者は，iDeCo（個人型確定拠出年金）等の<u>私的年金</u>に任意で加入し，さらに上乗せの給付を受けることができる。(3階部分)

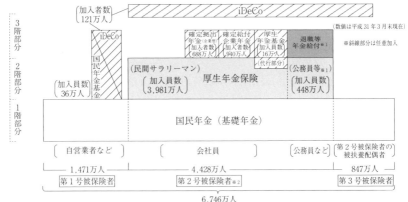

図8-1　年金制度の仕組み

※1　被用者年金制度の一元化に伴い，平成27年10月1日から公務員および私学教職員も厚生年金に加入。また，共済年金の職域加算部分は廃止され，新たに退職等年金給付が創設。ただし，平成27年9月30日までの共済年金に加入していた期間分については，平成27年10月以後においても，加入期間に応じた職域加算部分を支給。
※2　第2号被保険者等とは，厚生年金被保険者のことをいう（第2被保険者のほか，65歳以上で老齢，または，退職を支給事由とする年金給付の受給権を有する者を含む）。

出所：厚生労働省「年金制度の仕組み」（https://www.mhlw.go.jp/content/000574082.pdf　2020年12月22日閲覧）。

る。社会福祉法第112条には，共同募金の目的を「都道府県の区域を単位として，毎年一回，厚生労働大臣の定める期間内に限つてあまねく行う寄附金の募集であつて，その区域内における地域福祉の推進を図るため，その寄附金をその区域内において社会福祉事業更生保護事業その他の社会福祉を目的とする事業を経営する者（中略）に配分すること」と定めている。

　かつて，共同募金の寄附金配分については都道府県の区域内の社会福祉事業，更生保護事業を経営する者の過半数に配分しなければならないとされてきた歴史をもつ。一方，これまで述べてきたように，今日の社会福祉は地域福祉の推進が叫ばれ，福祉サービス利用者に寄り添った柔軟なサービス提供が求められている。このような時代背景の中，ボランティアや NPO 等の発展に資することや，災害復興等に対しより柔軟な対応を行うため，2000（平成12）年の社会福祉法改正により過半数配分の原則は撤廃された。また，同改正により，同法

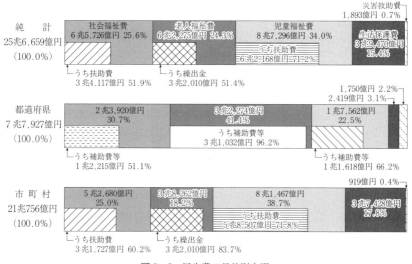

図 8 - 2　民生費の目的別内訳

出所：総務省『令和 2 年版地方財政白書』「地方経費の内容」（https://www.soumu.go.jp/menu_seisaku/hakusyo/chihou/32data/2020data/r02czb01-04.html#p01040101　2020年10月20日閲覧）。

第118条において，災害救助等に対応するために準備金制度が設けられた。

　また，宝くじや競輪・ボートレース等の公営競技の収益金の一部は，社会福祉の助成に充てられている。さらに，民間企業の中には，社会貢献の一環として社会福祉に関わる活動を展開している会社もあり，その内容は身近なボランティアや国際支援まで多岐にわたる。

3　社会福祉と計画

（1）社会福祉と福祉計画の歴史——1980年代までの福祉計画

　社会福祉と福祉計画の歴史は，これまで述べてきた福祉行政，福祉財政と社会福祉の歴史と類似している。第二次世界大戦後からしばらく，地域福祉の考え方がまだ日本にはなかったため，地域ごとの実情に応じた福祉計画や，対象者（児童・障がい者・高齢者等）ごとの計画づくりの必要性は認識されていなかった。また，福祉行政，福祉財政同様，当時の福祉計画は国が定めたものを，その下部組織である地方公共団体が行うという仕組みで運営されていたため，国と地方公共団体の関係は，上から下への一方通行であったといえよう。

　その後，1989（平成元）年には，福祉関係三審議会合同企画分科会意見具申によって，地域住民にとってより身近な市町村の役割を重視する考え方等が示された。また同年には，「高齢者保健福祉推進十か年戦略（ゴールドプラン）」が当時の大蔵・厚生・自治の3大臣合意に基づき発表された。同プランは，日本において長期的な福祉計画を作成する出発点となった。その中で，主な整備対象として掲げられたのは，市町村における在宅福祉対策の緊急整備や高齢者の生きがい対策の推進等であった。

（2）老人保健福祉計画の策定

　1990（平成2）年には，老人福祉法および老人保健法の改正が実施され，より地域福祉の充実が重視されるようになった。この改正により，社会福祉制度は市町村中心主義等の考え方とともに，老人保健福祉計画の策定が義務化されたため，福祉計画をより重視することとなった。

　老人保健福祉計画が義務化された際，国からは，地域における総合的ケアシステムの確立・地域性を踏まえた計画等が作成上の基本指針として示された。また，同計画は，すべての市町村および都道府県ごとに作成されることとなった。さらに，策定過程を通して住民等の意見を踏まえることが求められた。

（3）福祉政策としての福祉計画の普遍化

　老人保健福祉計画策定以降，国の福祉計画の一環として，児童分野においては1994（平成6）年に，「今後の子育て支援のための施策の基本的方向について（エンゼルプラン）」が策定された。また，1995（平成7）年には，「障害者プラン──ノーマライゼーション7か年戦略」が発表され，それぞれについて，具体的な数値目標が示された。

　一方，地域レベルにおいては市町村においては老人福祉計画，介護保険事業計画，障害者計画，児童育成計画，地域福祉計画を策定することとなった。これらについて，都道府県は市町村を支援する計画を策定することとなった。また，民間では市区町村社会福祉協議会が策定する地域福祉活動計画があり，福祉行政が策定する地域福祉計画との連携が求められている。

　このように，福祉計画を策定することは，今日において，国レベルにおいても地域レベルにおいても普遍化してきているといえよう。本章で述べてきたとおり，国と地方公共団体は今日においては対等な関係性が形成されている。

よって　ここで取り上げた福祉計画は，国と地方公共団体が対等な役割分担を行った上で策定されたものであり，上下関係ではない。また，国，地方公共団体が策定する福祉計画はそのどちらが欠けても効果的な福祉政策は実行できず，どちらも必要なものである。

（4）各々の福祉計画概要

　以下では，主な福祉計画についてその概要を説明する。

・**地域福祉計画**…社会福祉法に明記されている地域福祉の推進の一環として策定されている。同計画は，市町村地域福祉計画と都道府県地域福祉支援計画で構成されている。市町村は，①地域における高齢者の福祉，障害者の福祉，児童の福祉その他の福祉に関し，共通して取り組むべき事項，②地域における福祉サービスの適切な利用の推進に関する事項，③地域における社会福祉を目的とする事業の健全な発達に関する事項，④地域福祉に関する活動への住民の参加の促進に関する事項等について，市町村地域福祉計画に盛り込むこととなっている。都道府県は，上記，市町村地域福祉計画の達成に資するために都道府県地域福祉支援計画を策定することとなっている。そこでは，広域的な見地から市町村の地域福祉の支援に関する事項を取り入れることとなっている。

・**介護保険事業計画**…介護保険制度は，2000（平成12）年から実施されている。同計画は，介護保険事業計画基本指針に即して定めることが求められている。市町村介護保険事業計画は，市町村の制度運営の要となるものであり，3年を1期として策定される。一方，都道府県は都道府県介護保険事業支援計画を作成することとなっており，他の福祉計画同様，都道府県は市町村を支援することが今日のシステムでは求められている。

・**障害者基本計画**…1993（平成5）年に障害者基本法が成立した際，障害者基本計画の策定を国に義務づけた。一方，障害者計画の策定の努力義務を市町村および都道府県に課した。その後，都道府県および市町村については新たに都道府県障害者計画・市町村障害者計画の策定が義務づけられた。

・**障害福祉計画**…障害者の日常生活及び社会生活を総合的に支援するための法律（障害者総合支援法）第88条および第89条に規定されている。同計画は，市町村障害福祉計画と都道府県障害福祉計画に分類され，都道府県は市町村を支援する立場として位置づけられている。

・**次世代育成支援行動計画**…地域における子育て支援，健康の確保および増進，

教育環境の整備，居住環境の確保，職業生活と家庭生活の両立の推進その他次世代育成支援対策の実施に関する計画である。市町村，都道府県計画ともに5年を1期とし，策定は任意となっている。また，計画の策定，変更の際には住民の意見を反映させるための必要な措置を講じることが求められている。

・子ども・子育て支援事業計画…子ども・子育て支援法第60条により，内閣総理大臣は，子ども・子育て支援のための施策を総合的に推進するための基本指針を定めることとされている。また，市町村には，市町村子ども・子育て支援事業計画を，都道府県には，都道府県子ども・子育て支援事業計画を，それぞれ5年を1期として定めるものとされている。計画の策定，変更にあたっては，審議会や子どもの保護者等の意見を聴かなければならないとされている。

・子どもの貧困対策計画…子どもの貧困対策の推進に関する法律第9条により，都道府県・市町村は，当該都道府県・市町村における子どもの貧困対策についての計画を定めるよう努めるものとされている。

（5）各種行政計画概要

　今日の社会福祉はその対象を拡大し，これまでの福祉計画では包含されない様々な行政計画が策定されるようになっている。ここでは，その中で特に社会福祉と関連の深いものについて，概要を説明する。

・防災基本計画…防災対策基本法第34条に基づき，中央防災会議が作成する，政府の防災対策に関する基本的な計画である。

・国民保護計画…武力攻撃事態等における国民の保護のための措置に関する法律第34条において，都道府県知事は，基本方針に基づき，国民の保護に関する計画を策定しなければならないとされている。また，同第35条で，市町村長は都道府県の国民の保護に関する計画に基づき，国民の保護に関する法律を策定しなければならないとされている。

・健康増進計画…健康増進法第8条の規定により，都道府県は当該都道府県の住民の健康の増進に関する施策についての基本的な計画（都道府県健康増進計画）を定めるものとされている。また，市町村は当該市町村の住民の健康の増進に関する施策についての基本的な計画（市町村健康増進計画）を定めるよう努めるものとされている。

・感染症対策計画…感染症の予防及び感染症の患者に対する医療に関する法律第10条において，都道府県は，感染症の予防のための施策の実施に関する計画

（予防計画）を定めなければならないとされている。

・医療計画…医療法第30条の 4 において，都道府県は，基本方針に即して，かつ，地域の実情に応じて，当該都道府県における医療提供体制の確保を図るための計画（医療計画）を定めるものとされている。

・母子保健計画…2014（平成26）年の厚生労働省「母子保健計画について」では，母子保健に関する調査を通じて把握した状況に基づき，目指すべき姿を定めた上で，課題を抽出し，課題の解決に向けた数値目標の設定および施策の明示，それらの進捗状況の評価等を実施することが重要であるとしている。計画策定主体は，市町村および都道府県である。

・職業能力開発計画…職業能力開発促進法第 7 条の規定により，都道府県は，職業能力基本計画に基づき，当該都道府県の区域内において行われる職業能力の開発に関する基本となるべき計画を策定するよう努めるものとされている。

・過疎地域自立促進計画…過疎地域自立促進特別措置法第 6 条において，過疎地域の市町村は，自立促進方針に基づき，当該市町村の議会の議決を経て過疎地域自立促進市町村計画を定めることができるとされている。また，同第 7 条において，都道府県は過疎地域自立促進都道府県計画を定めることができるとなっている。

・バリアフリー計画…高齢者，障害者等の移動等の円滑化の促進に関する法律（2018年改正）において，市町村は，基本構想・移動等円滑化促進方針（マスタープラン），定期的な評価・見直しを行うよう努めるものとされた。

注
(1) 国が国民に対して，最低限度の生活を保障するために，定期的・無条件で給付を行う構想。
(2) 原咲子（2016）『給食費未納──子どもの貧困と食生活格差』光文社，50頁。
(3) 医療情報科学研究所（2019）『社会福祉士国家試験合格のためのレビューブック2020』メディックメディア，299頁。

参考文献
蟻塚昌克（2008）『入門　社会福祉の法制度──行財政の視点からみた全体図（第 3 版）』ミネルヴァ書房。
石川久（2013）『図解　福祉行政はやわかり』学陽書房。

社会福祉士養成講座編集委員会編（2014）『新・社会福祉士養成講座 4　現代社会と福祉（第 4 版）』中央法規出版。

社会福祉士養成講座編集委員会編（2017）『新・社会福祉士養成講座10　福祉行財政と福祉計画（第 5 版）』中央法規出版。

畑本裕介（2012）『社会福祉行政——行財政と福祉計画』法律文化社。

学習課題

① 　福祉行政（国・都道府県・市町村）の役割分担について調べてみよう。

② 　様々な福祉計画・行政計画について考えたことをまとめてみよう。

第 ⑨ 章

社会福祉の供給組織

社会福祉におけるサービス供給には，公的な機関による取り組みから民間団体による取り組みまで幅広く存在する。社会福祉の専門職としては，各機関・団体の役割や意義，取り組みなどを理解し，援助対象者とつなぎ，包括的に活用していくことが必要不可欠となるだろう。本章では，社会福祉に関連する法律等に基づいて社会福祉サービスを提供している組織の概要と役割について整理した上で，連携・協働の意義や実際について考えてほしい。

1　供給組織としての行政

（1）国の仕組みと役割

社会福祉における国の行政機関は厚生労働省となる。厚生労働省は，2001（平成13）年に厚生省と労働省が統合される形で発足した。つまり，現在の厚生労働省は，社会福祉，社会保障，公衆衛生，医療の向上・増進などを通して国民生活の保障・向上を目指す政策とともに，働く環境の整備，職業の安定，人材の育成などのような労働政策について，国として総合的・一体的に計画・実行していく機関である。

厚生労働省における社会福祉関連部署（図9-1）には，男女の均等な雇用機会，子育て支援，保育や養護，虐待防止，母子・父子や寡婦の福祉，母子保健などに関する「子ども家庭局」，生活保護制度の企画や運営，ホームレス対策，社会福祉法人制度，社会福祉事業に従事する人材の確保などに関する「社会・援護局」，介護保険制度，高齢者介護・福祉などに関する「老健局」，医療保険制度に関する「保険局」，公的年金制度に関する「年金局」，障害福祉に関する「障害保健福祉部」などがある。

また，厚生労働省には，厚生労働省設置法第7条に基づいて，社会保障審議

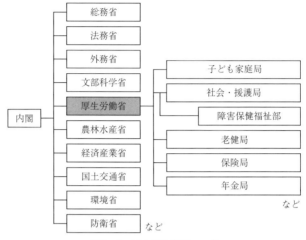

図9-1 国の行政機関の一部

出所：筆者作成。

会が設置されている。社会保障審議会は，社会保障，医療，社会福祉などに関連する有識者，学識経験者，専門家などを委員として構成され，厚生労働大臣の諮問に応じて社会保障に関する重要事項を調査・審議したり，意見を述べたりする。

（2）都道府県の仕組みと役割

　都道府県は，広域の地方自治体（地方公共団体）として，国が定める法律，制度・政策，方針などに基づいて，市町村レベルでのサービス提供等の業務が円滑に実施されるために，都道府県レベルとしての政策や事業計画等を定め，市町村を支援する。その他，社会福祉法人（本章第2節参照）等の認可・監督，市町村との連絡調整や指導・助言，児童相談所等の出先機関（本章第3節参照）の設置などの業務を行う。

　また，都道府県においても社会福祉法第7条に基づいて，地方社会福祉審議会が設置されている。社会福祉に関する事項（児童福祉および精神障害者福祉に関する事項を除く）を調査・審議するため，有識者等を委員として構成され，都道府県知事の諮問に答えたり，関係行政庁に意見を述べたりする。児童福祉法で定められた事項については，児童福祉審議会が設置されるが，地方社会福祉審議会に含まれる場合もある。精神保健および精神障害者の福祉に関する事項

については，地方精神保健福祉審議会が設置される。

（3）市町村の仕組みと役割

　地域住民に最も近い基礎自治体としての地方公共団体が市町村である。市は人口規模によって役割が異なる。人口50万以上の市を指定都市（2018年4月現在では20市）と指定し，ほぼ都道府県と同様の業務を行う。人口20万人以上の市を中核市（2020年4月現在では60市）と指定し，部分的に都道府県と同様の業務を行う。その他の市および町村の主な役割は，生活保護（市および福祉事務所を設置している町村），特別養護老人ホームの設置・運営，介護保険事業，国民健康保険事業，保育所等への入所事務，子育て支援事業など，地域住民の直接的な相談・支援窓口となって，サービスの計画・実施を行うことである。

2　サービス供給組織の母体

（1）社会福祉法人の役割

　社会福祉法人とは，社会福祉法第2条に定められている社会福祉事業（第一種社会福祉事業および第二種社会福祉事業）を行うことを目的として，社会福祉法の規定により設立される法人である。たとえば，特別養護老人ホームや障害者支援施設，児童養護施設，（私立）保育所等が当てはまる。社会福祉法人制度は，社会福祉事業の公共性から，その設立運営に厳格な規制が加えられているが，税制優遇措置や補助金の交付を受けることができる。役割としては，日常生活または社会生活上の支援を必要とする者に対して，無料または低額な料金で，福祉サービスを積極的に提供するよう努めるとともに，地域の福祉ニーズ等を踏まえ，法人の自主性，創意工夫による多様な地域貢献活動を行うことである。社会福祉法人の設立等の認可は，厚生労働大臣もしくは都道府県知事または市長が行う。2019（平成31）年3月現在では，厚生労働大臣所管による法人数は40，都道府県知事等所管による法人数は2万872であり，総数は年々増加傾向にある。

（2）医療法人の役割

　医療法人は，医療法第39条に基づいて，病院，医師もしくは歯科医師が常時勤務する診療所，介護老人保健施設の開設を目的として設立される法人である。

設立の認可は，その主たる事務所の所在地の都道府県知事が行う。2018（平成30）年度では，総数が5万3944であり，年々増加傾向にある。

（3）NPO 法人の役割

　NPO とは Non-Profit Organization の略称で，様々な社会貢献活動を行い，事業で得た収益を団体の構成員に分配せず，その団体の目的とする社会貢献活動に充てることで運営されている団体の総称である。活動内容は，保健・医療または福祉の増進，社会教育，まちづくり，芸術やスポーツの振興など多岐にわたる。このうち，特定非営利活動促進法に基づき法人格を取得した法人が特定非営利活動法人（NPO 法人）である。法律に基づいて所轄庁（原則として主たる事務所が所在する都道府県知事あるいは当該指定都市の長）に申請し，設立の認証を受けることが必要となる。NPO 法人を設立することによって，たとえばボランティア活動団体が銀行で口座を開設したり，事務所を借りたり，不動産の登記をするなどの法律行為を団体の名で行うことができるようになる。認証法人数は，2019（令和元）年度で5万1260である。

3　サービス供給組織である各種専門機関

（1）福祉事務所の仕組みと役割

　福祉事務所は，社会福祉法第14条に規定されている「福祉に関する事務所」を指している。都道府県および市（特別区を含む）に設置が義務づけられており，町村は任意で設置することができる。都道府県福祉事務所は，社会福祉三法（生活保護法，児童福祉法，母子及び父子並びに寡婦福祉法）に定める援護，育成または更生の措置に関する事務を司る第一線の社会福祉行政機関である。市町村福祉事務所は，社会福祉六法（生活保護法，児童福祉法，母子及び父子並びに寡婦福祉法，老人福祉法，身体障害者福祉法，知的障害者福祉法）を所管する。さらに市町村福祉事務所には，児童家庭福祉に関する相談や援助業務の充実強化を図るため，家庭児童相談室が設置され，家庭相談員が業務にあたっている。

　福祉事務所には，所長をはじめ，指導監督を行う所員，現業を行う所員，事務を行う所員を置かなければならない。たとえば，現業を行う所員は，所長の指揮監督を受けて，援護，育成または更生の措置を要する者等の家庭訪問や面接を通して，本人の資産，環境等を調査し，保護その他の措置の必要の有無お

とびその種類を判断したり，本人の相談に応じて生活指導を行ったりする。2020（令和2）年4月現在で，都道府県は206か所，市は999か所，町村は45か所の福祉事務所が設置されている。

（2）児童相談所の仕組みと役割

　児童相談所は，児童福祉法第12条より都道府県および指定都市に設置が義務づけられており，児童の福祉に関わる業務全般を担う。2004（平成16）年児童福祉法改正により，中核市（人口30万人以上）のような政令で指定する市にも，児童相談所を設置することができることとなった。各都道府県等の実情（地理的条件等）に応じて，おおよそ人口50万人に最低1か所程度の設置が必要とされている。2020（令和2）年4月現在で，全国に219か所が設置されている。

　主な機能としては，「市町村援助機能」「相談機能」「一時保護機能」「措置機能」の4つがある。市町村援助機能とは，市町村による児童家庭相談への対応について，市町村相互間の連絡調整，市町村に対する情報の提供，その他必要な援助を行う機能である。この機能は，2004（平成16）年に児童虐待の防止等に関する法律が改正され，児童虐待等の問題に適切に対応する体制の整備が求められるようになった中で，同年に児童福祉法も改正された際に加えられた。以前は児童相談所が一手に担っていた児童虐待をはじめとした児童家庭相談においては，市町村が窓口になり，児童相談所の助言等を求めながら必要な調査，指導・援助を行っていくことになった。

　相談機能とは，子どもに関する家庭その他からの相談のうち，専門的な知識および技術を必要とするものについて，必要に応じて子どもの家庭，地域状況，生活歴や発達，性格，行動等について専門的な角度から総合的に調査，診断，判定（総合診断）し，それに基づいて援助指針を定め，自らまたは関係機関等を活用し一貫した子どもの援助を行う機能である。主な内容としては，養護相談（保護者の家出，死亡，入院等による養育困難，虐待，養子縁組等に関する相談），保健相談（未熟児，疾患等に関する相談），障害相談（身体障害，知的障害，発達障害等に関する相談），非行相談（ぐ犯行為，触法行為等に関する相談），育成相談（しつけ，不登校，進学適性等に関する相談）などがある。

　一時保護機能とは，必要に応じて子どもを家庭から離して一時的に保護する機能である。主な目的には，緊急保護（棄児，迷子，家出した子ども，虐待を受けている子ども等の保護），行動観察（適切かつ具体的な援助指針を定めるため一時保護

による十分な行動観察・生活指導等を行う），短期入所指導（短期間の心理療法，カウンセリング，生活指導等が有効であると判断される場合など）が挙げられる。一時保護所は，2015（平成27）年4月現在で全国に135か所設置されている。

　措置機能とは，子どもやその保護者を児童福祉司，児童委員（主任児童委員を含む），児童家庭支援センター等に指導させる，子どもを児童養護施設等に入所させる，里親に委託する等の措置を行う機能である。またその他の機能として，親権者の親権喪失宣告の請求，未成年後見人選任および解任の請求を家庭裁判所に対して行うことができるような民法上の権限も有している。

　児童相談所には，所長，児童福祉司，児童心理司をはじめ，（受付）相談員，電話相談員，心理療法担当職員，医師（精神科，小児科），保健師・看護師，児童指導員および保育士，栄養士・調理員などが配置されている。さらに2016（平成28）年の児童福祉法改正では，法律に関する専門的な知識・経験を必要とする援助を適切かつ円滑に行うことが重要との考えから，弁護士の配置またはそれに準ずる措置（第12条第3項）とともに，他の児童福祉司が職務を行うために必要な専門的技術に関する指導および教育を行う児童福祉司（スーパーバイザー）の配置（第13条第5項）が加えられた。

（3）婦人相談所の仕組みと役割

　婦人相談所は，売春防止法第34条に基づき，都道府県に設置が義務づけられている。当初は，売春を行うおそれのある女子の相談・指導・一時保護等を行う施設であったが，2001（平成13）年に成立した配偶者からの暴力の防止及び被害者の保護に関する法律（現・配偶者からの暴力の防止及び被害者の保護等に関する法律）により，現在は，配偶者暴力相談支援センター（同法第3条）の機能を担う施設としても位置づけられている。2018（平成30）年4月現在で，全国に49か所が設置されている。

　婦人相談所には婦人相談員が配置され，性行または環境に照らして売春を行うおそれのある女子（以下要保護女子）や配偶者からの暴力を受けた者（以下被害者）への相談・指導を行う（売春防止法第35条，配偶者からの暴力の防止及び被害者の保護等に関する法律第4条）。具体的には，要保護女子およびその家庭，被害者について医学的・心理学的および職能的判定，調査，それに伴う相談・指導，関係機関との連携を行うことに加えて，必要な場合は一時保護も行う。婦人相談所には，一時保護所が併設されている（各都道府県に1か所）。

（4）更生相談所の仕組みと役割

　更生相談所には，知的障害者更生相談所と身体障害者更生相談所がある。いずれも都道府県に設置が義務づけられている。知的障害者更生相談所は，知的障害者福祉法第12条に基づいて，知的障害者に関する専門的な知識および技術を必要とする相談および指導，知的障害者の医学的・心理学的および職能的判定，市町村における更生援護の実施に関する市町村相互間の連絡および調整，市町村への情報提供などを行うことが定められている。これらの業務は，必置になっている知的障害者福祉司が実施し，必要に応じて巡回して業務を行うこともある。2020（令和 2 ）年 4 月現在で，全国に86か所が設置されている。

　身体障害者更生相談所は，身体障害者福祉法第11条に基づいて，身体障害者の更生援護の利便および市町村の援護の適切な実施の支援のために置かれる。2020（令和 2 ）年 4 月現在で，全国に77か所が設置されている。身体障害者福祉司が配置され，身体障害者を対象として，上記の知的障害者更生相談所と同様の業務を行う。

（5）地域包括支援センターの仕組みと役割

　地域包括支援センターは，介護保険法第115条の46第 1 項に基づいて，地域住民の心身の健康の保持および生活の安定のために必要な援助を行うことにより，地域住民の保健医療の向上および福祉の増進を包括的に支援することを目的として，包括的支援事業等を地域において一体的に実施する役割を担う中核的機関として設置されている。設置主体は市町村である。

　主な業務は，包括的支援事業として，介護予防ケアマネジメント事業，総合相談・支援事業，権利擁護事業，包括的・継続的ケアマネジメント支援事業に加えて，指定介護予防支援業務である。職員としては，社会福祉士や保健師，主任介護支援専門員が配置されている。介護予防ケアマネジメント事業では，市町村が把握・選定した特定高齢者についての介護予防ケアプランを作成し，それに基づき介護予防事業等が包括的かつ効率的に実施されるよう必要な援助を行う。総合相談・支援事業では，初期段階での相談対応および専門的・継続的な相談支援，その実施に必要となるネットワークの構築，地域の高齢者の状況の実態の把握を行う。権利擁護事業では，成年後見制度の活用促進，老人福祉施設等への措置の支援，高齢者虐待への対応，困難事例への対応などを行う。包括的・継続的ケアマネジメント支援事業では，地域における介護支援専門員

のネットワークの構築・活用，介護支援専門員に対する日常的個別指導・相談，地域の介護支援専門員が抱える支援困難事例等への指導・助言等を行う。指定介護予防支援業務では，介護保険における予防給付の対象となる要支援者が，介護予防サービス等の適切な利用等ができるために，その心身の状況，生活環境等を勘案し，介護予防サービス計画を作成する。さらに計画されたサービス等の提供を確保するため，介護予防サービス事業者等の関係機関との連絡調整などを行う。

　2014（平成26）年の介護保険法改正では，新たに包括的支援事業に「在宅医療・介護連携の推進」「生活支援サービスの体制整備」「認知症施策の推進」「地域ケア会議の推進」が位置づけられたため，地域包括支援センターにおいても機能強化が図られ，地域の実情に応じた地域包括システムの構築が取り組まれている。

（6）精神保健福祉センターの仕組みと役割

　精神保健福祉センターは，精神保健及び精神障害者福祉に関する法律第6条において，精神保健の向上および精神障害者の福祉の増進を図るため，都道府県に置くものと定められている。主な業務は，精神保健および精神障害者の福祉に関する知識の普及・調査研究を行う，精神保健および精神障害者の福祉に関する相談および指導のうち複雑または困難なものを行う，精神障害者保健福祉手帳の支給認定に関する事務のうち専門的な知識および技術を必要とするものを行う，市町村に対し技術的事項についての協力その他必要な援助を行うなどが挙げられる。職員としては，医師（主に精神科），精神保健福祉士，臨床心理技術者，保健師・看護師，作業療法士などのような専門職が配置されている。

（7）保健所・保健センターの仕組みと役割

　保健所は，地域保健法第5条に基づいて，2020（令和2）年4月現在で，都道府県に355か所，政令で定める市に91か所，特別区に23か所，計469か所設置されている。配置される職員は，医師，薬剤師，獣医師，保健師，診療放射線技師，臨床検査技師，衛生検査技師，管理栄養士，精神保健福祉相談員等である。主な業務としては，地域保健に関する思想の普及・向上，人口動態統計その他地域保健に係る統計，栄養の改善および食品衛生，環境の衛生，医事および薬事，公共医療事業の向上および増進，母性および乳幼児並びに老人の保健，

歯科保健，精神保健，治療方法が確立していない疾病・その他の特殊の疾病により長期に療養を必要とする者の保健，エイズ・結核・性病・伝染病等の疾病の予防などに加えて，所管区域内の市町村の地域保健対策の実施に関し，市町村相互間の連絡調整および市町村への技術的助言・研修などのように管理的・専門的な実践が中心となる。

　また市町村は，地域保健法第18条に基づいて，保健センターを設置することができる。市町村保健センターは，住民に対し，健康相談，保健指導および健康診査，その他地域保健にする必要な事業など，地域住民に身近で直接的な支援を行う施設である。配置される職員は，保健師，看護師，管理栄養士，歯科衛生士，理学療法士，作業療法士等である。2020（令和2）年4月現在で，全国に2468か所設置されている。

（8）子育て世代包括支援センターの仕組みと役割

　2016（平成28）年の児童福祉法改正に伴い，母子保健法第22条の改正が行われ，市町村は，子育て世代包括支援センター（法律上の名称は母子健康包括支援センター）を設置するように努めなければならないこととされた。主な業務は，妊産婦および乳幼児の実情の把握，妊娠・出産・子育てに関する助言や指導，必要に応じた支援プランの策定，地域の保健医療・福祉に関する機関との連絡調整などである。母子保健施策と子育て支援施策との一体的な支援かつ妊産婦・乳幼児へ包括的な支援により，地域の特性に応じた妊娠期から子育て期にわたる切れ目のない支援を提供する体制の構築をすることが目的である。職員には，保健師や助産師などのような医療職に加えて，精神保健福祉士や社会福祉士などのような福祉職を配置することが望ましいとされている。

（9）障害者基幹相談支援センターの仕組みと役割

　2013（平成25）年の障害者自立支援法から障害者の日常生活及び社会生活を総合的に支援するための法律（障害者総合支援法）への改正にあわせて，市町村は，地域における相談支援の中核的な役割を担う機関として基幹相談支援センターを設置できるようになった（2012年4月1日施行，同法第77条の2第2項）。設置数は毎年増加しており，2019（平成31）年4月現在では，全国1747市町村のうち687市町村（846か所）で設置されている。職員には，相談支援専門員や社会福祉士等が配置され，総合的な相談支援（身体障害・知的障害・精神障害へ

の対応），権利擁護・虐待防止（成年後見制度利用支援事業など），地域の相談支援体制の強化（相談支援事業者への専門的指導，人材育成など），地域移行・地域定着（施設や病院への働きかけやコーディネートなど）への取り組みが主な業務となっている。

（10）社会福祉協議会の仕組みと役割

　社会福祉協議会は，社会福祉法第109条および第110条に基づき，地域の社会福祉活動を推進することを目的とした民間組織（社会福祉法人）である。社会福祉協議会としては，各都道府県に設置される都道府県社会福祉協議会，市区町村に設置される市町村社会福祉協議会，都道府県社会福祉協議会の連合会として全国社会福祉協議会が組織化されている。

　全国社会福祉協議会では，全国の福祉関係者や福祉施設等事業者の連絡・調整，社会福祉に関する図書・雑誌の刊行，福祉に関わる人材の養成・研修，福祉分野の国際交流などに取り組んでいる。都道府県社会福祉協議会では，日常生活自立支援事業，運営適正化委員会の設置，福祉サービスの第三者評価事業，生活や就業等に必要な資金（生活福祉資金）の貸付，福祉関係者に対する専門的な研修事業，ボランティア活動の振興，福祉人材センター事業など広域的な取り組みに加えて，市町村社会福祉協議会との連絡調整を行う。市町村社会福祉協議会では，在宅高齢者や障がい者を対象としたホームヘルプサービス（訪問介護）や配食サービス，高齢者や子育て中の親子を対象としたサロン活動，ボランティアセンターの運営，小中高校における福祉教育の支援等のように，地域住民に最も身近で，地域のニーズに応じたサービスの提供や取り組みを行っている。

4　多元化する福祉サービスの提供における連携・協働

　近年では，様々な生活課題が複雑に絡み合うケースも多く，既存の福祉サービスに対象者を当てはめるだけでは，個々のニーズに沿った支援とはいえなくなっている。そのため，複合的な課題を抱える者等に対する包括的な支援システムを構築するとともに，地域住民などによるボランティア等を活用し，地域に必要とされる社会資源を創出する取り組みをモデル的に実施するため，2016（平成28）年度より「多機関の協働による包括的支援体制構築事業」が創設され

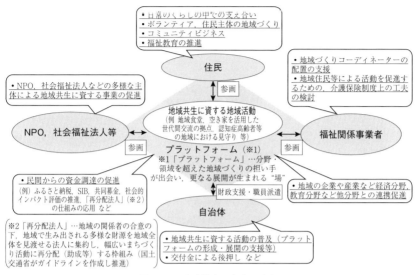

図 9 - 2　地域共生に資する取組

出所：厚生労働省社会・援護局地域福祉課（2019）第147回市町村職員を対象とするセミナーパネルディスカッション資料①「『地域共生社会に向けた包括的支援と多様な参加・協働の推進に関する検討会』中間とりまとめ（概要）関係資料」4 頁。

た。主な事業内容としては，相談支援包括化推進員の配置，相談者等に対する支援の実施，相談支援包括化ネットワークの構築，相談支援包括化推進会議の開催，自主財源の確保のための取り組みの推進，新たな社会資源の創出などが図られた。

　さらに，福祉サービスの「受け手」と「支え手」に分かれた関係だけではなく，世代や抱える生活課題，背景にかかわらず，お互いに「持ちつ持たれつ」の関係に基づいた「共生」を目指した地域づくりが重視されるようになっている（図9-2）。2020（令和 2 ）年には，地域共生社会の実現のための社会福祉法等の一部を改正する法律案が国会に提出・可決された。改正の趣旨としては，地域共生社会の実現を図るため，地域住民の複雑化・複合化した支援ニーズに対応する包括的な福祉サービス提供体制を整備する観点から，市町村の包括的な支援体制の構築の支援，地域の特性に応じた認知症施策や介護サービス提供体制の整備等の推進，社会福祉連携推進法人制度の創設等の所要の措置を講ずると示されている。先述したように，地域包括支援センターや子育て世代包括支援センター，障害者基幹相談支援センターなど，各領域において利用者と

サービスを包括的につなぐ役割を担う専門機関同士の連携や協働の充実が図られてきた。しかし，そのような専門機関や行政だけの連携・協働だけでは，多様なニーズへの対応や住民一人ひとりの自己実現を目指すには限界がある。そのため，住民や利用者自身も主体的に参画し，領域や分野，立場を超えて，それぞれが持ち合わせる力が最大限発揮できるような環境整備が推進されている。

参考文献

厚生労働省（2016）『平成28年版厚生労働白書』。

厚生労働省（2020）『令和2年版厚生労働白書　資料編』。

厚生労働省「子育て世代包括支援センター業務ガイドライン」（平成29年8月）。

厚生労働省「児童相談所運営指針」（令和2年3月）。

厚生省保健医療局長通知「精神保健福祉センター運営要領について」（平成8年1月19日健医発第57号）。

厚生労働省雇用均等・児童家庭局長通知「市町村児童家庭相談援助指針について」（平成17年2月14日雇児発第0214002号）。

厚生労働省雇用均等・児童家庭局長通知「子育て世代包括支援センターの設置運営について」（平成29年3月31日雇児発0331第5号）。

厚生労働省社会・援護局障害保健福祉部障害福祉課地域生活支援推進室「障害者相談支援事業の実施状況等の調査結果について（平成31年調査）」（令和2年2月7日）。

厚生労働省老健局計画課長・振興課長・老人保健課長通知「地域包括支援センターの設置運営について」（平成19年1月16日老計・老振・老老発第1018001号）。

内閣府NPOホームページ「NPOのイロハ」「認証・認定数の遷移」（令和2年12月）。

内閣府男女共同参画局ホームページ「配偶者からの暴力被害者支援情報・相談機関一覧」。

学習課題

①　あなたが住んでいる（あるいは就職しようとしている）都道府県，市区町村のホームページを確認し，各領域（子育て支援，保育，子どもの福祉，母子保健，生活保護，介護保険，高齢者介護・福祉など）の担当部や課の名称を調べてみよう。

②　第3節の専門機関について，根拠法や配置される職種を一覧表にしてみよう。さらに，あなたの住んでいる（あるいは就職しようとしている）地域ではどこにあるのか，どのくらいの数が設置されているのか，どのような名称なのかなどを調べて，一覧表に加えて整理してみよう。

第 10 章

社会福祉の各種事業と施設

　本章では，各種社会福祉事業や社会福祉施設の概要について論じていく。
「社会福祉事業」については，「社会福祉を目的とする事業」や「社会福祉に関
する活動」との関係性をはじめ，事業の意義やその種類，目的等について説明
を行う。また社会福祉施設についてもその種類や目的にふれ，こうした施設の
経営法人の1つである社会福祉法人と最近の社会福祉法人制度改革の内容につ
いて概観する。

1　社会福祉事業の概要

（1）「社会福祉事業」と「社会福祉を目的とする事業」

　社会福祉法第1条ではこの法律の目的について規定されているが，その中で
「社会福祉を目的とする事業」と「社会福祉事業」という2つの事業が示され
ている。これら2つの事業の説明については厚生労働省ホームページで確認す
ることができる。「社会福祉を目的とする事業」が地域社会の一員として自立
した日常生活を営むことを支援する事業とされ，この事業に経営主体等の規制
はなく行政の関与は最小限となっているという説明が示されている。その一方
で，「社会福祉事業」については「社会福祉を目的とする事業」のうち，規制
と助成を通じて公明かつ適正な実施の確保が図られなければならない事業とし
て捉えられている。

　「社会福祉事業」はさらに社会福祉法第2条で第一種社会福祉事業と第二種
社会福祉事業に分類され，それぞれ具体的事業が列挙されている。第一種社会
福祉事業は，公共性が高くサービス利用者の人格の尊重という点に重大な影響
を及ぼす事業であるため，強い公的規制と監督が必要とされる事業である。ま
たその経営主体は，原則として国，地方公共団体，社会福祉法人に限られ，そ

の実情は，社会福祉法人が経営する形態が圧倒的に多い状況である。社会福祉法人が経営を担う場合，民間ならではの柔軟性や独創性といった特性を活かした経営のあり方に期待が寄せられているが，それと同時に社会福祉事業に対する公的責任の所在を曖昧にさせやすい問題点もはらんでいる。そのため，社会福祉法第61条では国，地方公共団体，社会福祉法人等の社会福祉事業経営者がそれぞれ責任を明確にしなければならない旨の規定がされている。第二種社会福祉事業については，経営主体についての制限は特に設けられておらず，第一種社会福祉事業に比べて強い規制や監督を必要としない事業となっている。

（2）「社会福祉に関する活動」

　ここでは，「社会福祉に関する活動」につながるボランティア活動に焦点を当て論じていく。

　一般的に，ボランティアとは個人の自発性に基づく，金銭的な対価を求めない社会貢献活動を行う個人または集団と理解されている。石井祐理子は，ボランティアを「ボランティア（volunteer）の語源は，ラテン語で『意志する』という意味をもつウォロ（volo）から派生したウォルンタス（voluntas）である。そこに人を意味する er がついて『意志を持つ人』となり，『志願兵』『義勇兵』などと訳されている」と説明している。また，ボランティアの性格についてはボランティア活動を推進する機関や団体ごとに，「主体性」をはじめ「連帯性」「無償性」「自発性」「福祉性」「継続性」「公共性」「先駆性」といった多方面からの性格規定が行われており，その性格は1つに収まるものではない。

　なお，全国の社会福祉協議会が把握しているボランティア活動の実態については，2018（平成30）年現在でボランティア総数が767万8699人，団体数が17万7028グループと発表されている。この数値をみると，今日の国民生活課題の解決を図る上で，ボランティアがいかに重要なマンパワーの1つになっているかということがわかる。

　では，ボランティア活動の重要性を認識させたきっかけとは何だろうか。それは1995（平成7）年の阪神淡路大震災とされている。この時には約140万人といわれるボランティアが各々，これまで培ってきた人生経験，職業経験の中から得られた工夫と知恵を活かし，柔軟性と即時性をもった救援活動を展開したことで社会的に大きな評価を受ける結果となった。それが契機となり，1998（平成10）年にはボランティア活動を支援する特定非営利活動促進法（NPO 法）

が制定され，2000（平成12）年に入ると社会福祉法の制定に伴い，ボランティアは地域住民，社会福祉事業者とともに地域福祉の推進を図る主体として位置づけられることになったのである。最近では，2011（平成23）年に発生した東日本大震災や2016（平成28）年の熊本地震においても被災地支援として大きな活躍をみせ，ますます「社会福祉に関する活動」の１つとしてのボランティア活動の重要性は高まってきているところである。

2　社会福祉施設の種類と目的

　社会福祉施設の目的は，児童，高齢者，障がい者，生活困窮者等，何らかの支援を必要とする者に対し，日常生活面での支援や自立に向けた各種訓練，指導等を行い，福祉の増進を図ることである。

　社会福祉施設の設置・運営主体に関しては「公営」によるものでは国，独立行政法人，都道府県，市町村，そして「私営」によるものでは社会福祉法人，医療法人，NPO 等を挙げることができる。なお「平成29年社会福祉施設等調査の概況」によれば，社会福祉施設の経営主体は「その他の社会福祉施設等」を除き，「社会福祉法人」が最も多い状況である（表10‐1）。

　社会福祉施設は法体系ごとに分類されているが，ここでは，児童福祉法に規定されている児童福祉施設，障害者の日常生活及び社会生活を総合的に支援するための法律（障害者総合支援法）に規定されている障害者支援施設，生活保護法に規定されている保護施設，老人福祉法に規定されている老人福祉施設，母子及び父子並びに寡婦福祉法に規定されている母子・父子福祉施設，売春防止法に規定されている婦人保護施設，その他の社会福祉施設等に整理して，説明を行うことにする。

（1）児童福祉法に規定されている主な児童福祉施設

・乳児院…乳児（保健上安定した生活環境の確保その他の理由により特に必要のある場合には幼児も含む）を入所させて，これを養育し，あわせて退院した者について相談その他の援助を行うことを目的とする施設（第37条）。

・母子生活支援施設…配偶者のない女子またはこれに準ずる事情にある女子およびその者の監護すべき児童を入所させて，これらの者の自立の促進のためにその生活を支援し，あわせて退院した者について相談その他の援助を行うこと

表10-1　施設の種類別にみた経営主体別施設数　　平成29年10月1日現在

	総数	公営				私営					
		国・独立行政法人	都道府県	市区町村	一部事務組合・広域連合	社会福祉法人	医療法人	公益法人・日赤	営利法人（会社）	その他の法人	その他
総　数	72,887	81	227	16,062	139	27,801	2,213	747	18,635	5,973	1,009
保護施設	291	—	1	15	6	269	—	—	—	—	—
老人福祉施設	5,293	—	—	786	74	4,054	52	65	120	74	68
障害者支援施設等	5,734	9	22	108	17	3,730	200	48	55	1,510	35
身体障害者社会参加支援施設	314	—	8	30	—	206	—	37	2	26	5
婦人保護施設	46	—	22	—	—	24	—	—	—	—	—
児童福祉施設等	40,137	72	170	14,026	41	18,025	88	439	3,381	3,096	799
（再掲）保育所等[1)	27,137	2	—	8,711	3	14,493	15	56	1,686	2,049	122
母子・父子福祉施設	56	—	4	4	—	28	—	6	—	14	—
その他の社会福祉施設等	21,016	—	—	1,093	1	1,465	1,873	152	15,077	1,253	102
（再掲）有料老人ホーム(サービス付き高齢者向け住宅以外)	13,525	—	—	1	—	730	1,033	13	11,165	551	32

注：1)　保育所等は，幼保連携型認定こども園，保育所型認定こども園及び保育所である。
出所：厚生労働省（2018）「平成29年度社会福祉施設等調査の概況」（https://www.mhlw.go.jp/toukei/
saikin/hw/fukushi/17/dl/kekka-kihonhyou01.pdf　2020年7月7日閲覧）。

を目的とする施設（第38条）。

・児童養護施設…保護者のない児童（乳児を除く。ただし，安定した生活環境の確
保その他の理由により特に必要のある場合には，乳児を含む），虐待されている児童
その他環境上養護を要する児童を入所させて，これを養護し，あわせて退所し
た者に対する相談その他の自立のための援助を行うことを目的とする施設（第
41条）。

・児童自立支援施設…不良行為をなし，またはなすおそれのある児童および家
庭環境その他の環境上の理由により生活指導等を要する児童を入所させ，また
は保護者の下から通わせて，個々の児童の状況に応じて必要な指導を行い，そ
の自立を支援し，あわせて退所した者について相談その他の援助を行うことを
目的とする施設（第44条）。

（2）障害者の日常生活及び社会生活を総合的に支援するための法律（障害者
**　　総合支援法）に基づくサービスを提供する主な施設**

・障害者支援施設…障害者につき，施設入所支援を行うとともに，施設入所支

援以外の施設障害福祉サービスを行う施設（第 5 条第11項）。

・**日中活動事業（生活介護）を行う施設**…常時介護を要する障害者として厚生労働省令で定める者につき，主として昼間において，障害者支援施設その他厚生労働省令で定める施設において行われる入浴，排泄または食事の介護，創作的活動または生産活動の機会の提供その他厚生労働省令で定める便宜を供与する施設（第 5 条第 7 項）。

・**日中活動事業（就労移行支援）を行う施設**…就労を希望する障害者につき，厚生労働省令で定める期間にわたり，生産活動その他の活動の機会の提供を通じて，就労に必要な知識および能力の向上のために必要な訓練その他の厚生労働省令で定める便宜を供与する施設（第 5 条第13項）。

・**日中活動事業（就労継続支援）を行う施設**…通常の事業所に雇用されることが困難な障害者につき，就労の機会を提供するとともに，生産活動その他の活動の機会の提供を通じて，その知識および能力の向上のために必要な訓練その他の厚生労働省令で定める便宜を供与する施設（第 5 条第14項）。

（3）生活保護法に規定されている保護施設

・**救護施設**…身体上または精神上著しい障害があるために日常生活を営むことが困難な要保護者を入所させて，生活扶助を行うことを目的とする施設（第38条第 2 項）。

・**更生施設**…身体上または精神上の理由により養護および生活指導を必要とする要保護者を入所させて，生活扶助を行うことを目的とする施設（第38条第 3 項）。

・**医療保護施設**…医療を必要とする要保護者に対して，医療の給付を行うことを目的とする施設（第38条第 4 項）。

・**授産施設**…身体上もしくは精神上の理由または世帯の事情により就業能力の限られている要保護者に対して，就労または技能の修得のために必要な機会および便宜を与えて，その自立を助長することを目的とする施設（第38条第 5 項）。

・**宿所提供施設**…住居のない要保護者の世帯に対して，住宅扶助を行うことを目的とする施設（第38条第 6 項）。

（4）老人福祉法に規定されている主な老人福祉施設

・**養護老人ホーム**…老人福祉法第11条第 1 項第 1 号の措置に係る者を入所させ，

養護するとともに，その者が自立した日常生活を営み，社会的活動に参加するために必要な指導および訓練その他の援助を行うことを目的とする施設（第20条の4）。

• **特別養護老人ホーム**…老人福祉法第11条第1項第2号の措置に係る者または介護保険法の規定による地域密着型介護老人福祉施設入所者生活介護に係る地域密着型介護サービス費もしくは介護福祉施設サービスに係る施設介護サービス費の支給に係る者その他の政令で定める者を入所させ，養護することを目的とする施設（第20条の5）。

• **軽費老人ホーム**…無料または低額な料金で，老人を入所させ，食事の提供その他日常生活上必要な便宜を供与することを目的とする施設（第20条の6）。

（5）母子及び父子並びに寡婦福祉法に規定されている母子・父子福祉施設

• **母子・父子福祉センター**…無料または低額な料金で，母子家庭等に対して，各種の相談に応ずるとともに，生活指導および生業の指導を行う等母子家庭等の福祉のための便宜を総合的に供与することを目的とする施設（第39条第2項）。

• **母子・父子休養ホーム**…無料または低額な料金で，母子家庭等に対して，レクリエーションその他休養のための便宜を供与することを目的とする施設（第39条第3項）。

（6）売春防止法に規定されている婦人保護施設

• **婦人保護施設**…売春を行うおそれのある保護を必要とする女性に必要な支援を行う施設。また，生活の困窮など家庭生活の営みにおいて問題を抱える女性もその保護の対象となる（第36条）。

（7）その他の社会福祉施設

• **老人憩いの家**…市町村の地域において，老人に対し，教養の向上，レクリエーション等のための場を与え，もって老人の心身の健康の増進を図ることを目的とする施設（各都道府県知事あて厚生省社会局長通知社老第88号）。

• **隣保館**…隣保事業を実施する施設。隣保事業は，こうした施設を設け，無料または低額な料金で利用させることその他その近隣地域における住民の生活の改善および向上を図るための各種の事業（社会福祉法第2条第3項第11号）。

3　社会福祉法人制度改革と今後について

（1）社会福祉法人における制度改革の背景

　今般，社会福祉法人制度は大きく見直しが図られている。なぜ，社会福祉法人は制度改革が求めれたのか。それは，2011（平成23）年頃を境に，社会福祉法人に対する経営のあり方をはじめとしたいくつかの課題を指摘する声が高まってきたからである。社会福祉法人に対する一連の課題から制度改革の方向性までを示す報告書が，2014（平成26）年に厚生労働省より公表されている「社会福祉法人制度の在り方について」である。この報告書を踏まえ，本節では社会福祉法人制度改革に至った背景と改革内容に焦点を当て，今後求められる社会福祉法人の使命について述べていく。以下に報告書で提起されている5つの課題(4)を取り上げ，説明を加えておく。

　①　「地域ニーズへの不十分な対応」

　報告書では，社会福祉法人制度を取り巻く状況の変化についてふれられている。その変化とは，少子高齢化や核家族化の進行，さらには家族内の助け合いや地域のつながりの希薄化によって地域の支え合い機能が脆弱化してきているというものである。こうした変化を踏まえ，地域住民が抱える生活課題の中には制度の狭間にある課題(5)が顕在化してきており，ここまでの分野別に発達してきた制度によるサービスだけでは対応することが難しくなってきているとの見方が示されている。こうした，近年のわが国の地域社会の変容と福祉課題が多様化する状況の中，社会福祉法人にあっては，経営の安定化につながる社会福祉事業や公営事業の実施に対する税制上の優遇措置や補助金を受けているにもかかわらず，多様な地域課題の解決につなげる地域貢献活動が停滞しており，地域のニーズに十分に応えられていないという課題がこれにあたる。

　②　「財務状況の不透明さ」

　社会福祉法人は，そもそも公益性の高い非営利組織であり，社会福祉事業の担い手として事業経営の透明性を確保しながら，効果的かつ公正に事業運営を行うべき非営利法人といえる。補助金や税制優遇を受けている社会福祉法人にあっては，本来，福祉サービス利用者はもとより，広く関係者に対し事業経営に係る情報公開が求められることになる。しかしながら，規制改革会議は，それまでの社会福祉法人の財務諸表の公表が義務化されておらず，その公表は事

実上，社会福祉法人の自主性に委ねられる点を課題として指摘している。

③　「ガバナンスの欠如」

　社会福祉法人の在り方等に関する検討会では，社会福祉法人としてのガバナンスが十分に機能していないといった課題が指摘されている。2006（平成18）年の公益法人制度改革によって各種公益法人は，厳しい組織体制や事業経営の透明性の確保が求められることになった。それにもかかわらず，一部の社会福祉法人に限っては，評議員会を設置する必要が定められておらず，ガバナンス体制確保の不十分さや，法人の私物化ともとられかねない特に理事長の経営資質能力の欠如といった問題点が挙げられる。

④　「いわゆる内部留保」

　これは2011（平成23）年に社会福祉法人の内部留保という報道が取り扱われたことにより，世間一般から広く関心を集めることになった課題である。内部留保が他の社会福祉事業の投資や地域貢献のために活用されるのであれば取り立てて問題とみなされなかったはずだが，使途目的や理由なき内部留保に対する批判が集まったものである。

⑤　「イコールフッティング」

　2013（平成25）年10月以降の規制改革会議が取り上げた課題である。「イコールフッティング」とは対等な立場での競争基盤，条件を意味する。すなわち，多様な経営主体が参入する介護・保育事業等における社会福祉法人と株式会社等との役割をめぐる課題がこれである。ここまで繰り返し述べているように，社会福祉法人は税制上の優遇措置や補助金を受けており，さらに，特別養護老人ホーム等にみられる経営主体をめぐっては，原則行政や社会福祉法人が担うという規制がかけられている。一方で，株式会社等では税制上の優遇措置等は受けておらず，保育・介護事業の経営的安定に努めながら，事業経営を図る必要に迫られることになる。こうした一連の背景を踏まえ，規制改革会議では，社会福祉法人にあっては，株式会社等の法人とは異なる役割を積極的に果たす[6]ことやこうした役割の地域住民への啓発という課題に取り組むべきであることにふれられている。

（2）社会福祉法人のこれから

　最後に，これからの社会福祉法人に求められる使命について簡単にふれておきたい。そもそも社会福祉法人は，1951（昭和26）年の制度創設当初，社会福

祉事業を行うことを目的として設立された。戦後から約半世紀を経過した段階でも相変わらず社会保障・社会福祉制度は抜本的な制度改革が行われることなく運用されてきた潮流がみられる中，ようやくその潮目が変わった出来事が「社会福祉基礎構造改革」であった。この改革は，社会福祉法人に対しても幅広く見直しを迫った。そのポイントを列挙しておくと，社会福祉法人の経営原則，すなわち自主的な経営基盤の強化や福祉サービスの質の向上，事業経営の透明性の確保といったものが挙げられる。こうした経緯を踏まえ，それまでの社会福祉法人の使命を探ってみると，あくまで，社会福祉事業を中心とした事業を利用する者に対する質の高いサービス提供にあり，サービス利用者へのニーズの充足がその中心的使命にあったと捉えることができる。

　では，これからの時代において，社会福祉法人に求められる使命とは何だろうか。それは，社会福祉法人としての存在意義をいかにして高められるかという点に尽きる。

　近年，日本の地域社会は大きく変容してきており，地域住民の生活問題も複合化してきていることは先述したとおりである。制度の狭間にある生活問題は，潜在化しやすく，かつ公的制度では解決に結びつかないといった特徴がある。こうした課題を掘り起こし，解決に向けて先駆的かつ柔軟に対応していく中心的使命が社会福祉法人にはある。一連の地域貢献への取り組みを活性化していくことは，社会福祉法人の存在意義を高める方策へとつながるはずである。従来のように，社会福祉法人が実施する事業枠内に収まる利用者に限定したサービス提供に終始するようであれば，やはり，広く一般住民側からの社会福祉法人の存在は見えにくく，その存在意義も薄まる。さらに，ここまでに指摘されている「地域ニーズへの不十分な対応」や「イコールフッティング」といった社会福祉法人に対する課題の解消も難しくなるだろう。

　地域共生社会の実現が求められている状況の中，社会福祉法人にあっては，各法人の活動フィールドとなる地域の課題分析と自組織の特性並びに強みを活かした地域貢献活動のあり方について，改めて再考する時期にきている。

注
(1)　厚生労働省「生活保護と福祉一般：社会福祉事業と社会福祉を目的とする事業」
　　　(https://www.mhlw.go.jp/bunya/seikatsuhogo/shakai-fukushi-jigyou1.html　2020

年7月7日閲覧）。

(2)　石井祐理子（2006）「ボランティア」日本地域福祉学会編『新版　地域福祉事典』中央法規出版，270頁。

(3)　地域福祉・ボランティア情報ネットワーク「ボランティア人数の現況及び推移（平成30年4月現在）」。なお，数値は都道府県・指定都市および市区町村社会福祉協議会ボランティアセンターで把握している人数およびグループ数とされている。

(4)　厚生労働省「社会福祉法人制度の在り方について」（https://www.mhlw.go.jp/file/05-Shingikai-12201000-Shakaiengokyokushougaihokenfukushibu-Kikakuka/0000050215.pdf　2020年7月7日閲覧）。

(5)　「社会福祉法人制度の在り方について」では，「制度の狭間の課題」として単身高齢者に対する見守りや，ひきこもりの者に対する支援などが例示されている。

(6)　「社会福祉法人制度の在り方について」では特別養護老人ホームが例に挙げられており，社会福祉法人が積極的に生活困窮者で対応が難しいとされる利用者の受け入れを行うといった役割が例示されている。

参考文献

相澤譲治編（2015）『七訂 保育士をめざす人の社会福祉』みらい。

石田慎二・山縣文治編著（2015）『新・プリマーズ／保育／福祉　社会福祉（第4版）』ミネルヴァ書房。

大橋謙策・白澤政和編著（2012）『現代社会と福祉』ミネルヴァ書房。

岡本民夫・田端光美・濱野一郎・古川孝順・宮田和明編（2007）『エンサイクロペディア社会福祉学』中央法規出版。

菊池正治・清水教惠編著（2007）『基礎からはじめる社会福祉論』ミネルヴァ書房。

厚生労働統計協会編（2015）『国民の福祉と介護の動向・厚生の指標　増刊（第62巻第10号通巻第977号）』厚生労働統計協会。

西村健一郎・品田充儀編著（2009）『よくわかる社会福祉と法』ミネルヴァ書房。

西村昇・日開野博・山下正國編著（2010）『四訂版 社会福祉概論——その基礎学習のために』中央法規出版。

山縣文治・岡田忠克編（2016）『よくわかる社会福祉（第11版）』ミネルヴァ書房。

山縣文治・柏女霊峰編（2010）『社会福祉用語辞典（第8版）』ミネルヴァ書房。

学習課題

①　社会福祉法第2条をみて，第一種社会福祉事業と第二種社会福祉事業にはそれぞれどのような事業が列挙されているか，確認しよう。

②　あなたが住んでいる地域には，どのような社会福祉施設が設置されているか，調べてみよう。

第11章

社会福祉の専門職と実務者

　社会福祉の分野では，様々な専門職と実務者が働いている。本章では，主な
社会福祉の分野で働く専門職や実務者に必要とされる資格や要件，仕事内容を
説明している。また連携に必要な関連領域の職種を紹介している。お互いの職
種・資格や仕事内容を理解し，ネットワーク形成に役立ててもらいたい。また
これから社会福祉の分野で働くことを希望している人は，各分野の職種や仕事
内容を理解し，将来の仕事の選択に活かしてもらいたい。

1　社会福祉の専門と実務

（1）社会福祉の現場で働く専門職と実務者に求められるもの

　少子高齢化や核家族化，共働き家庭の増加，経済的格差の広がりなど現代社
会の変化の中で，福祉サービスは多様化，複雑化している。厚生労働省が毎年
行っている「社会福祉施設等調査」や「介護サービス施設・事業所調査」をみ
ると，地域移行支援により障がい者の入所施設など減少している施設もあるが，
保育所や介護保険関係の事業所数は顕著に増加し，福祉サービスに従事する者
も増えている。

　社会福祉の仕事は，当事者の生活を支えるだけではない。より豊かな生活を
目指して，人格の成長を促したり孤立しないよう社会とつなげたりする仕事で
もある。人々が生活する地域をよりよくすること，よりよい制度やサービスを
つくる仕事でもある。そのため社会福祉の専門職や実務者は，共通した倫理観
をもち，常に科学的根拠に基づく実践を行う必要がある。温かさや優しさだけ
ではない，人権意識をベースに客観的な根拠をもち，包括的にサービスが提供
できる専門職が求められる。

（２）直接援助とソーシャルワーク

　社会福祉分野の仕事は幅広く, 職種も広範にわたる。後述するように高齢者, 児童, 障がいなど分野ごとに分けることもできるが, 仕事内容により大きく２つに分けることができる。１つ目は当事者の生活を直接支援する仕事である。たとえば特別養護老人ホーム, 訪問介護やデイサービス（通所介護）等で介護サービスを提供する仕事, 児童養護施設や保育所で子どもたちの養育や保育を担う仕事である。もう１つは, 地域包括支援センターや児童相談所, 病院等で行われる福祉サービスを必要とする人の相談援助を主体とする仕事である。またソーシャルワークは社会福祉協議会の地域の福祉の推進など, 個人の生活支援だけではなく広く人々の暮らす環境面にも働きかける仕事でもある。

　このように仕事内容によって大きく２つに分けられはするが, 入所施設の相談員や障害福祉サービス提供事業所の支援員など, 職種によっては, 日々の直接援助の仕事を行いながら, 必要に応じて利用者や家族からの相談に応じるなど両方を担っている場合もある。

（３）社会福祉領域の国家資格

　社会福祉領域には専門職として５つの国家資格が設けられている。これらの国家資格は, 各分野で必要とされる職種の資格要件となっている。

・**社会福祉士**…ソーシャルワーカー（SW：Social Worker）の名称で呼ばれる。専門職としてのソーシャルワークの知識・技術を駆使し, 日常生活や社会生活に支援が必要な人や家族に対し, 他の専門職と協働し, 包括的な援助を行う。社会福祉士は福祉の様々な分野で, 民間・行政かかわらず相談職として, また直接援助職としても働いている。また福祉関係者だけでなく, 当事者, 住民, 行政, 企業とともにネットワークをつくり, 福祉のまちづくりを行う。業務独占ではなく名称独占の資格のため, ソーシャルワークに携わるすべての人が社会福祉士であるわけではない。しかし地域包括支援センターでは常勤の必置職員となっているように, 社会福祉士でなければできない仕事も増えている。

・**介護福祉士**…高齢や障がい等で介護を必要とする人に対し, 日常の生活を支えるための直接援助を行う専門職である。専門的な知識や技術を駆使し, 介護が必要な人がその人らしい自立した生活を送れるようにする。介護福祉士は名称独占の資格のため, 介護福祉士でなくても介護に従事することができる。しかし喀痰吸引などの行為は, 介護福祉士および一定の研修を受けた介護職員等

でなければ実施することはできない。今後ますます高齢化が進む中，介護の専門職として，社会を支える役割が期待される。

・精神保健福祉士…精神に障がいがある人の病院からの退院の支援や，退院後の地域での生活の支援を行う専門職である。社会福祉士は福祉の様々な領域で仕事をしているが，精神保健福祉士は精神障害の領域で仕事をするソーシャルワーカーである。精神保健福祉士は名称独占の資格であるが，精神科ソーシャルワーカー（PSW：Psychiatric Social Worker）や，地域の精神障害者の福祉サービスを提供している事業所の生活支援員等は，精神保健福祉士の資格が求められる。

・保育士…保護者に代わって子どもの保育を行う直接援助の専門職である。保育士は名称独占の資格であるが，保育所は保育士の資格をもつ職員が一定数確保できなければ運営することはできない。また保育所以外にも，児童養護施設や乳児院，障がい児の入所や通所施設などの社会福祉施設で保育士の資格が必要とされる。保育士は保育の専門職だけでなく，社会的養護の担い手として，また地域の子育て支援のソーシャルワーカーとしての役割が期待されている。

・保育教諭…保育士資格と幼稚園教諭免許の両方の資格をもち，幼保連携型認定こども園で働く専門職である。幼保連携型認定こども園で働くためには保育教諭の資格が必要となるが，保育士または幼稚園教諭免許どちらか片方の資格しかないものについては，経過措置として，大学等での単位取得により保育教諭の資格が得られる幼保特例制度が設けられている（2025年3月まで）。

2　社会福祉の各分野で働く専門職と実務者

（1）高齢者分野

　老人福祉法制定以降，特別養護老人ホームや養護老人ホームが設立され，特に資格のないものが入所者の介護の実務を行っていたが，介護福祉士の資格や訪問介護員養成研修（現在の介護職員初任者研修）が整備され，専門的な知識や技術をもつものが介護を行うようになった。また在宅サービスの整備とともに介護保険法が創設され，介護支援専門員（ケアマネジャー）が作成するケアプランに基づく在宅サービス・施設サービスが提供されている。介護を行う職員はケアワーカーと呼ばれ，高齢者が今後も増え続ける中，ますます必要とされている。

・**介護支援専門員**（ケアマネジャー）・**主任介護支援専門員**…介護支援専門員は，居宅介護支援事業所で要介護認定を受けた人に対し，住み慣れた地域で自立した生活を継続していけるように，介護保険の要となるケアマネジメントを行う専門職である。また介護老人福祉施設等の介護保険の施設においても，介護支援専門員の配置が義務づけられている。主任介護支援専門員は，介護支援専門員の中でも専任として5年（60か月）以上従事し，所定の研修を修了したものが認定される上級資格である。地域包括支援センターでは，主任介護支援専門員は原則として常勤の必置職員となっている。

・**ホームヘルパー**（訪問介護員）・**サービス管理責任者**…在宅の高齢者（訪問介護）や障がい者（居宅介護）を訪問して，利用者の買い物や掃除等の家事援助（生活援助），入浴介助や通院同行などの身体介護を行っている。ホームヘルパーになるためには「介護職員初任者研修」の全課程を修了し，修了試験に合格する必要がある。またその上位資格である「実務者研修」を受講し，実務を3年することで，介護福祉士の受験資格を得ることができる。訪問介護事業所にて常勤専従で働くサービス提供責任者は介護支援専門員のケアプランに基づき訪問介護計画書を作成し，訪問介護をマネジメントする役割を担っている。

・**生活相談員**・**支援相談員**…生活相談員は，特別養護老人ホーム（指定介護老人福祉施設），養護老人ホーム，デイサービスセンター（通所介護事業所）などで，主に利用者や家族の相談援助を行う職種である。支援相談員は，老人保健施設において，主に利用者や家族の相談援助を行っている。生活相談員や支援相談員は資格名称ではなく，それらの施設の指定基準に定められている職種である。社会福祉士や社会福祉主事任用資格など一定の要件に該当しないと就くことができない。

・**福祉住環境コーディネーター**…在宅で生活する高齢者や障がい者宅のバリアフリーのプラン（住宅改修）を考える資格である。1〜3級まで検定試験がある。建築業界や福祉用具メーカーで働いている。

（2）障がい分野

　障がい者福祉サービスは「支援費制度」の制定より，利用者が選択できるサービスへと移行し，障害者自立支援法にて障害種別ごとに異なっていたサービス体系が一元化された。その後障害者の日常生活及び社会生活を総合的に支援するための法律（障害者総合支援法）へと改正され，障がいのある人が地域で

自立した生活が送れるよう，障がいの程度に応じた様々なサービスが利用できるようになった。直接援助から就労や自立に向けた相談援助が行える専門的な知識や技術をもつ実務者が求められている。

・**生活支援員・就労支援員・職業支援員**…障害者支援施設や障害者福祉サービス事業を行う施設（療養介護・生活介護・自立訓練・就労移行支援・就労継続支援）において，利用者支援を行う職種の名称。それぞれ特に資格要件はないが，施設の指定基準に定められている。生活支援員は，日常の身体介護，作業の支援，レクリエーション，日常の悩みの相談，家族の支援などを主に行っている。職業支援員や就労支援員は，利用者の希望や適性に応じて，仕事の技術の指導や援助を行う。一般企業への就職を目指す利用者に対しては就職活動や就職先の開拓，職場定着支援なども行っている。

・**サービス管理責任者**…障害者支援施設や障害者福祉サービス事業を行う施設において，利用者の「個別支援計画」の作成や相談支援専門員との連絡調整，スタッフの指導を行う。障がい者の保健・医療・福祉・就労・教育の分野における直接支援・相談支援などの業務において5〜10年の実務経験をもつものが，必要な研修を受けることで従事することができる。

・**相談支援専門員**…障がい者や障がい児が住み慣れた地域で生活が継続できるように，障害支援区分の認定を受けた人に対し，相談に応じながら，「サービス等利用計画」を作成し，必要なサービス提供事業所や，施設，行政等との連絡調整を行う。相談支援専門員になるためには，障がい者の保健・医療・福祉・就労・教育の分野での相談支援・介護等の業務における3〜10年の実務経験をもつものが，相談支援従事者（初任者）研修を修了する必要がある。

・**ガイドヘルパー（移動支援従事者・移動介護従事者）**…「視覚障害者」「全身性障害者」「知的障害者」「精神障害者」の外出支援（介助）を行う。外出を支援することにより，積極的な社会参加が可能になる。視覚障害者のガイドヘルパーは「同行援護従事者」，精神障害者のガイドヘルパーは「行動援護従事者」と呼ばれる。それらの資格は障害種別に，各都道府県や政令指定都市が指定した研修を受講し，修了すると取得することができる。

・**障害者職業カウンセラー・職場適応援助者（ジョブコーチ）**…ジョブコーチは高齢・障がい・求職者雇用支援機構職員の職種の1つである。障がい者が職場に適応できるように，職場に出向き，雇用主との調整や障がい者の相談や支援を行う。ジョブコーチによる支援は，国の制度として地域障害者職業セン

ターが実施するもの，地方自治体の事業として行っているもの，民間の社会福祉法人などが独自に行っているものがあり，仕事の範囲，処遇，研修などにそれぞれ特徴や相違点がある。

・手話通訳士…手話を用いて聴覚障害者とのコミュニケーションの仲介や伝達等を図ることを仕事とする資格。手話通訳技能認定試験（手話通訳士試験）に合格すると取得することができる。

・身体障害者福祉司…身体障害者更生相談所や福祉事務所で，身体障害者に関して，また他の福祉事務所の職員に対して，技術的指導や情報提供を行う。身体障害者の相談や調査などで，専門技術が必要な仕事を行う。

・知的障害者福祉司…知的障害者更生相談所や福祉事務所で，知的障害者に関して，他の福祉事務所の職員に対して技術的指導や情報提供を行う。知的障害者の相談や調査などで，専門技術が必要な仕事を行う。

・精神保健福祉相談員…精神保健福祉センターにて，精神保健福祉に関する相談，管轄地域内の実態把握や訪問指導，家族会に対する援助や指導，教育や広報活動および協力組織の育成，関係機関との連携活動，精神障害者保健福祉手帳・自立支援医療（精神通院医療）に関する事務などを行っている。保健師または精神保健福祉士の資格が必要とされる。

（3）子ども家庭福祉分野

　少子化が進む中，子ども子育て支援をめぐる環境は大きく変化している。地域における保育のニーズは多様化し，市町村は保育所や認定こども園などのサービスの充実を進めている。また生活困窮や児童虐待により安心できる養育環境が保障されない，社会的養護が必要な子どもも増えている。地域で子どもの成長や，その保護者を支える専門的な資格をもつ実務者が求められている。

・児童指導員…児童養護施設，乳児院，障害児入所施設，児童発達支援センター，児童心理治療施設等の児童福祉施設において，保育士と共に，保護者に代わり子どもたちの援助，育成，指導を担当する。資格名称ではなく，それらの施設の職員配置基準に定められている職種であり，児童指導員任用資格がなければ就くことができない。

・児童自立支援専門員・児童生活支援員…児童自立支援施設において，非行を犯した少年や非行を犯すおそれのある少年と寝食を共にしながら生活指導を行い自立を支援する。児童自立支援専門員は，社会福祉士や養成機関を卒業した

もの等，児童生活支援員は社会福祉士など資格要件が定められている。

- **母子支援員・少年指導員**…母子生活支援施設において，母子支援員は，母親に対する就労支援や子育ての相談に応じ，少年指導員は子どもの学習指導や生活指導を行っている。母子支援員は保育士や社会福祉士，精神保健福祉士等の資格要件が求められる。少年指導員は特に要件は定められていない。
- **家庭支援専門相談員**（ファミリーソーシャルワーカー）…児童養護施設，乳児院，児童自立支援施設，児童心理治療施設等の児童福祉施設において，被虐待児の家庭復帰や里親委託ができるように相談援助を行う。家庭支援専門相談員になるためには，社会福祉士または精神保健福祉士の資格等が必要である。
- **里親支援専門相談員**（里親支援ソーシャルワーカー）…里親支援を行う児童養護施設および乳児院において，里親委託の推進および里親支援の充実を図る。社会福祉士または精神保健福祉士の資格等が必要である。
- **児童福祉司**（社会福祉主事）…児童福祉法により都道府県の設置する児童相談所に配置されている。児童の保護，その他児童の福祉に関する事項について，相談・指導などの業務を行う。児童相談所には，この他の福祉の職員として，児童指導員，保育士なども勤めている。
- **家庭児童福祉主事**…福祉事務所の家庭児童相談室で働く社会福祉主事である。家庭児童福祉に関する技術的指導および家庭児童福祉に関する福祉事務所の業務のうち専門的技術を必要とする業務を行う。
- **家庭相談員**…福祉事務所において，家庭児童福祉に関する専門的技術を必要とする相談指導業務を行う。非常勤の職員である。
- **母子・父子自立支援員**…福祉事務所において，ひとり親家庭または寡婦家庭に対し，生活一般の相談に応じ，経済的・教育など諸問題の解決を助け，その自立に必要な指導を行う。

（4）生活困窮者分野

　戦後日本は生活保護法により，生存権の保障が行われてきた。しかし生活保護受給要件は満たしていないが，最低限度の生活を維持するのが困難な人に対する生活保護に至る前段階の支援として，2015（平成27）年に生活困窮者自立支援法が制定された。

- **相談支援員**（生活困窮者自立支援事業）…生活困窮者自立支援法に基づき，仕事や生活で課題を抱える人に対し，経済的社会的自立に向けて相談に応じる。

住居の確保や就労支援などの相談にのり，具体的な支援プランを作成し，自立に向けたサポートを行う。特に資格要件はないが，実施主体によっては相談員の経験があることを求めている。

- **現業員（ケースワーカー）・査察指導員（スーパーバイザー）**…福祉事務所において，生活保護を受給する要保護者の資産，環境等を調査し，保護の必要性を判断し，本人やその世帯に対し生活指導や自立支援を行う。査察指導員は，現業員の指導監督を行う。
- **生活指導員**…生活保護法に基づく更生施設や救護施設等の入所施設で，入所者に対して，自立に向けた相談や生活指導，生活全般の介助等の直接援助を行っている。特に資格要件はないが，社会福祉士や精神保健福祉士の資格をもち働いている人も多い。

（5）地域福祉分野

　社会福祉法には，地域住民や当事者と共に，公私の社会福祉関係者が協力して地域福祉の推進を努めるように明記されている。それぞれの地域において，互いに協力しネットワークを形成し，制度の狭間にある人や孤立した住民も含めて，福祉課題の解決に取り組み，福祉コミュニティをつくることを目的としている。

　①　市区町村社会福祉協議会で働く専門職・実務者

- **コミュニティワーカー**…社会福祉協議会において，地域住民の生活課題に対し，住みやすいまちづくりを目的に，住民主体で生活課題に取り組めるようその過程を支援する専門職員である。地域住民からの相談の対応やボランティアの養成，地域課題の調査や地域のイベント企画や実施を行う。地域福祉活動コーディネーター，福祉活動専門員等の名称で呼ばれる。社会福祉主事任用資格もしくは社会福祉士の資格が求められる。
- **専門員・生活支援員（日常生活自立支援事業）**…日常生活自立支援事業における専門員（原則常勤）は，社会福祉協議会に常駐し，申請者の実態把握，支援計画作成，契約の締結，生活支援員の指導等を行う。生活支援員（非常勤）は，専門員の指示を受け具体的な援助を提供する。専門員の資格要件は，原則社会福祉士となっている。生活支援員の資格要件は特に定められていない。

　②　地域で活動している住民やボランティア

- **民生委員・児童委員**…地域住民の立場で，管轄する区域内の高齢者や障がい

者等，生活に困りごとを抱える世帯の相談活動を行っている。民生委員は厚生労働大臣から委嘱された非常勤（無給）の地方公務員である。また児童福祉法により児童委員も兼ねている。児童委員は，妊娠中の心配ごとや子育ての不安などの相談・支援等を行う。一部の児童委員は児童に関することを専門的に担当する主任児童委員の指名を受けている。

• 福祉委員…社会福祉協議会からの委嘱（無給）により，地域の福祉活動を推進する役割を担う。地域の行事に積極的に参加しながら，高齢者や障がい者，子育て世帯や困りごとのある世帯の相談支援の活動を行う。民生委員・児童委員と協力しながら活動する。

• 認知症サポーター…認知症対策「新オレンジプラン（認知症施策推進総合戦略）」の施策の１つで，認知症サポーター養成講座を受講した者に対し与えられる名称である。地域の高齢者や認知症の人々への理解や見守り，また専門機関への連絡などが期待されている。認知症サポーター養成講座の講師はキャラバンメイトと呼ばれる同養成研修を受講・修了した医療従事者や介護従事者，民生委員・行政職員等が担当し，原則ボランティアで養成講座の開催企画などを行っている。

• 子育てサポーター・子育てサポーターリーダー…地域で子育てをしている家族に対して気軽に相談やアドバイスを行うボランティアである。自治体の実施する子育てサポーター養成講座を受講することで名称が与えられる。子育てサポーターリーダーは，自治体が開催する家庭教育講座やファシリテーターの研修を受け，子育てサポーター資質の向上や関係機関との連携を果たす役割を担っている。

（6）その他の分野

　福祉の専門職・実務者は，福祉の領域だけでなく，医療，教育，司法などの分野を横断し，様々な多職種の専門家や支援者と連携・協働しながら，支援を行っている。主な多領域で働くソーシャルワーカーの職種を紹介する。

　① 医療分野

• 医療ソーシャルワーカー（MSW：Medical Social Worker）…医療機関（病院等）に所属し，患者や家族からの医療費や生活費などの経済的な問題，退院先や退院後の生活相談，入退院に関わる様々な心理的・社会的問題の相談に応じ，他職種や他機関との調整を行いながら，社会復帰支援を行っている。資格要件は

ないが，社会福祉士の資格が求められる。

・**精神科ソーシャルワーカー**（PSW：Psychiatric Social Worker）…精神科や心療内科をもつ病院や診療所で，患者に対して相談援助を行う。患者の抱える生活問題の解決のための援助や，社会参加に向けての支援活動を医師や看護師，作業療法士，心理士と連携をとりながら行う。精神保健福祉士の資格が必要である。

②　教育分野

・**スクールソーシャルワーカー**（SSW：School Social Worker）…学校や日常生活上で，様々な課題をもつ子どもと家庭に対する相談支援や学校・社会・制度等の調整を行う仕事をしている。スクールソーシャルワーカーの任用要件は市町村により違うが，社会福祉士・精神保健福祉士の資格者，その他，教育や福祉の分野において活動経験の実績等があるものが活躍している。

③　司法分野

・**福祉専門官**…刑務所などの矯正施設から出所する高齢者や障がい者に対し，再犯を防ぐことを目的に社会復帰支援を行う。刑務所を出た後の福祉サービス利用に向けて在所中から調整する役割を担っている。5年以上の相談援助経験のある社会福祉士もしくは精神保健福祉士であることが採用の条件である。

・**専門職成年後見人**（職業後見人）…判断能力が衰えた人の後見人に，親族ではなく，弁護士，司法書士，行政書士，税理士，福祉関係では社会福祉士や精神保健福祉士等の専門家がなることをいう。認知症や知的障害，精神障害のため，判断能力が不十分な高齢者や障がい者が金銭管理や身上監護などで不利益を受けないよう支援する専門職である。

④　婦人保護分野

・**婦人相談員**…都道府県婦人相談所，市福祉事務所等に所属し，要保護女子，DV被害者の相談・指導を行う。原則は非常勤の職員である。

・**生活指導員・職業指導員**…婦人保護施設において，DV被害者，売春を行うおそれのある要保護の女性に対し，社会復帰に必要な生活指導や職業指導，授産，就職指導を行う。

3　社会福祉の関連領域の主な専門職との連携と協働

　対人援助には社会福祉以外にもたくさんの資格や職種があり，専門職として

働いている。それぞれの領域があり，役割や視点は違うが，支援の目的を共有することで連携し協働している。ここでは主な社会福祉の分野で協働して働く専門職や，関連領域の職種を紹介する。

（1）保健医療領域の専門職

　病気の治療や健康の維持・管理は保健医療の専門職が担っている。福祉施設内に勤務し利用者の日常の健康管理を行っている場合もあれば，病院や診療所において，また往診や訪問サービスとして患者の治療にあたっている場合もある。高齢者や子ども，障がいのある人の健康管理は重要であることから，保健医療領域との連携は欠かすことができない。

・医師…医師法に基づき，医療，保健指導を行う。保健医療機関に勤める医師は，治療方針の決定と実際の治療を，他職種と連携しながら行っている。医師は老人保健施設や指定医療型障害児入所施設など医療法に規定されている福祉施設にも配置されている。

・看護師…医師の診療の補助，患者の療養上のケアや観察を行っている。看護師は，特別養護老人ホームや児童養護施設など常勤の医師について配置基準のない福祉施設で，利用者の健康状態の把握や医療機関との連携にあたっている。

・保健師…地域住民の健康予防や健康増進をすることを役目としている。多くの保健師は保健所で行政の公務員として働いているが，ほかに地域包括支援センターの必置の職員としても配置されており，高齢者の相談や介護予防に努めている。

・理学療法士（PT：Physical Therapist）…医師の指示のもと，高齢者や障がい者の身体機能や運動機能（歩行や起き上がりなど）の回復や維持・予防のためリハビリを行う専門職。医療機関だけでなく，老人保健施設や障害児入所施設など福祉施設や事業所に配置されている。

・作業療法士（OT：Occupational Therapist）…社会適応のための動作（食事，調理，掃除など）や細かな動作の能力回復を行うリハビリの専門職。医療機関だけでなく，高齢者，障がい者の施設や事業所に配置されている。

・言語聴覚療法士（ST：Speech-Language-Hearing Therapist）…言語能力や音声機能，聴力能力の回復のためのリハビリの専門職。言葉によるコミュニケーションの回復だけでなく，高齢者の嚥下の訓練などにも対応している。医療機関だけでなく，高齢者，障がい者の施設や事業所に配置されている。

• 義肢装具士…義肢装具は医師の処方により，手足に何らかの障がいのある人に対し，義肢装具の採型・採寸を行い，作成ならびに適合・調整を行う専門職。

• 臨床心理士…心理学などの知識に基づき，カウンセリング（心理相談）や心理療法などを行う専門職。民間の認定資格で５年ごとの資格更新制度となっている。児童相談所や児童養護施設などの児童福祉施設に心理療法担当職員として配置されている。またスクールカウンセラーの任用要件となっている。

• 公認心理師…保健医療，福祉，教育その他の分野において，心理学に関する専門的知識および技術をもって，心理に関する支援を要する者に，その心理に関する相談および助言，指導その他の援助等を行う。

• 管理栄養士・栄養士…管理栄養士は，厚生労働大臣の免許を受けた国家資格で，患者や食事がとりづらい高齢者等の個別の栄養指導や，給食管理を行っている。医療機関では，医療チームの一員として医療職種と協力し患者の治療にあたっている。栄養士は都道府県知事の免許を受けた国家資格で，主に健康な人を対象にして栄養指導や給食の運営を行う。食事を提供する福祉施設において配置され，利用者の食事の管理にあたっている。

（2）教育領域の専門職

• 特別支援学校教諭…障がいのある幼児児童生徒の支援を行う学校または教室で，生徒一人ひとりの自立や社会参加に向けた主体的な取り組みを行う。幼稚園，小学校，中学校，高等学校，いずれかの教員免許に加えて，特別支援学校教諭免許状が必要である。

• スクールカウンセラー（SC：School Counselor）…小学校，中学校，高等学校に配属されている心理学の専門相談員。生徒の不登校やいじめなどの問題の相談だけでなく，保護者や教職員の相談にも対応している。スクールカウンセラーとして働くには，精神科医や臨床心理士などの資格が必要である。

（3）司法領域の専門職

• 弁護士…弁護士法に基づき，法律の専門家として，当事者その他関係人の依頼または官公署の委嘱により，裁判時の代理人業務，交渉，法律相談などを行う。また専門職後見人として，財産管理や身上監護を担っている。

• 保護司…保護司法に基づき，刑務所からの釈放後者や少年院から出所した少年がスムーズに地域で社会生活を送れるようにサポートしている。法務大臣か

ら委嘱された非常勤の国家公務員であるが，無報酬で活動している。保護観察官と協働して保護観察にあたるほか，住居や就業先などの帰住環境の調整や相談を行っている。

- **人権擁護委員**…人権擁護委員法に基づき，人権相談や人権の考えを広める活動を行っている。法務大臣から委嘱された民間ボランティア（無報酬）である。人権擁護委員は法務局，地方法務局またはその支局内の常設相談所で，面接または電話で人権相談（無料）にのっている。また定期的に社会福祉施設を訪れ，人権尊重の重要性を訴える人権啓発活動を行うとともに，特設相談所を開設している。

（4）連携や協働における社会福祉の専門職・実務者の役割

　関連領域の他職種の紹介をしてきたが，これらはほんの一部にすぎない。格差社会，孤立社会がますます進む中，社会福祉の専門職を必要とする社会現象は増え続けている。一般の企業や外国の機関とのネットワークも必要となるだろう。多種多様な場で，柔軟に他の機関や職種と連携・協働が求められる。どのような場面でも当事者の利益となる方向で，他の専門職や地域の人的資源を理解し，協働していかなければならない。またそこから得ることができる専門的な情報はアセスメントの貴重な資源である。当事者の生活課題の解決に向けて，社会福祉の専門職は支援の要となり，それぞれの役割や責任を明確にしながら手立てを考え，実行していかなければならない。

　他職種・他機関の専門職と共に生活に困りごとを抱える人に寄り添い，社会的自立や自己実現を目指し伴走すること，また，孤立を生む社会体制のほころびに目を向け，人と人，人と社会を結び支援することが社会福祉の専門職・実務者の仕事である。

参考文献

厚生労働省（2019）「平成30年社会福祉施設等調査の概況」。

厚生労働省（2020）「平成30年介護サービス施設・事業所調査」。

全国社会福祉協議会「ふくしの仕事」（http://zseisaku.net/fukushi-shokuba/　2020年8月1日閲覧）。

中央法規出版編集部編（2019）『現代社会福祉用語の基礎知識（第13版）』中央法規出版。

山縣文治・柏女霊峰編（2013）『社会福祉用語辞典（第9版）』ミネルヴァ書房。
WAM NET（ワムネット）独立行政法人福祉医療機構（https://www.wam.go.jp/content/wamnet/pcpub/top/　2020年8月1日閲覧）。

学習課題

① 業務独占と名称独占の違いを調べてみよう。

② 社会福祉の専門職や実務者は各分野，各職場でそれぞれ業務を行っているが，業務内容は異なっていても，共通する視点や考え方がある。それはどのようなものか考えてみよう。

③ 社会福祉の現場では，無資格者も有資格者も同じ現場で働いている。資格取得をすることの意義を考えてみよう。

第12章

社会福祉におけるソーシャルワーク

社会福祉における援助実践は，相談者のよりよい生活に向けて，また，相談者の権利を護るために，何らかの困った状況の改善・解消を目指していく営みである。その際，私たちの生活を「私的なもの」としてのみ捉えるのではなく，生活を営んでいる環境や地域のあり方といった「社会的なもの」まで視野に入れた活動を行っていく。このような実践が「ソーシャルワーク」と呼ばれている。ソーシャルワークを実践するためには，相談に来た人（相談者）の抱えている問題にあわせて，専門的知識および技術を用いていくことが求められる。本章では，ソーシャルワークを実践するために求められる基礎的な知識について取り上げていく。

1 相談援助技術の体系

生活上の困難さを緩和や解消していくためには1つの方法だけではなく，状態や置かれている状況にあわせて様々な方法を用いていく必要がある。ここではソーシャルワークで用いる技術について表12-1にまとめるとともに，「直接援助技術」「間接援助技術」について詳述する。

（1）直接援助技術

「直接援助技術」の「直接」とは，利用者（個人や家族，グループメンバー）に対面して（＝直接的に）関わりながら援助を行うことを指している。直接援助技術には，①個別援助技術，②集団援助技術が含まれる。これらに加えて，介護援助技術や保育援助技術も直接援助技術に含まれている場合もある。

① 個別援助技術

個別援助技術（ソーシャル・ケースワークやケースワークともいう。以下ケース

表 12-1　相談援助技術の体系

直接援助技術	個別援助技術 （ソーシャル・ケースワーク，ケースワーク）	相談者の抱える問題に対して，個別（個人，家族など）に解決・解消を図る
	集団援助技術 （ソーシャル・グループワーク，グループワーク）	グループ（小集団）のもつ力を活用しながら，メンバーである相談者の困難さや，グループ全体が直面している問題の解決・解消を図る
間接援助技術	地域援助技術 （コミュニティ・オーガニゼーション，コミュニティワーク）	地域（コミュニティ）に発生する課題を住みよい街づくりのために地域住民が主体（主人公）となって解決できるように支援する
	社会福祉調査法 （ソーシャルワークリサーチ）	社会福祉のサービスをより効果的に提供するために必要となる基礎データを得るために行う
	社会福祉計画法 （ソーシャルプランニング）	福祉に関する計画を立てる際に活用される
	社会福祉活動法 （ソーシャルアクション）	福祉に関する制度や社会福祉サービスの改善や開発を求めて，国や地方自治体などの行政に働きかけていく
	社会福祉運営管理法 （ソーシャルアドミニストレーション）	よりよいサービス提供をするための社会福祉施設の経営や運営に関する方法
関連援助技術	ケアマネジメント	利用者の抱える生活上の問題を解決するために，必要な社会資源を一体的に結びつける
	カウンセリング	問題を抱える相談者と面接を行うことを通して，相談者が心理的に安定し，生活への適応を図ることを目指す
	ネットワーキング	所属組織や居住地域，既存組織などの差異や制約を超えて，援助活動の展開のために，動態的かつ創造的なつながりを創っていくこと
	スーパービジョン	新人や中堅の援助者に対して監督や指導，訓練を行い，専門性の向上や効果的な援助実践を目指していく
	コンサルテーション	援助者の実践活動を支援することを目的に，医師や弁護士など社会福祉とは異なる領域の専門家から助言を受けること

出所：筆者作成。

ワーク）とは，個人や家族といった相談者（利用者やクライエントともいう）に「個別」に向き合い，抱えている問題の解決・解消を図っていく方法である。

　たとえば，孤立した子育て状況に置かれている保護者へのケースワークについて考える。相談者と面接を行い，抱えている思いを聴いて受容し，これまでの経緯を確認するとともに相談者の「生活」について聴き取りを行う。「生活」には，相談者自身や家族状況だけではなく，友人，近隣住民，勤務先など相談者が個人的・私的に結んでいる関係（インフォーマルネットワークという）に加えて，保育所の利用や保健師，民生委員・児童委員といった公的サービスの利用や公的な立場の人との関わり（フォーマルネットワークという）など，支えになっている人や組織といった社会資源（生活する上で活用できるものの総称）も含まれている。相談者との継続的な面接で気持ちや状況を聴き，聴き取った情報をもとに子育てを支えるために必要なサービスや支援について相談者と共に考え，サービスや支援を実際に活用しながら相談者らしい子育てができるようにしていく。

　②　集団援助技術

　集団援助技術（ソーシャル・グループワークやグループワークともいう。以下グループワーク）とは，グループ（小集団）のもつ力（集団力学，グループダイナミクスという）を活用しながら，メンバーである相談者の困難さや，グループ全体が直面している問題の解決・解消を図っていく方法である。

　たとえば，孤立状態で子育てをしている人が同じような立場の人々とグループ活動を行うことにより，気持ちの分かち合いや，子育ての見通しをもつこと，他メンバーの工夫から自身の子育ての知恵を生み出すことができる。また自分が他メンバーにとって意味のある存在になれる可能性もある。このようにグループ活動だからこそ得られるものを活用していく。

　グループワークを展開していく際は，グループのもつ力がメンバーにプラスに働く場合だけでなく，メンバー間の関係悪化や参加できないメンバーがでてくる場合もあることを念頭に置いておく。混乱や葛藤が生じた場合，メンバー同士が話し合い，折り合いをつけていくことや新しい方法を模索するなど，グループのもつ力が各メンバーに有効に働くよう援助者はファシリテーター（活動を促進する人）として様々な側面的な支援をしていく。

（2）間接援助技術

　「間接援助技術」とは，地域（コミュニティ）などに働きかけて（＝間接的に）そこで生活する人々を援助する技術であり，①地域援助技術，②社会福祉調査法，③社会福祉計画法，④社会活動法，⑤社会福祉運営管理法が含まれる。

①　地域援助技術

　地域援助技術（コミュニティ・オーガニゼーションやコミュニティワークともいう。以下コミュニティワーク）とは，住みよい街づくりのために地域（コミュニティ）に発生する様々な課題を地域住民が主体（主人公）となって組織的に解決できるように側面的に支援していく方法である。

　コミュニティワークでは，地域で生活する中で抱える様々な生活課題を，その個人や家族だけが抱える固有な問題としてではなく，地域住民の共通的課題と捉えていく。そして，地域が組織的かつ協働的に解決できるように，社会資源の発掘・整備を行う環境づくりや，課題に対する地域住民の意識を高めて活動への参加を促進していくような働きかけを行っていく。また，社会的に孤立し，不利な状態に置かれている人々と地域とのつながりを創り出していくことも行われている。

②　社会福祉調査法

　社会福祉調査法（ソーシャルワークリサーチ）とは，地域住民が抱えている課題を明らかにするために行う調査や，既存のサービスの満足度調査など，社会福祉のサービスをより効果的に提供するために必要となる基礎データを得るために行う方法である。調査方法には，アンケート調査などの調査票（質問紙）を用いて行う「統計調査」と，調査対象者と対面して聴き取りを行う「事例調査」がある。統計調査では幅広いデータの収集が可能であり，事例調査では統計調査では把握できない深い内容のデータの収集が可能であるため，調査目的を明確にした上で，より適した方法を用いて行う。

③　社会福祉計画法

　社会福祉計画法（ソーシャルプランニング）とは，地域住民が抱える福祉ニーズに対応するための方策を実現していくために，具体的な計画を立てる際に活用される方法である。市町村が子育て支援など福祉に関する計画を立てる際にこの技術が使われる。

　地域福祉の推進のために立てられる「地域福祉計画」の策定においては，行政や社会福祉協議会だけではなく，障がいのある当事者や子育て中の人，地域

住民，福祉関係者など，地域で生活する様々な立場の人が計画策定のプロセスに参加している。また策定された計画は，5年ごとなどに評価・見直しがされ，より実効的な内容に修正される。

④　社会活動法

社会活動法（ソーシャルアクション）とは，制度や社会福祉サービスの改善や開発を求めて，国や地方自治体などの行政に働きかけていく方法である。

何らかの課題を抱えて困っている時に，既存の制度やサービスでは十分に対応できない場合や，そもそも制度やサービスがない場合がある。そのような場合，制度やサービスができることを待つのではなく，実情を訴えて社会や行政に働きかけることが求められる。わが国では障がいのある人の地域生活において当事者が支援者と共に社会や行政に働きかけて制度やサービスをつくり，充実させてきた実績がある。ビラ配りや署名運動，デモ行進などで社会へ働きかけて支援者を拡大していくことや，議会への陳情や請願などのアピールを行うことで，制度やサービスの改善および開発に結びつけていく。

⑤　社会福祉運営管理法

社会福祉運営管理法（ソーシャルアドミニストレーション）とは，社会福祉施設や機関が合理的かつ効率的，効果的に社会福祉サービスの提供ができるようにするための，社会福祉施設の経営や運営に関する方法である。広い意味では，国や自治体の社会福祉行政，制度の運営管理を含んでいる。

社会福祉施設や機関が利用者によりよいサービスを提供するためには，財源や専門職の確保，職員研修や適切な労務管理，施設や設備の整備，法令遵守（コンプライアンス）も考慮した運営管理が求められる。またサービスの質向上のためには，施設の理念を明示した上で，計画に基づいた運営を行い，振り返りをしながら運営や支援方法・内容を見直し，改善に努めることが求められている。今日，情報提供・開示や第三者評価，苦情解決の仕組みなど，開かれた運営管理が求められている。

（3）関連援助技術

ソーシャルワークにおける援助の質を高めるための関連分野の技術を総称して「関連援助技術」としてまとめられている。関連援助技術には，ケアマネジメントやカウンセリング，ネットワーキング，実践を支えるためのスーパービジョンやコンサルテーションがある。

2　援助の過程・プロセス

　援助者は利用者とパートナーシップ関係のもと協働作業として援助の過程・プロセスを図12-1のように進めていく。

（1）ケースの発見，受理面接（インテーク）

　ソーシャルワークのプロセスは援助者（ソーシャルワーカー。以下ワーカー）と利用者（以下クライエント）との出会い（＝ケースの発見）からはじまる。クライエント自らが相談機関に来る場合もあれば，ワーカーがクライエントの抱える問題状況を発見する場合もある。ワーカーが地域に出向きクライエントを発見し，支援に結びつけていくアウトリーチも重要である。

　援助が開始される段階をインテークという。インテークでは，①クライエントがワーカーに何を相談したいのか伝える（主訴（問題の要点）を提示する），②ワーカーができる援助について伝える（所属機関の機能について説明する），③クライエントが抱える問題の解決に向けて協同で行うかどうか確認する（契約をする）といった取り組みが行われる。この段階では，協働作業に向けてワーカーとクライエントの間で信頼関係（ラポール）を形成することが重要であるため，クライエントの話にしっかり耳を傾けること（傾聴），クライエントが抱える問題を簡単に類型化して捉えるのではなく「個別化」すること，緊急性の検討を行うことなどが重要である。

（2）事前評価（アセスメント）

　アセスメントは，問題把握を行い，ニーズを確定し，支援目標・標的の設定をしていく段階である。問題把握のためには必要な情報収集を行う。援助においては「状況の中の人」としてクライエントを捉え，「人」（身体的状況，心理的・情緒的側面，家族関係や人間関係の状況など）や，生活している「環境」（住まいの状況，経済的状況，利用しているサービスや関係機関の有無など）に加えて，「人」と「環境」がどのように影響し合っているのかという交互作用についても焦点を当てて，問題の把握を行っていく。インテーク段階で聴くクライエントの主訴は希望や要求という形で表明されることが多いため，表明された希望や要求と情報収集内容をもとに問題を把握した上で，ワーカーが所属している

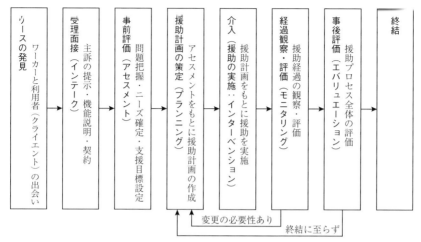

図12-1　援助の過程・プロセス

出所：筆者作成。

機関で対応可能な支援も踏まえつつ，解決する問題として専門的援助の必要性（ニーズ）を確定していく。

　支援目標・標的の設定のために，クライエントとの面談を行うなど，さらに詳細な情報収集を行いながら，集めた情報について今起こっていること，原因，クライエントの対処能力や強さ，どのようなニーズを満たす必要があるのかなどの視点でまとめつつ分析を行い，全体の状況を明らかにしていく。明らかになった全体の状況をもとに，援助の最終的な目標（ゴール）を明確にするとともに，「誰が何をするか」「どの社会資源をどのように活用していくか」というような，目標達成のための小さな目標（標的）を明確にしていく。

　アセスメント作業はクライエントも参加して行うことが求められる。また，できない・できていないことばかりに着目するのではなく，クライエントや環境がもつ力にも目を配り（ストレングス視点），もっている力を伸ばすことやクライエント自身が力づいていくこと（エンパワメント）も含めてアセスメントを行うことが重要である。

（3）援助計画の作成（プランニング）

　アセスメント結果をもとに援助計画を作成する。援助計画の作成段階では，アセスメントで明確にした援助の目標や標的について，クライエントや環境が

もつ力の活用や活用方法がまず検討される。そこで不足するものに対して，社会資源の活用と活用方法の検討を行っていく。新しく活用する社会資源によって，クライエントや環境がもつ力に悪影響が及ぼされないことを確認しながら，クライエントの抱える問題が解決し，よりよい方向へ進めるように援助計画を作成する。援助計画の作成の際，多（他）職種との連携が必要な場合など，ケース検討会やケース会議が開かれる場合もある。

（4）介入（支援の実施：インターベンション），経過の観察・評価（モニタリング）

　作成された援助計画をもとに支援を実施する。実施には，クライエントとの面談やクライエントと社会資源をつないでいくなどのクライエントと直接関わる側面と，クライエントの周りの人や地域機関など社会資源に働きかける側面がある。

　支援開始後，援助計画に基づいた支援が的確に進んでいるか，状況に変化がないか，問題が発生していないかなど，援助経過の観察・評価を行うとともに，サービスの実施状況に関する確認を行う。この段階をモニタリングという。モニタリングの結果，何らかの不都合や援助計画に変更の必要性が確認された場合，再度アセスメントを行い，援助計画の作成を行う。

（5）事後評価（エバリュエーション），終結

　事後評価とは，実施された支援の適切さや，支援結果について効果測定などを行うことを通して，援助プロセス全体を評価することである。事後評価にクライエントが参加することによって，クライエント自身が取り組みを再確認でき，自信につなげることもできる。

　事後評価において問題が解決した場合や，問題は残ってはいるがクライエント自身が対応できるようになっていることが確認された場合に終結に至る。終結に至らない場合は援助計画の作成に戻る。終結に向かう際は，クライエントにも終結に向けた意識づけを行っていくことや，終結後も何か困ったことがあれば相談可能であることも確認しておく。

3　相談援助の展開

（1）ジェネラリスト・ソーシャルワークの必要性

　相談者の生活上の問題を解決するためには，相談者自身や家族，相談者が所属するグループに加えて，家族が勤務している会社やきょうだいの友人関係など，直接的ではないものの相談者に影響を与える領域や地域社会にも働きかけることが必要になってくる。すなわち，個人，家族といったミクロレベルから，グループや組織，地域住民といったメゾレベル，個人が間接的に影響を受けるエクソレベル，地域社会や政策といったマクロレベルに至るまで幅広いレベルへの働きかけが必要となってくる。これまでの援助では，ミクロレベルはケースワーク，メゾレベルはグループワーク，地域社会や政策はコミュニティワークなど，実践レベルごとに方法が分けられて実践されることが多かった。また専門性の確立を目指す中で，1つの専門領域の実践に特化したソーシャルワーク（スペシフィック・ソーシャルワーク）が重視されてきた流れもあった。しかし，生活上の困難さを解消していくために，様々なレベルへの支援を包括的に行う必要性がいわれるようになり，領域特定的なスペシフィック・ソーシャルワークではなく，包括的（ジェネラル）なソーシャルワーク実践が重視されるようになった。

　このような背景のもと，個人，グループ，コミュニティ等を分断せず，「状況の中の人」への支援として，ケースワーク，グループワーク，コミュニティワークの主要な援助方法の統合化が目指され，ジェネラリスト・ソーシャルワークとして体系化された。ジェネラリスト・ソーシャルワークとは，ケースワーク，グループワーク，コミュニティワークの3方法を融合し一体のものとして捉え，ソーシャルワークの価値に基礎を置きつつ，個人と環境の関係性や人間理解，問題の把握，問題解決の方法といった共通基盤をもとに実践するものであり，複雑かつ多様化した生活問題に対して，多様な展開と多方面に機能を発揮することを目指すソーシャルワークである。

　なお，福祉事務所や児童相談所，地域包括支援センター，社会福祉協議会など地域にある相談機関で実践されているソーシャルワークはフィールド・ソーシャルワーク，居住サービスを提供している施設で実践されているソーシャルワークはレジデンシャル・ソーシャルワークといわれている。

（2）ソーシャルワーク実践の展開に向けて

　今後さらに進んでいく高齢化社会に向けて，高齢者が尊厳を保持しつつ，可能な限り住み慣れた地域で社会参加しながら包括的な支援やサービス（地域包括ケア）を受けて，自分らしい暮らしを人生の最期まで続けることができるようになることの重要性がいわれている。また，障がいのある人が地域から排除されることなく自分らしい生活を送ることは社会福祉実践の目標の1つである。誰もが生活者として地域で“当たり前”に暮らしていけるように，必要な支援やサービスを包括的かつ継続的に受けていくことのできる仕組みが今後さらに必要になってくる。このような地域包括ケアを提供するために，先述したジェネラリスト・ソーシャルワークの実践が求められている。そして地域生活を支えていくためには社会福祉に関する専門職だけではなく，医療や教育などの多職種協働による支援も今後ますます求められている。

　注

(1)　介護福祉領域において利用者の日常生活動作を補う行為（介護）だけではなく，利用者の生活全体を視野に入れたケアを実践していることから，ソーシャルワークの一技術として介護援助技術を位置づけようとする議論もある。八木裕子（2012）「介護福祉士と社会福祉援助技術の概念に関する諸説の検討」『広島国際大学医療福祉学科紀要』8，41〜62頁に詳しい。また楪原直美（2013）「保育相談援助の方法と技術」西尾勇吾監修／立花直樹・安田誠人編『保育現場で役立つ相談援助・相談支援』晃洋書房，73〜81頁では直接援助技術に介護援助技術と保育援助技術を含めて整理している。

(2)　バイスティック（F. P. Biestek）がまとめた7原則の1つに，クライエントを個人として捉える「個別化」の原則が挙げられている。その他の原則として，意図的な感情の表出（クライエントの感情表現を大切にする），統制された情緒的関与（援助者は自分の感情を自覚して吟味する），受容（受けとめる），非審判的態度（クライエントを一方的に非難しない），クライエントの自己決定（クライエントの自己決定を促して尊重する），秘密保持（秘密を保持して信頼感を醸成する）がある。Biestek, F. P. (1957) *The Casework Relationship,* Loyola University Press（＝2006，尾崎新・福田俊子・原田和幸訳『ケースワークの原則・新訳改訂版——援助関係を形成する技術』誠信書房）を参照。

参考文献

稲沢公一・岩崎晋也（2014）『社会福祉をつかむ（改訂版)』有斐閣。

岩田正巳・上野谷加代子・藤村正行（2013）『ウェルビーイング・タウン社会福祉入門（改訂版)』有斐閣。

岡田忠克編著（2012）『図表で読み解く社会福祉入門』ミネルヴァ書房。

社会福祉士養成講座編集委員会編（2010）『新・社会福祉士養成講座6　相談援助の基盤と専門職（第2版)』中央法規出版。

社会福祉士養成講座編集委員会編（2010）『新・社会福祉士養成講座7　相談援助の理論と方法I（第2版)』中央法規出版。

社会福祉士養成講座編集委員会編（2010）『新・社会福祉士養成講座8　相談援助の理論と方法II（第2版)』中央法規出版。

中村剛（2010）「社会福祉施設におけるソーシャルワークの理論的枠組みと実践──ジェネラリスト・ソーシャルワークを基盤とした理論的枠組みと実践」『関西福祉大学社会福祉学部研究紀要』14（1），79〜86頁。

中村剛（2011）「ソーシャルワーク実習プログラム試論」『関西福祉大学社会福祉学部研究紀要』15（1），37〜47頁。

平岡幸一・杉野昭博・所道彦・鎮目真人（2011）『社会福祉学』有斐閣。

山辺朗子（2011）『ジェネラリスト・ソーシャルワークの基盤と展開──総合的包括的な支援の確立に向けて』ミネルヴァ書房。

Kemp, S. P., Whittaker, J. K. & Tracy, E. M. (1997) *Person-environment practice : the social ecology of interpersonal helping*, Aldine de Gruyter, a Division of Walter de Gruyter Inc.（＝2000，横山穣・北島英治・久保美紀・湯浅典人・石河久美子訳『人−環境のソーシャルワーク実践──対人援助の社会生態学』川島書店。）

学習課題

①　あなたの住んでいる地域の中で，どこで・どのようなソーシャルワークが実践されているか調べてみましょう。

②　自分自身にとっての「ミクロレベル」「メゾレベル」「エクソレベル」「マクロレベル」に何が含まれるか整理してみましょう。

第13章

評価制度・権利擁護制度と苦情解決

　社会福祉基礎構造改革で検討された結果，社会福祉サービスは措置制度から契約制度へと移行され，2000（平成12）年に社会福祉事業法が改正されて社会福祉法が制定された。措置制度では社会福祉サービスを利用する際に，行政機関が審査して行政処分として措置をしていたが，契約制度に移行されたことによって利用者が主体となって事業所を選択し，事業所と直接契約して福祉サービスを利用することになった。

　本章では社会福祉サービス提供者が自己点検をし，第三者評価を受けることでサービスの質を上げる第三者評価事業と，社会福祉サービスの利用者が不利益を被ることのないように，利用者の権利侵害を予防し利用者の自己決定を尊重しながら適切な福祉サービスを利用することを可能にするための利用者保護制度としての成年後見制度や日常生活自立支援事業，苦情解決制度について解説する。

1　福祉サービス利用者保護（支援）制度

（1）福祉サービスと契約制度

　第二次世界大戦後，わが国の社会福祉サービスの提供体制については措置制度を中心に社会福祉の仕組みが整備されていった。措置制度とは行政側が法令に基づいて利用者側のサービス利用要件を判断し，その要件が満たされる場合に行政処分という形で福祉サービスを提供する仕組みである。この措置制度では公的責任がある程度明確な形で公平な福祉サービスの提供が行われてきた。しかし，利用者側が社会福祉サービスを提供する施設（事業所）や希望するサービスを選択できず，利用者の意思が尊重されないという問題点が指摘されてきた。

　1990年代後半にはこうした問題点解消のために社会福祉基礎構造改革が行われた。社会福祉基礎構造改革では改革の方向として，個人の自立を基本とし，その選択を尊重した制度の確立や質の高い福祉サービスの拡充，地域での生活を総合的に支援するための地域福祉の充実が掲げられた。そして，個人が尊厳をもってその人らしい自立した生活が送れるよう支えるという社会福祉の理念に基づいて改革を推進するために，2000（平成12）年に社会福祉事業法が改正されて社会福祉法が制定された。この結果，社会福祉サービスの利用は行政機関による措置制度から利用者の自己責任によって事業所と契約する契約制度へと移行された。

（2）契約制度と利用者保護（支援）制度

　社会福祉基礎構造改革の理念は，個人の尊厳に由来する自由意思を尊重し，利用者の主体的選択と自己決定に基づいて福祉サービスを受けるという利用者本位の社会福祉制度を構築することである。利用者が事業者と対等な関係に基づきサービスを選択する利用制度への転換が図られたことによって利用者の立場に立った社会福祉制度の構築が必要となり，2000（平成12）年に制定された社会福祉法に利用者保護のための制度が規定された。

　しかし，福祉サービス利用者の中には，認知症や知的障害，精神障害等で，自分に必要な福祉サービスを利用できない人もいる。また，金銭を管理することが困難なため，多くの生活課題が生じることもある。そこで，判断能力が不十分な人が福祉サービスを利用するための支援制度が利用者の権利擁護のために必要となり，利用者保護（支援）制度として成年後見制度と福祉サービス利用援助事業，苦情解決制度のほか，適切なサービス利用のための情報提供のあり方や第三者評価制度などが社会福祉法に規定された。

2　利用者への情報提供とサービス評価

（1）利用者への情報提供

①　情報提供の目的

　利用者がサービス提供者との対等な関係に基づいて契約を可能にするには選択材料が必要である。そのためには，事業所は利用者が適正かつ円滑にサービスを利用できるように情報を提供しなければならない。これを実現するために，

事業所と国，地方公共団体による情報供給体制の整備がされている。

②　福祉サービス提供者による情報提供

　福祉サービスに関わる情報提供は，契約の当事者である事業所から利用者に対して行われるものである。社会福祉法では，事業所に対して経営に関する情報提供（第75条），利用申請時における契約内容等の説明（第76条），利用契約成立時の書面（重要事項説明書）の交付（第77条）を要請している。なお，経営に関する情報提供と利用申請時の説明は努力義務であるが，契約時の書面交付は必ず実施しなければならない。また，利用者の理解や判断を誤らせるような事実に反する誇大広告を禁止して情報の適正化を図っている。

③　児童福祉分野での情報提供

　児童福祉の分野での情報提供は，1997（平成 9 ）年の児童福祉法の改正時に，保育所の入所の仕組みを措置から選択利用方式（行政との契約方式）に移行したことによって，利用者が選択に必要な情報を市町村が提供することを義務化したことからはじまった。児童福祉法では，市町村は，子育て支援事業に関し必要な情報の収集および提供を行うとともに，保護者から求めがあった時は，当該保護者の希望，その児童の養育の状況，当該児童に必要な支援の内容その他の事情を勘案し，当該保護者が最も適切な子育て支援事業の利用ができるよう，相談に応じ，必要な助言を行うと定められている（第21条の11）。

④　子ども・子育て支援新制度での情報公開

　2012（平成24）年に子ども・子育て支援関連 3 法が成立して，これに基づく子ども・子育て支援新制度（以下新制度）がはじまった。新制度では，幼児期の教育・保育の総合的な提供や地域での子育て支援の充実や待機児童対策の推進を目指している。そして，子ども・子育て支援法では情報提供について，施設・事業の透明性を高めて教育・保育の質を向上させるために，保育等の提供者に対して，教育・保育の提供を開始する際などには，提供する教育や保育に係る情報を都道府県知事に報告することが義務づけられた（第58条第 1 項）。そして，報告を受けた都道府県は，その報告された内容を公表しなければならないとされた（第58条第 2 項）。

（2）福祉サービスの評価

①　福祉サービス評価の目的

　利用者が福祉サービスを利用するにあたり，当然のことながら利用者に提供

されるサービスがよりよいものであることが望まれる。しかし，措置制度のもとにおいては，行政によって行われる指導監査（行政監査）で最低基準を守っているかという確認が行われてきた経緯があったので，福祉サービス提供の質は利用者が求めるものとかけ離れていた。このような現状から，社会福祉法第3条では，福祉サービスの基本理念として，提供されるサービスは「良質かつ適切なものでなければならない」と，そのサービスの質について言及するとともに，第78条第1項では，社会福祉事業の経営者に対して，まず自ら提供する福祉サービスの評価を行い，福祉サービスの質の向上に向けて努力することを義務づけた。つまり，それぞれのサービス提供者が利用者からのアンケート調査や意見聴取を通して，また，職員会議や職員研修等の機会を利用して，サービス提供の中身を継続的に振り返りながら問題を発見し，それを自主的に改善していくことを通して，サービスの向上を図ることが求められた。

　同法第78条第2項では，国にも福祉サービスの質の向上のために，福祉サービスの質の「公正かつ適切な評価」を行うように努めることが求められた。これは，福祉サービス提供者による自己評価だけではどうしても主観的になりがちであることから，中立公平な第三者機関による客観的なサービスの質の評価（第三者評価）が必要であるとしている。

　第三者評価ではその結果をサービス改善につなげるだけではなく，評価結果を公表することで，利用者のサービス選択を行うための貴重な情報として活用されることも意図されている。

②　福祉サービス第三者評価事業

　社会福祉法では，社会福祉事業経営者に対して，自ら提供するサービスを自己評価するように促しているとともに，国に対しても公正かつ適切なサービス評価を実施するために第三者評価を要請している。国の福祉サービス第三者評価事業は，福祉サービス提供者が事業運営の具体的な問題点を把握し，サービスの質の向上に結びつけるとともに，利用者が適正にサービス選択を行うための情報提供も目的としている。

　第三者評価事業は全国推進組織と都道府県推進組織を設置して一体的に実施する体制が整備されている（図13-1）。全国社会福祉協議会を全国推進組織に位置づけ，その中に評価事業普及協議会と評価基準等委員会を設置して，第三者評価ガイドラインの策定や更新，事業の普及，啓発等を行う。都道府県推進組織内には，第三者評価機関認証委員会と第三者評価基準等委員会を設置して，

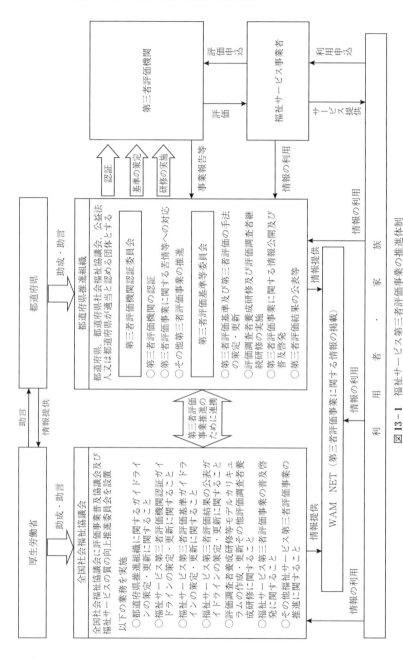

図13-1　福祉サービス第三者評価事業の推進体制

出所：全国社会福祉協議会ホームページ「第三者評価事業について」（http://shakyo-hyoka.net/evaluation/ 2021年1月10日閲覧）。

評価基準の策定や評価機関の認証，評価調査者の養成，評価結果の公表等を行う。こうした体制を整えた上で，具体的な評価作業は都道府県推進組織から認証を受けた第三者評価機関が福祉サービス提供者からの依頼に基づき行うことになっている。

評価は一般的に，①サービス提供者と評価機関の契約の締結→②事前評価（自己評価，利用者評価）実施→③訪問調査（第三者評価機関による調査）実施→④調査結果の通知→⑤質問，異議申し立て→⑥評価結果の決定→⑦評価結果の公表→⑧改善計画の作成の順序で実施される。

③　児童福祉施設の第三者評価事業評価基準

2002（平成14）年に児童福祉施設における第三者評価事業の指針が通知されたことからはじまり，2005（平成17）年には保育所版の福祉サービス全般にわたる第三者評価基準ガイドラインが通知された。また，保育所を含む福祉サービス全般にわたる第三者評価事業に関しては，2014（平成26）年の福祉サービス第三者評価事業に関する指針についての全部改正で通知された。これらをまとめたものが表13-1である。

社会的養護関係施設は措置制度であり，児童相談所が児童福祉入所措置で子どもを児童養護施設等へ入所させる仕組みである。施設長による親権代行規定もあるほか，被虐待児が入所児童の5割以上を占めるようになり治療的な関わりが必要になったので，施設運営の質の向上が必要であることから，2012（平成24）年に利用者評価実施とともに，毎年の自己評価と3年に1度以上の第三者評価を受審することが義務づけられた。そして，第三者評価の結果は，全国推進組織が評価機関からの報告を受けて公表することとなった。

3　利用者の権利擁護と苦情解決

（1）権利擁護の目的

福祉サービス利用者の中には，認知症や知的障害，精神障害等で，自分に必要な福祉サービスを利用できない人もいる。また，金銭を管理することが困難なため，多くの生活課題が生じることもある。そこで，判断能力が不十分な人が福祉サービスを利用する支援や金銭（財産）管理を行う必要が生じる。このような人の権利を擁護する制度が日常生活自立支援事業と成年後見制度である。

表13-1　第三者評価共通評価基準（児童養護施設）

Ⅰ　養育・支援の基本方針と組織
Ⅰ-1　理念・基本方針
Ⅰ-2　経営状況の把握
Ⅰ-3　事業計画の策定
Ⅰ-4　養育・支援の質の向上への組織的・計画的な取組
Ⅱ　施設の運営管理
Ⅱ-1　施設長の責任とリーダーシップ
Ⅱ-2　福祉人材の確保・育成
Ⅱ-3　運営の透明性の確保
Ⅱ-4　地域との交流，地域貢献
Ⅲ　適切な養育・支援の実施
Ⅲ-1　子ども本位の養育・支援
Ⅲ-1-(1)　子どもを尊重する姿勢が明示されている。
Ⅲ-1-(2)　養育・支援の実施に関する説明と同意（自己決定）が適切に行われている。
Ⅲ-1-(3)　子どもの満足の向上に努めている。
Ⅲ-1-(4)　子どもが意見等を述べやすい体制が確保されている。
Ⅲ-1-(5)　安心・安全な養育・支援の実施のための組織的な取組が行われている。
Ⅲ-2　養育・支援の質の確保
Ⅲ-2-(1)　養育・支援の標準的な実施方法が確立している。
Ⅲ-2-(2)　適切なアセスメントにより自立支援計画が策定されている。
Ⅲ-2-(3)　養育・支援の実施の記録が適切に行われている。

出所：全国社会福祉協議会「社会的養護施設第三者評価事業　評価基準について」（http://shakyo-hyoka.net/social4/　2021年1月10日閲覧）より筆者作成。

（2）日常生活自立支援事業

　日常生活自立支援事業で受けられるサービスには，基本サービスとして，福祉サービスに関する情報提供や利用契約の手続きを行う福祉サービス利用援助や福祉サービスの利用料や公共料金の支払い，日常生活に必要な預貯金の引き出し・入金等を行う日常的な金銭管理サービス，年金証書，預金通帳，印鑑，権利証を預かる書類等の預かりサービスがある（表13-2）。

　この制度は厚生労働省が所管しており，実施主体は都道府県・指定都市の社会福祉協議会である。利用者が居住している社会福祉協議会に申し込むと専門員が利用者の自宅等を訪問調査し，利用者の意思を確認しながら支援計画を策定して契約を結ぶ。その後は，支援計画に基づき生活支援員によって援助が実施される。

表13-2　日常生活自立支援事業の支援内容

> 「福祉サービス利用援助」
> ・様々な福祉サービスの利用に関する情報の提供，相談。
> ・福祉サービスの利用における申し込み，契約の代行，代理。
> ・入所，入院している施設や病院のサービスや利用に関する相談。
> ・福祉サービスに関する苦情解決制度の利用手続きの支援。
> 「日常金銭管理サービス」
> ・福祉サービスの利用料金の支払い代行。　・病院への医療費の支払いの手続き。
> ・年金や福祉手当の受領に必要な手続き。　・預金の出し入れ，また預金の解約の手続き。
> ・税金や社会保険料，電気，ガス，水道等の公共料金の支払いの手続き。
> ・日用品購入の代金支払いの手続き。
> 「書類などの預かりサービス」
> ・住宅改造や居住家屋の賃借に関する情報提供，相談。　・住民票の届け出等に関する手続き。
> ・商品購入に関する簡易な苦情処理制度（クーリング・オフ制度等）の利用手続き。
> ・保管を希望される通帳やハンコ，証書などの書類。

出所：ここが知りたい日常生活自立支援事業「なるほど質問箱」全国社会福祉協議会パンフレットを参考に筆者作成。

（3）成年後見制度

　認知症，知的障害，精神障害などの理由で判断能力が不十分になった時に保護や支援をしてもらう制度である。具体的には，不動産や預貯金などの財産を管理したり，身のまわりの世話のために介護などのサービスや施設への入所に関する契約を結んだり，遺産分割の協議等を代行してもらうものである。成年後見制度における支援は，本人の法律行為に関わるものに限られており，食事の世話や介護は含まれていない。

　成年後見制度は「後見」「保佐」「補助」の3種類ある。後見は判断能力が常に欠けているのが通常である人への支援，保佐は判断能力が著しく不十分な人への支援，補助は判断能力が不十分な人への支援である。それぞれの支援者として後見人，保佐人，補助人が選任され，利用者の自己決定を尊重しながら，本人に代わって契約や手続きに関する支援をする。

　この制度を所管しているのは法務省である。法定後見制度を利用するには利用者が居住している家庭裁判所において，上記の3種類の中で利用を希望するものについて申し立てを行う。申し立てができるのは，本人，配偶者，四親等以内の親族，市町村長に限られている。申し立て後，家庭裁判所からの調査や審問，鑑定を経て，最も適任と思われる人物が選任され，それに不服がなければ成年後見の登記がされ，支援がはじまる。

4　苦情解決制度

（1）苦情解決制度の目的

　苦情解決制度は福祉サービス利用者から苦情を聞き，解決方法を検討して，サービスの質を向上させながら利用者の満足度を高めるためにある。また，事業運営の透明性を確保することなどを目的としている。そして，苦情解決には，福祉サービス提供者による苦情解決と運営適正化委員会による苦情解決がある。

（2）福祉サービス提供者による苦情解決

　苦情解決制度では苦情受付の窓口を設置し，苦情解決責任者・苦情受付担当者・第三者委員を置くことになっている。苦情解決責任者（施設長等）と苦情受付担当者（職員複数）は施設職員で構成し，第三者委員は苦情解決能力のある職員以外の福祉関係者や弁護士等に依頼することになっている。苦情解決の手順は図13-2のとおりである。

図13-2　苦情解決の手順

出所：筆者作成。

（3）運営適正化委員会による苦情解決

　福祉サービス提供者と利用者の話し合いで，利用者の苦情が解決できない時は，都道府県社会福祉協議会に設置されている運営適正化委員会が苦情解決の役割を担うことになる。なお，相談や助言の過程で利用者に虐待行為等の重大な人権侵害があった場合は，都道府県知事への速やかな通知義務（図13-3）が課せられている。

5　権利擁護と苦情解決・評価制度の課題

　2000（平成12）年に社会福祉法が制定され，利用者が事業者を選択して契約することによって福祉サービスを利用することになったので，利用者が不利益を被ることのないように利用者保護制度や苦情解決制度が導入された。しかし，

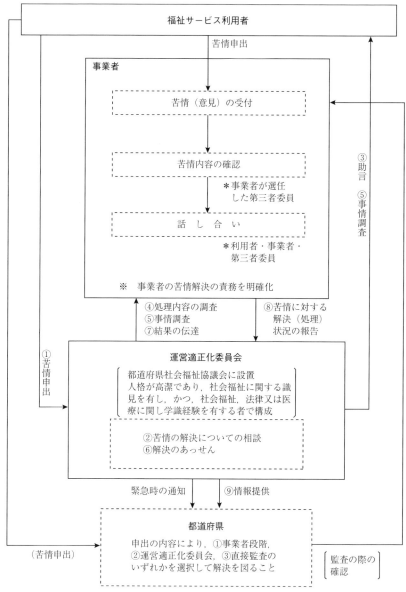

図 13-3 福祉サービスに関する苦情解決の仕組みの概要図

出所：社会保障審議会福祉部会第9回資料2「社会福祉事業及び社会福祉法人について（参考資料）」
（https://www.mhlw.go.jp/shingi/2004/04/s0420-6b1-3.html　2021年1月10日閲覧）。

利用者に対してサービス提供者が虐待する施設内虐待や利用者の財産を横領する事件が報道されることがある。利用者の権利を擁護するために新たな法改正や制度改正を検討する必要がある。さらに，福祉サービス提供者に対して人権侵害を防止するための研修や資格を更新するための仕組みを早急につくらなければならない。

　第三者評価事業を受審する事業所が年々減少している。事業所が自己点検をし，第三者評価事業を受審してサービスの質を向上させるために，社会的養護系施設のように第三者評価を3年に1度以上受審することを義務づける必要がある。

参考文献

相澤讓治編（2015）『七訂 保育士をめざすひとの社会福祉』みらい。

公益財団法人児童育成協会監修／松原康雄・圷洋一・金子充編（2015）『社会福祉 基本保育シリーズ④　社会福祉』中央法規出版。

新保育士養成講座編纂委員会編（2011）『新保育士養成講座　第4巻　社会福祉／社会福祉と相談援助』社会福祉法人全国社会福祉協議会。

学習課題

①　第三者評価共通評価基準を詳しく調べてみよう。

②　なぜ社会福祉基礎構造改革が必要だったのか考えてみよう。

第Ⅱ部

社会福祉の現状と諸課題

第 14 章

貧困・差別や孤立に対応する地域ネットワーク構築

　近年の高齢者の孤立死や児童虐待，育児放棄，ひきこもり，ニート，DV などの深刻な社会問題は，身近な相談相手の欠如など地域や家族内での孤立化が要因の1つとみられている。わが国の孤立問題の特徴は，高齢者のみならず，若者，子育て中の親子，中高年層にまでと全年齢層に広がりをみせている。また被災者や障がいを抱える人とその家族や介護者にもおよぶ等，支援の対象が多領域にわたることである。孤立や貧困はだれにでも起こり得る社会全体の問題として受け止める必要がある。

　本章では，差別や孤立，貧困の現状や取り組み，とりわけ深刻である子どもの貧困について概観しながら，地域ネットワークの構築方法について検討し，今後の課題について考察する。

1　地域における孤立の現状

（1）孤立とは何か

　社会的孤立（social isolation）とは何か，孤立という概念が中心に据えられた研究のはじまりは，イギリスのタウンゼント（P. Townsend）の調査研究からといえよう。タウンゼントは，「孤独（loneliness）」と「社会的孤立（social isolation）」を区別している。孤独とは，「仲間付き合いの欠如，あるいは喪失による好ましからざる感じ（unwelcome feeling）を持つこと」であるのに対し，社会的孤立とは「家族やコミュニティとほとんど接触がないということ」とする。ここで孤独は主観的なもので，社会的孤立は客観的である。同時に，タウンゼントは社会的孤立状態にある人と貧困との関わりを捉え，「社会的にも経済的にももっとも貧しい人びとは，家庭生活からもっとも孤立した人びと」であると述べている。[(1)]

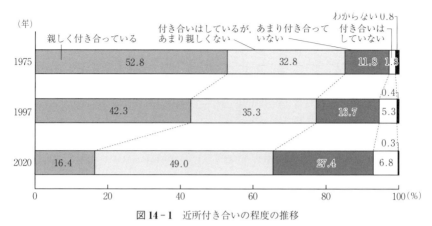

図14-1 近所付き合いの程度の推移

注：1997年調査までは、「近所付き合いをどの程度しているか」という問いに対し回答した人の割合。
2020年調査では、「地域での付き合いをどの程度しているか」の質問に対して、左からそれぞれ「よく付き合っている」「ある程度付き合っている」「あまり付き合っていない」「全く付き合っていない」「わからない」と回答した人の割合となっている。回答者は全国の20歳以上の者（2020年度は18歳以上の者）。
出所：内閣府「社会意識に関する世論調査」（1975年，1997年，2020年）より筆者作成。

　つまり、孤立は貧困と切っても切り離すことができず、貧困が孤立を生み出すといっても過言ではない。たとえば、家計が苦しくなって交際費が縮小すると、親族ネットワーク、地域ネットワークの希薄化が進み、場合によってはそうした関係が切れてしまうことも意味する。関係が切れると孤立化がもたらされ、その人の問題は親族にも地域にも友人にもわからないという状態を生み、問題が潜在化・深刻化する。

（2）わが国における孤立の現状
　現代は、少子高齢化の進行、核家族化や単身世帯の増加、ひきこもりなど家族内の紐帯の弱まり、非正規雇用の増加、若年層の雇用情勢の悪化や過疎化、マンション居住など居住形態の変化により、家族内や地域でのつながりが希薄化している。
　内閣府の調査において、近所付き合いをどの程度しているか尋ねた結果、「親しく付き合っている」が1975（昭和50）年には52.8％と半数を超えていたが、1997（平成9）年には42.3％となり、さらに2020（令和2）年には16.4％と大幅に減少している（図14-1）。

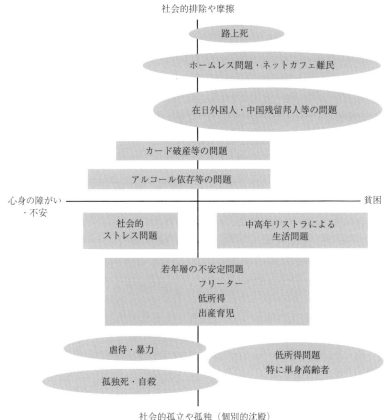

社会的排除や摩擦

路上死

ホームレス問題・ネットカフェ難民

在日外国人・中国残留邦人等の問題

カード破産等の問題

アルコール依存等の問題

心身の障がい　　　　　　　　　　　　　　　　　　　　貧困
　・不安

社会的
ストレス問題

中高年リストラによる
生活問題

若年層の不安定問題
フリーター
低所得
出産育児

虐待・暴力

低所得問題
特に単身高齢者

孤独死・自殺

社会的孤立や孤独（個別的沈殿）

図 14 - 2　現代社会の社会福祉の諸問題

注：横軸は貧困と，心身の障がい・不安に基づく問題を示すが，縦軸はこれを現代社会との関連
　　でみた問題性を示したもの。各問題は，相互に関連し合っている。
出所：「社会的な援護を要する人々に対する社会福祉のあり方に関する検討会」報告書（2000年）
　　を一部改変。

　1990年代に入って孤立死・餓死事件が急増し，貧困・孤立問題が注目される
ようになった。わが国の福祉の仕組みは申請主義であるため，判断能力が不十
分で社会的に孤立している人たちは問題を抱えながらも潜在化し，状況が悪く
ならない限り対応できない。そしてこのような人々は，行政の施策，市民の見
守りやボランティア活動からも，排除されている。周囲の人々も働きかけや関
わりを拒否されたためそれ以上のアプローチをせず，誰も対応しなかったケー

スには地域社会と完全に切れてしまう人が多い。社会的排除や孤立の強いものほど制度からも漏れやすく，福祉的支援が早急に必要である。たとえば，社会的排除や摩擦，差別（刑務所から出所した人，在日外国人・中国残留邦人等，同和地区，障がい者，LGBT，母子家庭等に関するもの），社会的孤立（家庭内虐待・暴力等）などの状態に置かれている人々である（図14-2）。このような人々の中には，セルフネグレクトの状態に陥り，ゴミ屋敷になるケースもある。社会的孤立と社会的排除の極限的な形は，孤立死である。孤立死問題は，家族，親族，地域，職域とのつながりの希薄化・喪失によりなかなか声を上げることができない人たちの問題として捉えることができるのである。

（3）子どもの孤立や貧困問題

　日本においてとりわけ深刻なのが，子どもの貧困である。子どもの貧困は相対的貧困率[(2)]の高まりとともに急速に増え続けており，2012（平成24）年にはじめて，子どもの貧困率（16.3%）が相対的貧困率（16.1%）を超えるという事態に発展した（図14-3）。子どもの7人に1人が貧困状態にあり，ひとり親世帯に限ると相対的貧困率が48.1%とさらに深刻になる。母子世帯の8割ほどは働いているが，非正規など就労が不安定である者が多く，母子世帯の総所得は年間306万円となっており，全世帯の55%，児童のいる世帯の41%にとどまる。可処分所得（収入から税金，社会保険料などを除いたいわゆる手取り収入）は児童のいる世帯の42%にとどまり，暮らしの困難さが想定される（表14-1）。

　現代社会において，貧困と虐待は密接な関係にあり，貧困層の親は，社会的に孤立している割合も高い。親の所得と子育て環境の関連をみると，「子どものことで相談相手が家族の中（外）にいない」「病気や事故の際，子どもの面倒を見てくれる人がいない」など，子育てで支援を受けられない親の所得階層が低いほど多いことが明らかになっている[(3)]。親の孤立は，児童虐待などを引き起こすリスクをはらんでいるだけではなく，親が子育てに関する情報を収集したり，子どもが同年代の子どもと遊ぶ機会を少なくする。結果として，親も子も孤立するリスクが高くなる。

　さらに，貧困状況に育った子どもは，学力や学歴が低いリスク，健康状態が悪いリスク，大人になっても相対的貧困状態にあるリスクが，そうでない子どもに比べて高く，子ども期の貧困は，その後の人生に深い爪痕を残す。子どもの貧困に対処するためには，子どもだけでなく，子どもの属する世帯を視野に

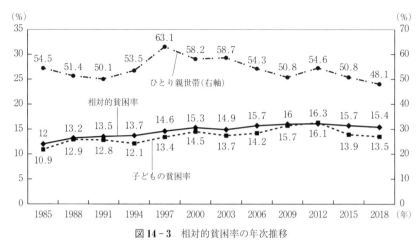

図14-3　相対的貧困率の年次推移

出所：厚生労働省（2019）「令和元年国民生活基礎調査」より筆者作成。

表14-1　世帯別の平均所得金額

	全世帯	児童のいる世帯	母子世帯
総所得	552.3万円	745.9万円	306.0万円
可処分所得	417.7万円	575.0万円	241.5万円

出所：厚生労働省（2019）「令和元年度国民生活基礎調査」より抜粋。

含めて議論しなければならない。

（4）孤立や貧困問題への取り組み

　2014（平成26）年に子どもの貧困対策の推進に関する法律が施行された。法の基本理念として，子どもの貧困対策は，子ども等に対する教育の支援，生活の支援，経済的支援等の施策を，子どもの将来がその生まれ育った環境によって左右されることのない社会を実現することを旨として講ずることにより，推進されなければならない（第2条第2項）ことを掲げており，貧困の状況にある子どもが健やかに育成される環境を整備するとともに，教育の機会均等を図るため，子どもの貧困対策を総合的に推進することを目的としている。同法では，国および地方公共団体の関係機関相互の密接な連携のもとに，総合的な取り組みとしてこの対策を行わなければならないとしている。

　さらに2015（平成27）年4月1日に施行された生活困窮者自立支援法に基づ

き，生活保護受給世帯の子どもを含む生活困窮家庭の子どもに対する学習支援事業が制度化され，居場所づくりを含む学習支援の実施や，中退防止のための支援を含む進路相談，親に対する養育支援など，各自治体において地域の実情に応じ，創意工夫をこらした事業が実施されている。生活困窮者自立支援制度で実施される事業には，学習支援事業のほかに，自治体が相談窓口を設けて生活困窮者の状況に応じて最適な支援プランを作成する自立相談支援事業がある。そこで就労に至る以前の訓練が必要だと判断した人には訓練を実施し（就労準備支援事業），それでも就労に至るのが難しい場合には中間的就労の機会を設ける（就労訓練事業）。そのほか，必要性に応じて生活面の支援，たとえば，住居確保給付金の支給や，宿泊場所や衣食の一時的な提供（一時生活支援事業），家計相談支援事業などがある。

　また近年，「貧困の連鎖防止」策として，スクールソーシャルワーカーの活用や生活保護受給世帯の子どもたちへ無料の学習支援を行う事業，子どもたちに無料または低価格で食事を提供する子ども食堂などの取り組みが全国各地で積極的に行われている。

　このように，孤立や貧困問題に向けて新たな生活困窮者支援対策や生活保護制度の見直しなどがなされているが，貧困・低所得者層の拡大を食い止め，縮小に向けた営為を進めていくことが今後ますます求められている。

2　地域ネットワークの構築

（1）地域ネットワークとは何か

　地域の孤立問題を解決する1つの方法として，地域の見守り活動が重要となり，いかに地域ネットワークを構築していくかが問われている。ネット（net）とは網という意味である。ネットワークという言葉の中には，問題を取りこぼさないで，網の目のように地域の住民や専門家が協力し合うことで，ヨコへとタテへとつながりが広がっていくといった可能性も含まれているのではないだろうか。

（2）ネットワークの構築方法

　ネットワークは地域に何らかのニーズがあってはじめてその構築に取り組む意義が生まれる。そのニーズを的確に捉えることがネットワーク構築の鍵とな

る。ニーズを的確に捉えるためには，地域の特性や社会資源を把握しておくことが重要である。地域住民個々に現れているようにみえるニーズは，地域の特性や社会資源を背景として発生し，地域全体の，あるいは地域特有のニーズとしての側面を有しているかもしれないからである。社会資源は，制度・サービス，人，物，組織，財源などの広範囲にわたり，官民問わずフォーマルなものもインフォーマルなものも含まれていると認識する必要がある。この中には当然，既存のネットワークも含まれている。地域には何らかの人間関係がすでに存在し，それを強化したり，修正する場合がほとんどである。そのため，ネットワークを一から新たにつくる必要はなく，既存のネットワークのアセスメントからはじめるという姿勢が大切となる。

　個別支援と地域支援を結ぶ重要な方策の1つがケースカンファレンスである。ケースカンファレンスは，ネットワークづくりのための重要なアプローチともなり，個別の事例についての今後の働きかけに加えて，その検討からみえてきた地域に共通する課題や必要な社会資源の開発などにも焦点が当てられる必要がある。

　このように個人のニーズをキャッチし，そこからネットワークをつなぐ先を模索し，地域のネットワークを構築し，社会資源を創造するといった作業は，ソーシャルワーク実践のプロセスそのものともいえる。

3　ソーシャル・インクルージョンを目指して今後の課題と展望

　これまで述べてきたように，現代における大きな課題として，「貧困」や「社会的孤立」といわれる社会的問題がある。地域社会とのつながりの希薄化や家族関係の変化など，その要因は様々であるが，ソーシャル・インクルージョン[6]の社会を実現するために，どのような地域福祉活動を展開していくべきかを考える必要がある。

　複雑化し，介入の難しい問題に対しては，住民同士が支え合い見守り合うという「つながり」だけでは十分とはいえず，専門家による多面的・総合的な支援が必要不可欠となる。地域で発見された課題を，住民だけで抱えるのではなく，専門職や関係機関につなぐことができるようなネットワークの構築が求められている。専門職や関係機関は，相互の連携や協働がスムーズになるよう，それぞれの役割や機能を理解するとともに情報を発信することが重要となる。

　また，社会的孤立問題の中には地域住民になじみが薄く，その理解を深めるところから取り組む必要のある課題も多い。福祉教育等の取り組みを通して，地域活動のベースとなる住民の理解を広げていく地道な取り組みも不可欠である。

　2006（平成18）年の介護保険法改正によって設置された地域包括支援センターは，介護予防，地域におけるケアサービスの総合相談・支援窓口であると同時に，介護事業者が抱える困難事例への総合対応が求められているが，住民の福祉活動との連携は難しい課題となっている。すなわち，地域包括支援センターのワーカー（社会福祉士，保健師，主任ケアマネジャー等）は，住民の福祉活動と連携しなければ包括支援は実現しないが，住民の福祉活動づくりやその支援を制度上求められているわけではない。地域福祉コーディネーター[7]の存在との連携が不可欠なのである。

　こうした地域住民と専門職との連携・協働による孤立や貧困問題の取り組みは，虐待の早期発見や認知症高齢者等の支援，災害時における被害拡大の予防にも有効であり，地域福祉の推進にもつながるのである。

注

⑴　Townsend, P. (1957) *The family life of old people : An inquiry in East London,* Routeledge and Kegan Paul. (＝1974，山室周平監訳『居宅老人の生活と親族網――戦後東ロンドンにおける実証的研究』垣内出版，227頁。)

⑵　相対的貧困率とは，等価可処分所得の中央値の半分の額にあたる「貧困線」（2018年は127万円）に満たない世帯の割合を指す（「令和元年国民生活基礎調査」より）。なお，等価可処分所得は世帯の可処分所得（収入から税金，社会保険料などを除いたいわゆる手取り収入）を世帯人員の平方根で割って調整した所得である。

⑶　松本伊智朗（2007）「子どもの貧困と社会的公正」青木紀・杉村宏編著『現代の貧困と不平等――日本・アメリカの現実と反貧困戦略』明石書店。

⑷　生活困窮者自立支援法における「生活困窮者」とは，就労の状況，心身の状況，地域社会との関係性その他の事情により，現に経済的に困窮し，最低限度の生活を維持することができなくなるおそれのある者をいう。

⑸　スクールソーシャルワーカーとは，問題を抱えた児童生徒に対し，子ども本人への直接的な援助だけではなく，学校，家庭，地域などの子どもの環境にも働きかけ，教育や教育相談の目的への貢献を踏まえ，子どもの最善の利益のために多様な支援方法を用いて，課題解決への対応を図る専門家である。本書第11章も参照。

⑹　ソーシャル・インクルージョンとは，すべての人々をその属性にかかわらず，社

　　会的な孤立や排除，摩擦などから守り，健康で文化的な生活の実現につなげるよう，社会の構成員として包み支え合うという理念である。本書第1章も参照。

(7)　地域福祉コーディネーターは，市町村において次のような役割を担う。住民では対応できない専門家の対応が必要な困難で複雑な事例の対応，住民間や住民と様々な関係者とのネットワークづくり，地域の福祉課題を解決するための資源の開発。

参考文献

厚生労働省（2008）『地域における「新たな支え合い」を求めて──住民と行政の協働による新しい福祉』。

厚生労働省（2017）「平成28年度全国母子世帯等調査」。

全国社会福祉協議会（2008）『地域福祉コーディネーターに関する調査研究委員会報告書』。

内閣府（2007）『平成19年版国民生活白書』。

学習課題

①　海外の子どもの貧困率について調べ，日本の子どもの貧困率と比較してみよう。

②　なぜ孤立する人が増えてきたのだろうか。

コラム　大牟田市における地域ネットワーク構築

大牟田市では，認知症になっても安心して暮らせるように市民協働のまちづくりの推進に努めており，2002（平成14）年から，地域ネットワークの構築に向けた施策を積極的に行ってきた。

(1)　認知症絵本教室

小中学生を対象に開催している「認知症に関する絵本教室」では，認知症の基礎概念や認知症の人への接し方などについて，絵本を使って正しい理解を深める。地域ネットワーク構築の基礎として，まずは「正しく認知症への理解を深めること」が肝要とされている。周りの高齢者の違和感に気づきやすくなったり，街などで出会った時に正しく適切な対応ができるようになったりするのはもちろんのこと，市民全体に「認知症の人が住みよいまちづくりをする」インセンティブを与えることにもつながる。大牟田市の絵本教室は，このような若年層もターゲットとした普及啓発の先進的な事例であり，これが市民全員を巻き込んだ地域ネットワークを構築する土台ともなっているといえる。

(2)　模擬徘徊訓練

認知症の人が行方不明になったという想定で，連絡を受けた関係者のネットワーク（警察・消防・中学校・タクシー会社・コンビニや商店など）が情報伝達を行い，市民も一緒になって徘徊役の人を探すという訓練である。この訓練を通じて，徘徊への対応可能性が高まるのに加えて，認知症の人に直接・間接的に関わる人の連携を生み出し，医療・介護の切れ目ない提供をももたらす。さらに，この認知症の人のための地域ネットワークは，認知症に限らず行方不明者の保護全般にその効果を発揮している。

大牟田市ではこの認知症絵本教室を中心とする若年層への普及啓発と模擬徘徊訓練を活かし，地域ネットワークをうまく構築したことによって，認知症の人を受け入れ，支える体制がつくられた。

参考：大牟田市（2012）『平成24年度老人保健健康増進等事業（大牟田市認知症ケアコミュニティ事業）報告書』。

第 15 章

人口減少社会と子ども・子育て支援の総合施策

　わが国の人口減少の状況をみていくと，女性の働き方等への支援体制の充実を図らなければならないこと，また，子ども・子育て支援体制を整えていかなければならないことがわかる。本章では，その状況を把握するため，第一に，人口減少の状況とその対策の必要性を明らかにした。第二に，人口増加に向けて，子ども・子育て支援の必要性が叫ばれだした時期から現在に至るまでにどのような対策が実施されてきたかを歴史的経過をもとに明らかにした。第三に，子ども・子育て支援の対策推進の状況を明らかにした。

　これから本章を学ぶ皆さんには，上述のことをもとにして，わが国における子ども・子育て支援の総合的な施策を学んでほしい。

1　少子化の動向

（1）出生数と出生率の推移

　わが国の年間出生数は，1975（昭和50）年に200万人を割り込んで以降，減少し続けている。2017（平成29）年には年間出生数が約94万6000人となり100万人を割った。合計特殊出生率は，1989（平成元）年にひのえうまを下回る1.57となり，2005（平成17）年には1.26まで落ち込んだ。その後，わずかな増減を繰り返していたが2017（平成29）年は1.43であった。なお，同年の出生数は100万人を割っており，この少子化傾向は続く状況にある（図15‐1）。

　わが国の総人口は，2018（平成30）年時点で約1億2644万人である。しかし，出生数の減少により，総人口に占める年少人口（0から14歳）の割合は12.2%（1542万人），生産年齢人口（15から64歳）の割合は59.7%（7545万人），高齢者人口（65歳以上）の割合は28.1%（3558万人）となっている。世界における年少人口の割合は2018（平成30）年10月1日現在で26.1%であるが，わが国の年少人

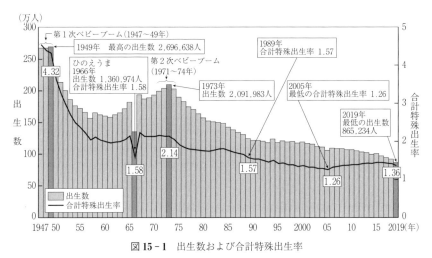

図 15 − 1　出生数および合計特殊出生率

資料：厚生労働省「人口動態統計」。
出所：内閣府（2020）『令和 2 年版　少子化社会対策白書』「少子化をめぐる現状」（https://www8.cao.go.jp/shoushi/shoushika/whitepaper/measures/w-2020/r02webhonpen/html/b1_s1-1-2.html　2020 年 12 月 27 日閲覧）。

口の割合は12.2％である。

（2）結婚・出産・子育てに対する意識

　2018（平成30）年に実施された「少子化社会対策に関する意識調査」の報告書では次のとおりである。

　①　結婚に対する意識

　20から40歳代の独身者は，経済的に余裕ができたとともに適当な相手に巡り合うことができた時に結婚しようと考えている。男性は，結婚には収入が「300万円未満」「収入は関係ない」と考えていることが多い。しかし，女性は結婚には収入が「400万円以上」と考えていることが多い。また，男女ともに適当な相手と巡り合うことがないため結婚しないと考えていることが多い。これらのことから，政府は，独身者の経済的基盤を整える，職場内外における活動への参加の機会を増やす等の対策を講じる必要がある。

　②　出産・子育てに対する意識

　わが国の 6 歳未満の子どもを育てている夫の家事・育児関連時間は先進国の中で最低水準である。雇用主は，男性が家事・育児への参画ができるような職

場環境にしていくことが必要である。政府は，妊娠中からの出産・子育てに向けての親支援の充実をもたらすとともに，多様な子育て支援の担い手を育成することが必要である。

（3）少子化対策の必要性

　少子化は，未婚化・非婚化・晩婚化・晩産化の進行で生じる。そして若い世代の所得が伸びない，出産後の女性の就労継続が難しいなどの要因で生じる。

　わが国の出産と子育ては，女性の出産前後の就業継続の割合が上がってきたが，就労をやめるか，また，調整するかによってなされる傾向が根強くある。女性が自らが望む生き方をすることができないという課題があり，それが男性との役割分業を一層強化させてしまう。政府は，妊娠期から仕事に復帰した後の子育て期間中に対する子ども・子育て支援体制を整える必要がある。

2　少子化対策の動向

（1）今までの少子化対策

　少子化対策のための子ども・子育て支援施策は，（図15 - 2）のように出されてきた。少子化社会対策会議は，2010（平成22）年１月29日に「子ども・子育て新システム検討会議」を行い，「子ども・子育てに関する基本制度」を2012（平成24）年３月２日に提示した。これにより，子ども・子育て関連３法案（「子ども・子育て支援法」「就学前の子どもに関する教育，保育等の総合的な提供の推進に関する法律の一部を改正する法律」「子ども・子育て支援法及び就学前の子どもに関する教育，保育等の総合的な提供の推進に関する法律の一部を改正する法律の施行に伴う関係法律の整備等に関する法律」）が成立することとなり，同年８月22日に公布となった。同時に，子ども・子育て環境の充実を目指して，待機児童解消の取り組みとして「待機児童ゼロ作戦」「待機児童解消加速化プラン」の策定がなされた。これは，女性の就労環境を整えるためのものであった。また，同会議は，「少子化対策危機突破のための緊急対策」を決定し，「仕事と子育ての両立」に向けての支援強化と「結婚・妊娠・出産支援」の充実を目指した。

　2014（平成26）年７月に，政府は「放課後子ども総合プラン」を策定し，共働き家庭等で，子どもの小学校就学後の放課後の居場所確保を目指した。この中では2019（平成31・令和元）年度末までに，約30万人分の放課後児童クラブの

整備と　全小学校区での放課後児童クラブと放課後子ども教室の一体・連携による実施を目指した。

　2015（平成27）年3月20日の「少子化社会対策大綱」では，結婚・子育て支援策の充実，若い年齢での結婚・出産希望の実現，多子世帯への配慮，男女の働き方改革，地域の実情に即した取り組み強化を重点課題とした。政府は，これらの重点課題について，少子化対策の枠組みを越えた長期的視点で総合的に推進することを目指した。

　2015（平成27）年4月には，子ども・子育て支援の新たな制度が施行となった。同年10月には，一億総活躍国民会議で「一億総活躍社会の実現に向けて緊急に実施すべき対策——成長と分配の好循環の形成に向けて」がまとめられた。また，「『希望出生率1.8』の実現に向けた『夢をつむぐ子育て支援』」がまとめられた。そして，子ども・子育て支援法が改正され，地域型保育事業の設置者への助成・援助を行う事業の創設，仕事と子育ての両立支援等が明記された。改正法は2016（平成28）年4月1日から施行されている。これらの子ども・子育て支援の新制度をスタートさせることにより，子ども・子育て環境の充実が目指された。

（2）これからの少子化対策

　20から30歳代は，「子育てや教育にお金がかかりすぎるから」子どもをもたないと考える傾向にある。子育てへの経済的負担軽減のために，政府は2017（平成29）年12月8日に，「人づくり革命」と「生産性革命」に関する「新しい経済政策パッケージ」を閣議決定した。「人づくり革命」は，これまで段階的に行ってきた幼児教育の無償化を進めるとともに，高等教育の無償化を実施すること等を盛り込み，希望出生率1.8等の実現を目指すこととしたものである。2018（平成30）年6月には「経済財政運営と改革の基本方針2018」で，幼児教育・高等教育の無償化の対象範囲等について整理，同年12月には「幼児教育・高等教育無償化の制度の具体化に向けた方針」で詳細を示した。その後，2019（平成31・令和元）年の通常国会でこれらの実施に向けて子ども・子育て支援法の一部を改正する法律および大学等における修学の支援に関する法律が可決・成立となった。2020（令和2）年には，「新子育て安心プラン」が公表され，待機児童の解消，女性の就業率の保障が目指された。2021（令和3）年には，子ども・子育て支援法及び児童手当法の一部を改正する法律案が国会に提出された。

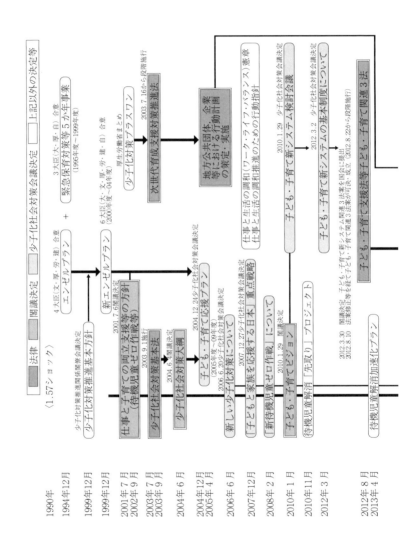

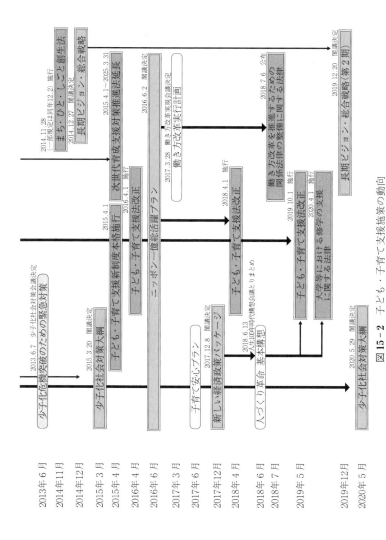

図 15-2　子ども・子育て支援施策の動向

出所：内閣府（2020）『令和 2 年版　少子化社会対策白書』「少子化対策の取り組み」（https://www8.cao.go.jp/shoushi/shou
shika/whitepaper/measures/w-2020/r02webhonpen/html/b1_s2-1.html　2020年12月27日閲覧）。

3　子ども・子育て支援対策の推進

（1）推進している対策の種類

　少子化対策推進の一環である子ども・子育て支援として，『令和元年版　少子化社会対策白書』では，①子育ての経済的負担の緩和・教育費負担の軽減，②多様な主体による子や孫育てに係る支援，③子育てしやすい住宅の整備，④小児医療の充実，⑤子どもの健やかな育ち，⑥「食育」等の普及・促進および多様な体験活動の推進，⑦地域の安全向上，⑧ひとり親家庭支援，⑨児童虐待の防止・社会的養護の充実，⑩障がいのある子ども等への支援，⑪ニート，ひきこもり等の子ども・若者への支援について述べている。ここでは，近年，特に注目されている「子育ての経済的負担の緩和・教育費負担の軽減」「地域の安全向上」，「障がいのある子ども等への支援」と，「定住外国人の子どもに対する就学支援」を取り上げて述べる。

（2）対策の具体例

①　子育ての経済的負担の緩和・教育費負担の軽減

　子育て世帯への現金給付は，2012（平成24）年3月改正の児童手当法に基づいている。同年4月から中学校修了まで（15歳に達した日以後最初の3月31日まで）の子どもを養育している人に，所得制限未満の場合，3歳未満に一律1万5000円，3歳以上小学校修了前に1万円（第3子以降は1万5000円），中学生に一律1万円の児童手当が支給されている。所得制限以上の場合は，一律5000円が支給されている。

　幼稚園では，幼稚園に通う園児の保護者への経済的負担軽減，公私立幼稚園間の保護者負担格差の是正をするために，入園料や保育料を減免する「就園奨励事業」を実施している地方公共団体に，文部科学省が経費の一部を補助している。さらに，2017（平成29）年12月に閣議決定した「新しい経済政策パッケージ」等に基づき，3から5歳の幼稚園・保育所・認定こども園等の費用については全面無償化，0から2歳についても待機児童の解消を進めている。また，市町村民税非課税世帯を無償化としている。あわせて就学前の障がい児の発達支援についても無償化を進めている。

　さらに，政府は，進学意志のある高校生等が教育を受けることができるよう，

「高等学校等就学支援金」を支給し，家庭の教育費負担軽減を支援している。また，学生等が経済的理由により進学等を断念することがないよう，安心して学ぶことができる環境を整備するために日本学生支援機構が実施する大学等奨学金事業の充実に努めている。

②　地域の安全向上

地方公共団体は，「総合防災訓練大綱」に基づき，乳幼児・妊産婦等を含む要配慮者の参加を得ながら防災訓練を実施している。消費者庁は，子どもの死因の上位を占めている不慮の事故を防止するため，「子どもを事故から守る！プロジェクト」を推進している。警察は家庭および関係機関・団体等との連携・協力をして，幼児や小・中・高校生に対し，子どもの発達段階に応じた交通安全教育等を推進している。また，インターネット起因の犯罪被害等を防止するため，関係機関・団体等と連携し，携帯電話事業者に対する保護者へのフィルタリング等の説明強化に関する要請，入学説明会等の機会を捉えた保護者に対する啓発活動や子どもに対する情報モラル教育等の取り組みを推進している。学校は，交通安全等に関し，学習指導要領等をもとにして教育活動全体を通じて計画的・組織的な指導を行っている。

③　障がいのある子ども等への支援

政府は，2018（平成30）年4月の障害福祉サービス等報酬改定で，障害児通所支援事業所が小学校等と連絡調整を行った際の報酬上の評価をするようになった。障害児通所支援事業所で一定の基準を満たす医療的ケア児を受け入れるための看護職員加配の評価，医療機関等の看護職員が事業所を長時間訪問した場合の評価の仕組みを設けるなど，医療的ケア児への支援充実を図った。また，発達障がい児への支援は，2016（平成28）年に発達障害者支援法の一部が改正されたことを踏まえて発達障がい者の乳幼児期から高齢期までに対応する切れ目ない支援の推進を図った。障がいのある子どもに適切な指導や必要な支援を行うため，大学等への委託により特別支援教育に関する研修を実施し，特別支援教育に関わる教師の専門性の向上に取り組んだ。

④　定住外国人の子どもに対する就学支援

わが国では，外国人については，保護者が希望する場合はその子どもが公立の義務教育諸学校に無償で就学できるようにしている。

2017（平成29）年5月現在において，わが国の公立小学校・中学校・高等学校などに在籍する外国人児童生徒の数は8万6015人であった。また，日本語指

導が必要な外国人児童生徒の数は，2016（平成28）年5月現在で3万4335人であり，前回調査の2014（平成26）年度と比べて5137人（約17.6％）増加していた。

4　少子化対策と子ども・子育て支援に関わる様々な取り組み

（1）幼児教育と保育の無償化に向けた取り組み

　先述のとおり，幼児教育の質が制度的に担保された幼稚園・保育所・認定こども園および地域型保育を利用する3から5歳までの子どもの利用料は無償化された。これは今までの幼児教育無償化への取り組みを加速化させるものであった。なお，子ども・子育て支援新制度（以下新制度）の対象とならない幼稚園は，新制度の利用者負担上限額（月額2.57万円）を上限として無償化した。また，企業主導型保育事業について，事業主拠出金を活用し，標準的な利用料を無償化した。幼児教育・保育の無償化については（表15-1）のとおりである。しかし，幼稚園の預かり保育や認可外保育については質の確保が必要である（図15-3）。

（2）障がい児への支援の充実に向けた取り組み

　行政は，就学前の障がい児への発達支援の無償化を進めている。具体的には，満3歳になった後における最初の4月から小学校入学までの3年間を対象に，「児童発達支援」「医療型児童発達支援」「居宅訪問型児童発達支援」「保育所等訪問支援」「福祉型障害児入所施設」「医療型障害児入所施設」の利用料を無償化していくことを進めている。また幼稚園・保育所・認定こども園とこれらの発達支援の両方を利用する場合は，ともに無償化の対象としている。

（3）子どもの重大事故をなくすための取り組み

　都道府県公安委員会と道路管理者は，妊婦，子どもと子ども連れの人が安全に通行できるよう，連携して危険箇所の分析を行った。それをもとに，国土交通省は，最高速度30キロメートル毎時の区域規制，通行禁止等の交通規制や信号機等の交通安全施設，歩道，路肩のカラー舗装，ハンプや狭さくの整備等，ハード・ソフトの両面から必要な対策を推進した。そして，生活道路の速度抑制や通過交通の抑制・排除，外周幹線道路の交通を円滑化するための交差点改良等の対策が講じられた。さらに警察庁と連携して，安全な自転車通行空間を

表 15 - 1　幼児教育・保育の無償化のポイント

> 趣旨 → 家庭の経済的負担の軽減を図る少子化対策，生涯にわたる人格形成の基礎を培う幼児教育の重要性

1．幼稚園，保育所，認定こども園等
- 3〜5歳：幼稚園，保育所，認定こども園，地域型保育，企業主導型保育（標準的な利用料）の利用料を無償化
 ※　新制度の対象とならない幼稚園については，月額上限2.57万円（注：国立大学附属幼稚園0.87万円，国立特別支援学校幼稚部0.04万円）まで無償化
 ※　保護者が直接負担している費用（通園送迎費，食材料費，行事費など）は，無償化の対象外。食材料費については，保護者が負担する考え方を維持
 　　3〜5歳は施設による徴収を基本。低所得者世帯等の副食費の免除を継続し，免除対象者を拡充（年収360万円未満相当世帯）
- 0〜2歳：上記の施設を利用する住民税非課税世帯を対象として無償化
2．幼稚園の預かり保育
- 保育の必要性の認定を受けた場合，幼稚園に加え，利用実態に応じて，月額1.13万円までの範囲で無償化
3．認可外保育施設等
- 3〜5歳：保育の必要性の認定を受けた場合，認可保育所における保育料の全国平均額（月額3.7万円）までの利用料を無償化
- 0〜2歳：保育の必要性があると認定された住民税非課税世帯の子供たちを対象として，月額4.2万円までの利用料を無償化
- 認可外保育施設における質の確保・向上を図るため，指導監督の充実に向けた取組や認可施設への移行支援など様々な取組を実施
4．負担割合
- 国1/2，都道府県1/4，市町村1/4。ただし，公立施設（幼稚園，保育所及び認定こども園）は市町村等10/10
 ※　初年度（2019年度）に要する経費を全額国費で負担。また，事務費やシステム改修費についても一定の配慮措置。
5．その他
- 就業前の障害児の発達支援を利用する3〜5歳の子供たちについても，利用料を無償化。幼稚園や保育所等を利用する場合も含む
- 実施時期：2019年10月1日

出所：内閣府（2019）『令和元年版　少子化対策白書』「少子化対策の現状」（https://www8.cao.go.jp/shoushi/shoushika/whitepaper/measures/w-2019/r01webhonpen/html/b1_s2-2-1.html　2020年12月26日閲覧）。

早期に確保するため，「安全で快適な自転車利用環境創出ガイドライン」の周知を図った。今後も2018（平成30）年6月に閣議決定した自転車活用推進計画に基づき，政府は，自転車の交通ルール遵守の啓発，歩行者・自転車・自動車の適切な分離等，安全な自転車利用環境の創出に向けた取り組みの推進が求められる。

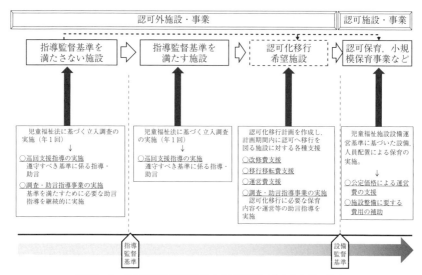

図15-3　認可外保育施設に対する質確保に関する支援の流れ

出所：内閣府（2019）『令和元年版　少子化対策白書』「少子化対策の現状」（https://www8.cao.go.jp/shoushi/shoushika/whitepaper/measures/w-2019/r01webhonpen/html/b1_s2-2-1.html　2020年12月26日閲覧）。

（4）定住外国人の子どもに対する就学支援の充実への取り組み

　従来は，日本語指導を含む個別の課題解決のために，各都道府県からの申請に応じ，教職員定数を加配措置していた。わが国では，2017（平成29）年3月の公立義務教育諸学校の学級編制及び教職員定数の標準に関する法律の改正で，日本語能力に応じた特別の指導を行う子どもの数に対応して教員の定数を算定することになった。このことを2026年度までの10年間で計画的に実施していくことになっている。

注

(1)　山田忠雄ほか（2008）『新明解国語辞典（第6版）』三省堂，1262頁に基づくと，十干の3番目の丙と十二支の7番目の午との組み合わせの年のことをいい，この年には火災が多い，この年に生まれた女性が夫を短命にするという迷信があった。

参考文献

杉本敏夫監修／立花直樹・波田埜英治編著（2017）『社会福祉概論』ミネルヴァ書房。

内閣府（2019）『令和元年版　少子化社会対策白書』日経印刷。

内閣府（2019）『令和元年版　少子化社会対策白書（概要版）』（https://www8.cao.
go.jp/shoushi/shoushika/whitepaper/index.html　2020年5月23日閲覧）。

保育福祉小六法編集委員会編（2020）『保育福祉小六法　2020年版』みらい。

内閣府（2021）『令和3年版　少子化社会対策白書』日経印刷。

学習課題

① 子どもの教育を受ける権利を保障するために子育て家庭の保護者が必要とする支援は何かを考えてみよう。

② あなたの住んでいる市町村にどのような子育て支援関連の社会資源があるか調べてみよう。

　わが国における子どもたちの将来に関する調査をみると，最終学歴によって平均賃金に差がある。また，低所得家庭の子どもたちほど大学への進学率が低い。高等教育は，国民の知の基盤となり，わが国の競争力を高める原動力でもある。大学改革，アクセスの機会均等，教育研究の質向上を推進して高等教育の充実を進める必要がある。

　よって，すべての子どもたちが，社会で自立し，活躍することができるように育成する大学等で修学できるよう，その経済的負担を軽減してわが国の急速な少子化進展への対処をする必要がある。現在，支援が必要な世帯の子どもたちに対して，「授業料及び入学金の減免」「給付型奨学金の支給」をあわせて措置するという取り組みがなされてきている。その対象学校は，大学，短期大学，高等専門学校および専修学校専門課程（専門学校）である。対象学生は住民税非課税世帯の学生であるが，住民税非課税世帯に準ずる世帯の学生についても住民税非課税世帯の学生に対する支援措置に準じた支援を段階的に行ってきている。そして，高等教育の無償化は，2020（令和2）年4月1日からであり，2020（令和2）年度の在学生から対象となっている。給付型奨学金は，日本学生支援機構が各学生に支給する。学生が学業に専念するため，学生生活を送るのに必要な学生生活費を賄えるようにしている。

　政府は，教育無償化以外にも，子育て世代と子どもたちへの投資を拡充するために，「保育の受け皿整備」「子育て世帯をやさしく包み込む社会的機運の醸成」などに取り組んでいる。これにより，親の子育ての負担感を軽減させるとともに，すべての子どもたちが自らの意欲と努力で社会を創るようにしていき，次世代における一人ひとりが結婚・妊娠・出産・子育てへの希望が抱けるような社会を目指して対策を講じている。

参考：内閣府（2019）『令和元年版　少子化社会対策白書』日経印刷，71頁。

第16章

地域包括ケアから地域共生社会の構築へ

社会福祉を学ぶ上で，今日におけるわが国の置かれている状況を知り，今後進むべき方向について理解することは重要である。本章では，高齢化を切り口にわが国の抱える課題について解説する。またその中でとりわけ注目されている事項として，多死社会や肩車社会に関する問題について取り上げる。さらに近年，その実現が求められる「地域包括ケアシステム」や「包括的支援体制（地域共生社会）」といった新たなケア体制についての枠組みを提示するとともに，これら新たなケア体制を実現する上での課題についてもみていく。

1 超高齢社会がもたらす課題

（1）支援を要する高齢者の増加と世帯構造の変化

高齢化率とは，総人口に占める高齢者人口（65歳以上の人口）の割合を指す。また高齢化率 7 ％の社会を「高齢化社会」，14％の社会を「高齢社会」，21％の社会を「超高齢社会」と呼ぶ。そしてわが国における高齢化率についてみると，1970（昭和45）年に高齢化社会となり，1994（平成 6 ）年には高齢社会，2007（平成19）年には超高齢社会を迎えている。さらにわが国の高齢化率は，その後も上昇し，2030年に31.2％，2065年には38.4％となることが予想されており，今後も上昇する見込みである[1]。

近年，2025年問題が叫ばれるようになっている。2025年とは，第一次ベビーブームが生じた1947（昭和22）年から1949（昭和24）年に生まれた団塊の世代と呼ばれる年代の人々が後期高齢者（75歳以上）となる時期である。そして後期高齢者以降の年代は，個人差はあるものの，医療や介護に関するニーズが高まる時期であることから，2025年には医療や介護に関する需要が急速に高まることが問題とされている[2]。

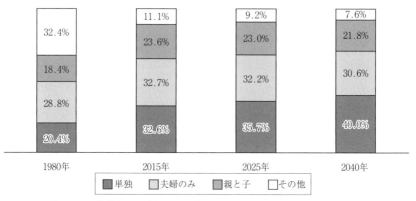

図 16-1　世帯主が65歳以上の世帯における家族類型の推移（一部推計）

出所：1980年は国立社会保障・人口問題研究所「日本の世帯数の将来推計（2013（平成25）年1月推計）」，
2015年以降は国立社会保障・人口問題研究所「日本の世帯数の将来推計　2015（平成27）～2040（平成52）年（2018（平成30）年推計）」より筆者作成。

　実際にわが国における支援を要する高齢者の推移をみると，要介護高齢者の数は2015（平成27）年に約690万人であったものが，2025年は約910万人，2050年には約1100万人となることが予想されており，認知症高齢者についても，2015（平成27）年が約500万人，2025年は約700万人，2050年は約900万人となることが予想されている。

　一方で，わが国における高齢化による課題は，支援を要する高齢者が増加することだけにとどまらず，世帯構造の変化も認められる。この変化の中で，とりわけ注目すべきことは，高齢者世帯における単独世帯および夫婦のみ世帯が増加していることにある。そこで世帯主が65歳以上の世帯における単独世帯の割合についてみると，図16-1のとおり，1980（昭和55）年において20.4％であったものが，2015（平成27）年に32.6％となり，2025年で35.7％，2040年に40.0％の予想となっている。さらに夫婦のみ世帯については，1980（昭和55）年において28.8％であったものが，2015（平成27）年に32.7％となり，2025年で32.2％，2040年に30.6％となる見込みである。ここで示す夫婦のみ世帯の割合については，2015（平成27）年以降，若干の減少傾向にあるが，3割の水準で推移しており，単独世帯と合わせると，子どもと同居をしていない世帯の割合が2025年以降において約7割を占め，家族によるケアを期待することが困難となる世帯が今後，増加することが危惧される。

　また高齢化の伸展は，医療や介護に関するニーズが高まるだけでなく，死亡

者数の増加にもつながる。わが国における死亡者数をみると，1980（昭和55）年において約72万人であったものが，2018（平成30）年に約136万人に増加しており，さらに2025年には約150万人となり，[7]「多死社会」を迎えることが予想されている。そして多死社会を迎えるにあたって課題となっていることは，最後を迎える場の問題である。1950年代において，わが国ではおおむね7から8割が自宅で亡くなっており，医療機関で亡くなる者の割合は1から2割程度であった。しかし現在は，自宅で亡くなる者の割合が1割程度であり，医療機関が約7割，老人ホーム等が約1割となっている。[8]そうした中で，今後，高齢化に伴う死亡者数の増加に合わせて，医療機関や施設数を増やすことが困難であることから，最後を迎える場の不足が指摘されている。

　さらに近年においては「死の質（Quality of Death）」という言葉も広がってきており，死にゆく過程が本人や家族の思いに沿ったものであり，穏やかな死を迎えることができるかどうかといったような，看取りへの関心も高まってきている。

（2）胴上げ型社会から肩車社会へ

　前項においてわが国における高齢化の伸展についてみてきたが，高齢者人口が増えることは，長生きすることのできる社会が実現してきていることを示しており，それそのものは望ましい現象である。しかし，高齢者人口と現役世代（20から64歳）の人口を対比して捉えた場合，その数が社会的な課題となっている。この対比についての推移をみると（図16-2），1965（昭和40）年時点においては65歳以上の人口1人に対して，現役世代の人口は9.1人であり，「胴上げ型社会」と呼ばれている。一方，2012（平成24）年においては，65歳以上1人に対して，現役世代は2.4人であり「騎馬戦型社会」となり，2050年には65歳以上1人に対して，現役世代は1.2人となり「肩車社会」となることが予想されている。つまり1960年代において，現役世代は約9人で1人の高齢者を支えていたのに対して，現在においては約3人となり，将来的には1対1で支えなければならない状況となり，現役世代の負担が高負担となることが危惧されているのである。

　しかしここで注意を払わなければならないことは，上記の見方は65歳以上を一律に，支えられる側として捉えている点にある。高齢者の定義については，日本老年学会および日本老年医学会が65から74歳は心身の健康が保たれており，

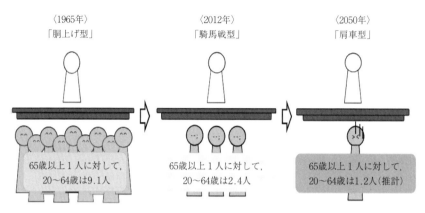

図 16 - 2　高齢者を支える現役世代の人数

出所：厚生労働省「今後の高齢者人口の見通し」（https://www.mhlw.go.jp/seisakunitsuite/ bunya/
hukushi_kaigo/kaigo_koureisha/chiiki-houkatsu/dl/link1-1.pdf　2020年2月18日閲覧）。

活発な社会活動が可能な人が多数であることから，65から74歳を准高齢者とし，
75歳以上を高齢者とすべきであるという提言を発表した[9]。また2018（平成30）
に発表された「高齢社会対策大綱」においても，「65歳以上を一律に『高齢者』
と見る一般的な傾向は，現状に照らせばもはや，現実的なものではなくなりつ
つある」とする指摘を行っており[10]，近年は高齢者の定義そのものの見直しが求
められるようになっている。

　よって，将来的な現役世代における社会保障の負担を軽減するための方策と
して，従来一律的に支えられる側として位置づけられてきた高齢者に対する見
方を変えていくとともに，彼らのもてる力を最大限発揮することのできる社会
をつくりあげていくことが求められる。

2　地域包括ケアシステムとは

（1）地域包括ケアシステム形成における変遷

　上述したように，わが国は高齢化の伸展に加え，世帯構造の変化が同時に進
行し，世帯人員数の減少が進んでいる。世帯人員数が減少するということは，
家庭内における相互扶助機能が低下することにつながっていく。それは，高齢
期において大きな課題となる介護の問題に引きつけて考えると，家族介護力の
低下という問題を表面化させることになる。

　2000（平成12）年に施行した介護保険法は，それまで家族が中心に担っていた介護を社会で支えていこうという「介護の社会化」を理念として掲げた制度であった。しかし高齢化とともに，ニーズの多様化が進む中で，高齢者が抱える生活上の課題は介護の問題だけでなく，医療をはじめとする様々なものが含まれるようになってきた。こうした中で，支援を要する高齢者が抱える多様なニーズを支え，一人ひとりが住み慣れた街で最後までその人らしく生きることを保障する仕組みとして，地域包括ケアシステムの実現が求められるようになってきた。

　地域包括ケアシステムという用語が，わが国において公式に用いられるようになったのは，2003（平成15）年に厚生労働省老健局長の私的検討会である高齢者介護研究会が発表した「2015年の高齢者介護～高齢者の尊厳を支えるケアの確立に向けて～」が最初である。その後，地域包括ケアシステムに関する検討は，地域包括ケア研究会によって進められていった。

　この地域包括ケア研究会によって発表された「2009年度地域包括ケア研究会報告書」では，地域包括ケアシステムについて「ニーズに応じた住宅が提供されることを基本としたうえで，生活の安全・安心・健康を確保するために，医療や介護のみならず，福祉サービスを含めた様々な生活支援サービスが日常生活の場（日常生活圏域）で適切に提供できるような地域での体制」として定義づけられた。また日常生活圏域とは，おおむね30分以内に駆けつけられる圏域とされ，中学校区を基本としている。

　さらに地域包括ケアシステムを構成する要素として，「介護」「医療」「予防」「生活支援サービス」「住まい」の5つを挙げ，これらがばらばらに提供されるのではなく，互いに関係しながら，切れ目なく提供されることで地域での生活を支えるとしている。

　また2011（平成23）年には介護保険法が改正され，第5条第3項において，国および地方公共団体の責務として地域包括ケアシステムの推進を図ることが求められるようになった。

（2）地域包括ケアシステムの枠組み

　地域包括ケアシステムとは，介護や医療といった特定の課題だけに着目するのではなく，上述した5つの構成要素に示されるように，多様なニーズの充足を目指している。ここで重要となることは，このような多岐にわたるニーズを

誰が担うのかという問題である。

　すでにみた「2009年度地域包括ケア研究会報告書」では，自助，互助，共助，公助の4つを挙げ，これらが役割分担をしながら有機的に連動することで，地域包括ケアシステムが実現するとしている。ここで示す公助とは生活保護や，高齢者虐待防止法による虐待対策など，政策として税金によって行われる施策を指す。共助は，社会保険の仕組みによって支えられる介護保険や医療保険といった制度に基づくサービスや支援を指す。互助は近隣の住民同士の助け合いやボランティアによる取り組みなど，インフォーマルな社会資源による支援を指す。そして自助は，自分自身で行う健康管理などのセルフケア等を指している。つまり，地域包括ケアシステムは，高齢者自身の自助努力や近隣同士の助け合いも含めた，自助・互助・共助・公助を適切に組み合わせることで，支援を必要とする人々の地域生活を支えていくことを目指している。

　ここで具体的な例を挙げてみたい。近年，社会的に孤立した状況に置かれる高齢者の問題が取り沙汰されることが多いが，このような高齢者における生活を支えるためには見守り活動が重要となる。見守り活動について，野﨑瑞樹は「①見て安否確認すること，②見守ることで発見した危機的状況（情報）をしかるべき機関に知らせること，③機関等によって危機的状況への対応・支援を行うこと[14]」であるとしている。

　見守り活動による支援を必要とする高齢者における地域生活を支えるためには，上記の①や②について医療や福祉における専門機関だけで担うことは困難であることから，近隣住民，町内会，老人クラブ，スーパー，コンビニなどの様々な地域における社会資源の力（互助）を活用することで，よりきめ細やかな活動を展開することが可能となる。そしてこのような取り組みを通して，専門的な支援が必要である場合に医療機関や介護サービス事業所，地域包括支援センター，行政といった専門機関による支援（共助・公助）が展開される。

　また金子努は，マズロー（A. H. Maslow）の基本的欲求の構造を取り上げ，第1段階の「生理的欲求」と第2段階の「安全の欲求」は生存権（日本国憲法第25条）にかかる部分とし，第4段階の「承認欲求」と第5段階の「自己実現の欲求」を幸福追求権（同第13条）にかかる部分としている。そして人々の生活を支える上で，生存権と幸福追求権の実現がセットで進められるべきであるとし，社会福祉援助は生存権保障を目指した実践であり，幸福追求権の実現にはインフォーマルな社会資源の活用が有効であるとしている[15]（図16-3）。

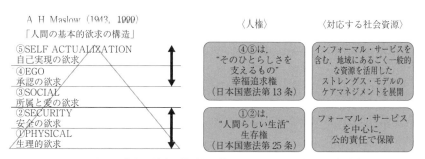

図16-3　人間の基本的欲求の構造と人権の関係，そして対応する社会資源

出所：金子努（2018）『「地域包括ケア」とは何か——住み慣れた地域で暮らし続けるために必要なこととは』幻冬舎，105頁。

　つまり，金子の主張からもわかるように，上記の③の支援過程において，共助・公助による支援と互助による支援は異なる役割を担うことが求められており，それらが有機的に機能することにより，その人らしい地域における生活を実現することができるのである。

（3）地域包括ケアシステムから地域共生社会へ

　日本の福祉施策は，高齢者，児童，障がい者といった分野ごとに分かれた施策展開が行われており，これまでみてきた地域包括ケアシステムについても，高齢者における地域生活を支える仕組みとして発展してきた。

　一方で，近年においては，介護を必要とする親（80歳台）と，ひきこもりによって支援を必要とする息子（50歳台）が同居して生活する8050問題にみられるような，1つの世帯で複数分野の課題を抱える状況や，これまでの既存の制度の枠組みに当てはまらない「制度の狭間」に陥るケースなどが増加していることから，従来の分野別，年代別による支援の限界が指摘されている。そうした中で，制度ごとに分化した縦割りの支援ではなく，支援を必要とする当事者または世帯を中心において，福祉，介護，介護予防，保健医療，住まい，就労，教育といった生活全般に関わる支援をトータルで展開する包括的支援体制を構築することが求められるようになってきている。[16]

　2016（平成28）年に政府が閣議決定した「ニッポン一億総活躍プラン」において地域共生社会に関する記述が示されて以降，わが国において地域共生社会の実現に向けた様々な取り組みが進められている。地域共生社会とは，「制度・分野ごとの『縦割り』や『支え手』『受け手』という関係を超えて，地域

住民や地域の多様な主体が『我が事』として参画し，人と人，人と資源が世代や分野を超えて『丸ごと』つながることで，住民一人ひとりの暮らしと生きがい，地域をともに創っていく社会」である。上述した包括的支援体制の構築は，地域共生社会を実現する上での重要な要素として位置づけられるものである。

　つまり地域共生社会の実現に向けた道のりは，これまでの分野別，年代別による縦割りの支援を超え，支援を必要とするすべての人を対象とし，彼らの生活をトータルで捉えていく「丸ごと」の支援へと転換するものである。また地域共生社会では，「支え手」「受け手」の関係が固定化されたものではなく，支援を必要とする人も支え手となり，自らの役割を担いつつ，生きがいをもつことのできる暮らしを実現することが期待されている。そのため，これまで主として展開されてきた医療や介護といった支援対象者が抱える生活上の課題を解決することを目的とした課題解決型の支援から，支援対象者一人ひとりが地域住民として社会参加することを支えていく支援への転換が求められている。さらに地域共生社会では，地域の中で多種多様な人々が社会参加し，すべての人が生きがいをもって暮らすことができる社会を実現することを目指しているため，従来のように支援対象者である個人だけに目を向ける支援アプローチではなく，ダイバーシティ（多様性）を実現するため，地域および社会に働きかける支援アプローチを展開することも期待されるようになってきている。

3　地域共生社会の構築に向けての今日的課題

（1）マンパワーの確保に関する課題

　上述したように，2025年は医療や介護に関するニーズが高まる時期である。厚生労働省の試算によると，2025年の介護人材の需要見込みは253.0万人であるとされている。一方，2015（平成27）年度を基準として，これ以降，人材確保のための新たな施策が取り組まれず，現状維持のままであったと仮定した場合の介護人材の供給見込みは215.2万人と推計されている。そしてこの両者の比較から，現状維持のままであった場合，2025年には介護人材が37.7万人不足することが予測されている。つまり，地域包括ケアシステム，もしくは地域共生社会を実現する上で，マンパワーの不足が大きな課題となることが危惧されている。

　マンパワーの不足による問題を解消するための手段としては，現に福祉現場

て働いている従事者の離職率の上昇を抑えることと，新たな人材を福祉現場に呼び込むことが必要となる。前者の離職率の上昇を抑え，人材の定着を図る取り組みとしては，介護職員の問題に限ってみれば，介護報酬において介護職員処遇改善加算が設けられ，介護職員の処遇改善が進められている。また結婚や出産を理由に離職しなければならないケースもあることから，こうしたライフイベントに対応した職場環境をつくりあげていくことも重要である。

　後者の新たな入職者を呼び込むための施策としては，高齢化の影響により，生産年齢人口が減少傾向にあることから，多様な人材層の参入を促進する必要がある。よって育児と仕事の両立ができる環境や定年退職をしたシニアが働きやすい環境，外国籍の人が安心して働くことのできる職場環境の整備が求められる。さらに資格をもちながら専門分野で就業していない潜在資格者は，看護師・准看護師で約3割，介護福祉士で4割強，保育士で6割強とされており，こうした人材の活用に期待がよせられている。[19]

（2）都市部および過疎地域の抱える課題

　わが国における高齢化の伸展が著しいということは，上述したとおりである。しかしこれら高齢化の問題は全国で均質に進むものではなく，地域によって様相が異なる。後期高齢者の増加率をみても，2010（平成22）年と2045年を比較してみると，埼玉県や神奈川県では約2倍，愛知県，東京都，大阪府では約1.9から1.8倍となり，[20]今後，都市部において急激な高齢化の伸展がみられることが予想され，ケア体制の整備が喫緊の課題として急がれている。

　また地域包括ケアシステム，もしくは地域共生社会を実現する上でも，都市部および過疎地域の抱える課題は異なる。都市部においては，交通網や生活インフラが充実していることや人的資源の量が相対的に多いことが，一般的な特徴として挙げられる。しかし地域における人々のつながりについては，希薄であることが指摘される。一方で，過疎地域においては，都市部と比べ，人々におけるつながりは相対的に強い傾向があるとされるが，生活インフラが未整備であることや，人口減少が進む中で人的資源も限られていることなどが挙げられる。

　地域包括ケアシステム，あるいは地域共生社会とは，全国一律の方法で実現するものではなく，各々の地域がもつ特質を踏まえ，それぞれの地域で模索することで実現するものである。そのために，まずは地域住民一人ひとりが，地

域のあるべき姿であるビジョンを共有し，地域が抱える課題について「我が事」として捉えていくことが求められる。

注

(1)　国立社会保障・人口問題研究所（2017）「日本の将来推計人口（平成29年推計）」の出生中位・死亡中位仮定による推計結果。

(2)　2025年問題以外に，2040年問題や2050年問題についても言及されることがある。2040年は，1971年から1974年の時期に生まれた第二次ベビーブーム世代が65歳を迎える時期であり，2050年は彼らが後期高齢者となる時期である。この年代は，バブル経済崩壊後の就職氷河期を経験し，非正規雇用率が相対的に高いことから，未婚率も高くなることが指摘されている。よって，2040年問題においては低所得高齢者の問題や単身世帯の高齢者の問題が顕在化することとなり，2050年問題ではこれに加え，この世代における医療や介護に関するニーズが高まることが課題となる。

(3)　大方潤一郎・秋山弘子・辻哲夫ほか（2017）「超高齢未来の姿」『東大がつくった高齢社会の教科書　長寿時代の人生設計と社会創造』東京大学出版会，23頁。

(4)　二宮利治（2014）「日本における認知症の高齢者人口の将来推計に関する研究」より。この調査では，認知症の有病率について，各年齢層の認知症有病率が一定と仮定したケースと糖尿病有病率の増加により各年齢層の認知症有病率が上昇するケースの2つが算出されている。本文で記載している数値については，この2つのケースの平均値を算出し，それをもとに記述している。

(5)　高齢者世帯については「65歳以上の者のみで構成するか，またはこれに18歳未満の未婚の者が加わった世帯」と定義されることが一般的である。ここでは，世帯主が65歳以上の世帯の割合をみており，この定義で示す概念と異なっている。

(6)　国立社会保障・人口問題研究所（2020）「人口統計資料集（2020年度版）」。

(7)　国立社会保障・人口問題研究所（2017）「日本の将来推計人口（平成29年推計）」の出生中位・死亡中位仮定による推計結果。

(8)　厚生労働省（2018）「平成29年（2017）人口動態調査」。

(9)　日本老年学会・日本老年医学会（2017）「高齢者に関する定義検討ワーキンググループ報告書」。

(10)　内閣府（2018）「高齢社会対策大綱」。

(11)　地域包括ケア研究会（平成20年度老人保健健康増進等事業）（2009）「地域包括ケア研究会報告書〜今後の検討のための論点整理〜」。

(12)　ここで示す生活支援サービスとは，見守り，緊急通報，安否確認システム，食事，移動支援，社会参加の機会提供，その他電球交換，ゴミ捨て，草むしりなどの日常

生活にかかる支援として例が挙げられている。地域包括ケア研究会（平成22年度老人保健康増進等事業）（2010）「地域包括ケア研究会報告書」より。

⒀　2014年に成立した地域における医療及び介護の総合的な確保の推進に関する法律第2条では，地域包括ケアシステムについて「地域の実情に応じて，高齢者が，可能な限り，住み慣れた地域でその有する能力に応じ自立した日常生活を営むことができるよう，医療，介護，介護予防（要介護状態若しくは要支援状態となることの予防又は要介護状態若しくは要支援状態の軽減若しくは悪化の防止をいう。），住まい及び自立した日常生活の支援が包括的に確保される体制」と定義している。

⒁　野﨑瑞樹（2017）『住民による高齢者の見守り――ネットワークの展開と住民支援』みらい，27～28頁。

⒂　金子努（2018）『「地域包括ケア」とは何か――住み慣れた地域で暮らし続けるために必要なこととは』幻冬舎，103～110頁。

⒃　新たな福祉サービスのシステム等のあり方検討プロジェクトチーム（厚生労働省）（2015）「誰もが支え合う地域の構築に向けた福祉サービスの実現――新たな時代に対応した福祉の提供ビジョン」。

⒄　「我が事・丸ごと」地域共生社会実現本部（厚生労働省）（2017）「『地域共生社会』の実現に向けて（当面の改革工程）」。

⒅　厚生労働省（2015）「2025年に向けた介護人材にかかる需要推計」。

⒆　「我が事・丸ごと」地域共生社会実現本部（厚生労働省）（2016）「地域包括ケアの深化・地域共生社会の実現」。

⒇　2010年における75歳以上の人口と2045年の人口を比較してみると，増加率が大きい都道府県は，埼玉県223.1%（1位），神奈川県211.3%（2位），沖縄県209.7%（3位）千葉県200.9%（4位），愛知県193.7%（5位），東京都184.0%（6位），大阪179.3%（7位）と続く。一方で増加率が低い都道府県は高知県105.4%（1位），島根県106.0%（2位），秋田県109.3%（3位），山形県113.5%（4位），徳島県115.2%（5位）となる。国立社会保障・人口問題研究所（2018）「日本の地域別将来推計人口（平成30（2018）年推計）」をもとに算出。

学習課題

①　地域共生社会の実現に向けた取り組みについては，大阪府豊中市や三重県名張市などの取り組みが有名です。これらを含む先進的な地域の事例を1つ取り上げ，その内容について調べてみよう。

②　あなたの暮らす地域の日常生活圏域を意識した上で，その中で高齢者や障がい者の生活を支える社会資源がどの程度あるのか調べてみよう。

～～～～～ コラム　地域共生社会を実現するための支援者の取り組み ～～～～～

　地域住民からA市の地域包括支援センターへ，住民トラブルを頻繁に引き起こしている高齢者に関する相談が寄せられた。この高齢者は，都市部のマンションの一室に住む一人暮らしの高齢者で，昼間から酒を飲み，酔った勢いで近隣住民とのトラブルを繰り返し起こしていた。また生活費のほとんどをアルコールの購入に費やしてしまい，十分な食事をとることができておらず，部屋の中も不衛生な状況であった。

　地域包括支援センターのソーシャルワーカーは，この高齢者の生活を整えるため，介護保険制度のサービスである訪問介護と通所介護を利用することを提案した。またこの高齢者が一人暮らしの寂しさからアルコールに手を出してしまっていることに気づき，近所で開催されているサロンへの参加も促した。しかしサロンを運営する地域住民の中には，この高齢者がトラブルを繰り返し起こしていることから，関わることに抵抗を示す人もいた。そうした中で，地域包括支援センターのソーシャルワーカーは，この高齢者を「困った人」としてみるのではなく，不安や悩みを抱える人であることを繰り返し地域住民に伝えた。その結果，関わりを拒否していた人も，この高齢者と関わるようになった。

　支援が開始されてから数か月後，地域包括支援センターのソーシャルワーカーは，この高齢者に関わる関係者を集め，今後の支援方針について確認するとともに，それぞれが抱える課題や不安を尋ねるとともに，関係者それぞれが行っている関わりの「良かった点」について共有した。

　上記のように，地域包括支援センターのソーシャルワーカーが地域住民に対して，支援対象者を別の角度から捉える見方を提示することや，関わる中での不安や負担を軽減すること，さらにそれぞれが行う関わりの「良かった点」を言語化してフィードバックすることは，互助を強化し，地域における福祉的課題に対する対応力を高める上で重要となる。

第 17 章

ノーマライゼーションとインクルーシブ社会の実現

　本章では，「障がいとは何か」という障がい観の理解を深めた上で，2000年代の「障がい者福祉」の転換とその基本理念となったノーマライゼーションの進展について概観し，障がい者の「地域移行」を主眼に，障がい者福祉制度の改革と，その課題について学ぶ。さらに，現代の日本社会の中で，ノーマライゼーションから共生社会に向かう今後の方向性について学びを深めてほしい。

1　障がいの捉え方

（1）障がいのイメージと表記

　障がいとは何かを理解するために，まず最初にふれたいのが「しょうがい」をどう表記すべきかということだ。「しょうがい」には，「障害」「障がい」「障碍」などの表記がある。「障碍」は，戦前の日本で用いられていた表記であり現在はほとんど使われていない。戦後から近年までは「障害」と表記されることが多かった。しかし，「障害」という言葉には，障害物など「邪魔なもの」，害虫など「害を与えるもの」という意味が含まれている。実際に日本でも，世界的にみても，過去には障がいのある人を差別的にみたり，出産の機会を奪う法律があった時代があった。

　現在，後述する障がいの理念の変化により，「障がいのあるなしにかかわらず，その人らしく生き生きと生活できることが望ましい」という考え方が認知され，「障がい」や「しょうがい」と表記する自治体や企業が増えてきている。このように，障がいのイメージや捉え方には変化がみえつつある。

（2）国際障害分類（ICIDH）から国際生活機能分類（ICF）への展開

　現在の障がい観は上記のように様々な捉え方やイメージがあるが，国際的に

1980年　国際障害分類（ICIDH）

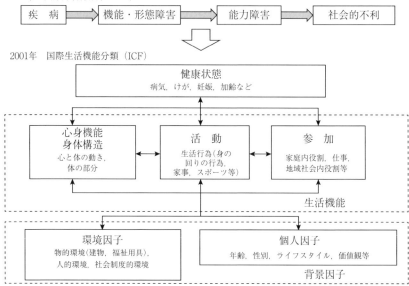

図 17－1　国際生活機能分類

出所：中田智恵海（2016）「障害の概念と分類」山縣文治・岡田忠克編『よくわかる社会福祉（第11版）』
　　　ミネルヴァ書房，167頁の図を一部改変。

共通する障がいの定義と基準があるのかという疑問があるだろう。

　それを示すものとして，1980年に世界保健機関（WHO）が発表した「国際障害分類（ICIDH）」がある。このモデルは，①病気（disease）や変調（disorder）によって，②一次的障害として機能・形態障害（impairment）が起こり，③二次的障害として能力低下（disability），④三次的障害として社会的不利（handicap）が引き起こされるという構造となっている。

　この分類は，障がいを個人だけの問題ではなく，周囲の人や環境などの影響による不利益の現象と捉えたことや，国際的に共通する障がいの捉え方を示した点では画期的であったが，「医学モデル」と呼ばれるように，国際疾病分類を基に作成されており，社会的不利の原因を障がい自体に求める可能性があることや，環境の捉え方と位置づけが不明確であるという批判があり，2001年の世界保健会議（WHO 総会）にて，「国際生活機能分類（ICF）」へと改定された。

　大きな改正点は，ICIDH が障がいをマイナスなものとして捉えていたのに対して，ICF では否定的な言葉を取り除き中立的な言葉を用いている。

ICIDH で「機能・形態障害」「能力低下」「社会的不利」という名称であった
項目が，ICF では「心身機能・身体構造」「活動」「参加」という名称に変更
されている。これらをまとめて生活機能（functioning）と呼ぶ。生活機能とは，
人間の生命・生活・人生の全体像を示す用語である。次に，背景因子として，
人と周囲の環境との関係性を示す「環境因子」と，個人の人生や生活の背景を
「個人因子」とする考え方が導入された（図17-1）。

　ICF では，人の生活機能に焦点を当て，健康状態と背景因子との相互作用
により障がい（機能障がい，活動制限，参加制約）を把握しようとしている。わ
かりやすく説明すると，人が生活する中で背景因子との関連や影響によって，
心身機能・機能障がいが生じたり，活動が制限されたり，社会参加が制約され
るという考え方であり，障がいのある人の生き方や人生にまで視野を広げたも
のである。

2　ノーマライゼーションの理念と広がり

（1）ノーマライゼーションの理念

　今日の障がい児・者福祉に関する考え方には，障がい福祉の分野で1950年代
にデンマークで生まれたノーマライゼーションの理念が反映されている。当時
デンマークでは知的障害のある人は，「障がいがある」という理由で強制的に
大規模施設に入所し，社会，地域から隔離された生活を送っていた。わが子を
障がい者施設に入所させなければならなかった親たちの「親の会」の運動に，
当時の社会省の役員であったバンク=ミケルセンが共感して生まれた概念であ
る。ミケルセンは，知的障害のある人も健常な人と同じような生活条件，家庭
生活をできる限り保障することが，人間として当たり前に生きることであると
考え，大規模施設に入所していた1500人の知的障害児・者を地域の小規模施設
に移すなど，デンマークの障がい者福祉政策に大きな影響を及ぼした。

（2）ノーマライゼーションの広がり

　1960年代には，スウェーデンのニィリエ（B. Nirje）が「ノーマライゼーショ
ンの基本原理」を提唱した。そこでは，障がい者も他の人と同じように，①自
分が望むノーマルな生活リズムで1日を過ごす，②ノーマルな1週間のスケ
ジュールを管理する，③休日や家族との祝い事や行事を含むノーマルな1年を

過ごす，④ノーマルな教育や就労の機会を経験する，⑤要望や選択が可能な限り考慮され尊重される，⑥男女両性が共に住む世界での生活を送る，⑦ノーマルな経済水準と物理的環境がある暮らしを保障する，⑧施設の設備を障がいのない人と同じようにする，以上の８つの原理の実現を目指した。つまり，ノーマライゼーションの基本は，障がい者（などの社会的弱者）の生活をノーマルにすることである。この考えは1970年前後にアメリカで広がり，ヴォルフェンスベルガー（W. Wolfensberger）がノーマライゼーションをアメリカやカナダに紹介した。ヴォルフェンスベルガーは障がい者が保護や哀れみの対象として市民からみられるのではなく，社会的意識の面で市民と対等な立場とすることが，ノーマライゼーションの目指すべきことであると考え，普及活動に尽力した。

　このようにデンマークで生まれたノーマライゼーションの考え方は，北欧，北米，やがて世界全体に広がり，現在では障がい者福祉だけではなく，すべての社会福祉分野において基本概念となっているといえる。

（3）日本でのノーマライゼーションの広がり

　日本でノーマライゼーションの理念が広がったのは，1970年代以降である。国連は1976年に５年後の1981年を「国際障害者年」と定め，各国に取り組みを求めた。また，1983年から1992年を「国連障害者の10年」として，継続的に障がい者の「完全参加と平等」を目指し施策の推進を行った。この国際的な流れを受け，日本では国際障害者年推進本部を総理府（現在の内閣府）に設置し，障がい者の問題への取り組みを推進するための計画を作成し，制度や法律を整備した。1993（平成５）年に10年間を見据えた「障害者対策に関する長期計画」を策定し，同年10月には，従来の心身障害者対策基本法を改正し，障害者基本法が施行された。同法では，上記「完全参加と平等」を明記し，障がい者は社会を構成する一員として，社会，経済，文化その他あらゆる文化活動への参加の促進を規定した。また，身体障害，知的障害に加え，精神障害を法律の対象となる障がいと位置づけた。

　その後，ノーマライゼーションの理念を踏まえ，具体的な施策・数値目標を含む総合的な「障害者プラン～ノーマライゼーション７か年戦略」が1995（平成７）年に策定された。同戦略は次の７つの視点から障がい者施策の推進を図った。①地域で共に生活する，②社会的自立を促進する，③バリアフリー化を促進する，④生活の質（QOL）の向上，⑤安全な暮らしを確保する，⑥心の

バリアを取り除く，⑦国際協力・国際交流を行う。これが，2003（平成15）年
の支援費制度の開始，2006（平成18）年の障害者自立支援法の制定・施行につ
ながっている。

3　インクルーシブ社会の実現に向けて

（1）インテグレーション，インクルージョン理念の登場

　日本では，ノーマライゼーション理念が浸透する以前，「障がいのない人」
は一般社会で生活をして，「障がいのある人」は，一般社会から隔離・分離さ
れてコロニーと呼ばれる大規模施設で生活すべきであるという考え方が主流で
あった。この考え方はセグリゲーション（隔離・分離）と呼ばれる。

　ヨーロッパでも前述のように知的障害者は大型施設に収容する政策が存在し
ていた。第二次世界大戦などの反省から人権尊重の考え方も重視され，脱施設
化運動の動きが起こりつつあった。これらの運動の延長として，ヨーロッパで
は，新たにノーマライゼーションを具体化する理念である「インテグレーショ
ン（integration）」が生まれ使われるようになった。

　インテグレーションという用語は，主にイギリスや国際連合で用いられた。
インテグレーションは，「統合化」と訳され，障がい児・者を分け隔てなく社
会の仲間として受け入れるべきであるという考え方であり，イギリスでは1970
年に「初等教育（障害児）法」が設定され，障がい児の完全就学が唱えられた。

　インクルージョンとは，1980年代以降アメリカの障がい児教育の分野で注目
されるようになった理念で，ノーマライゼーションを基として，それを発展・
展開するものとなっている。インクルージョンは「包含」と訳され，「包み込
む」という意味をもつ。つまり，健常児・者，障がい児・者ともに分け隔てな
く，はじめから同じ社会の中で生活をしているという考え方である。前述のイ
ンテグレーションは「障がいがある」「障がいがない」という区別をした上で
それを統合していくという考え方であったが，インクルージョンは両者を区別
せず，社会には様々な人が存在し，障がい児・者も，もともと当たり前に存在
する（含まれている）ものとして捉える考え方であり，障がいのある，なしや
能力などに関係なく，すべての人が地域社会において包み込まれ，個々に必要
な支援が保障された上で生活をしていくことを意味している。

（2）障害者の権利に関する条約

　インクルージョンの考え方は障がい児・者福祉に関連する権利宣言や条約に取り入れられている。

　その代表的なものとして，2006年，国連の第61回総会において採択された「障害者の権利に関する条約（障害者権利条約）」がある。この条約は，前文および50条の条文から構成されており，条約全体にインクルージョンの理念が盛り込まれている。「障がいのある人」「障がいがない人」を区別してはならないこと，障がいのある人の人権や権利を，世界中の国々の政府が守らなければならないことを定めている。第3条では，「一般原則」として，障がい者の尊厳，自律および自立の尊重，無差別，社会への完全かつ効果的な参加および包容（インクルージョン）等について明記している。

　日本は，同条約に2007（平成19）年に署名し，批准をするために国内の法制度の整備を進めた。具体的には2011（平成23）年の障害者基本法の一部を改正する法律の施行，障害者自立支援法からの改正である2013（平成25）年の障害者の日常生活及び社会生活を総合的に支援するための法律（障害者総合支援法）の施行，2016（平成28）年の障害を理由とする差別の解消の推進に関する法律（障害者差別解消法）の施行などが行われた。そのような取り組みを経て，日本は2014（平成26）年に国連へ批准書を提出し，障害者権利条約の締結国となった。今後は，日本国内で教育，福祉，保育などあらゆる分野の実践で条約の理念を活かしていく必要がある。

4　地域社会における共生の実現に向けて
今後の課題と展望

（1）共生社会

　ICF によると，障がいは個人と社会（環境）の相互作用によって引き起こされるものとされている。この考え方を当てはめると，障がいは治療の対象ではなく，法を整備することなどにより，社会（環境）を整備することで変えることができるといえる。障害者基本法は，2011（平成23）年の改正で「全ての国民が，障害の有無によって分け隔てられることなく，相互に人格と個性を尊重し合いながら共生する社会を実現する」（第1条）とし，これを共生社会と呼ぶようになった。

この「分け隔てられることなく」という言葉には，インクルージョンの理念から，障がい児・者や社会的弱者と，そうでない人を分類しないということを意味しており，両者ともに「一人の人」として尊ばれる社会を目指すということを示している。

（2）共生社会に向けた日本の障がい児・者福祉の流れ

国連の「国際障害者年」を経て，日本にも定着したノーマライゼーションの理念は，日本の障がい児・者の福祉政策にも大きな影響を与えた。また，障がい児・者の保護者である「障がい児・者の親の会」の運動も関係している。

1960年代頃から親の会たちは，「親が亡き後」の障がい児の生活を不安視し，終生保護を目指した大規模入所型施設（コロニー）の建設運動を行い，実際に全国の都道府県で整備された。また，障がい児教育も，障がいのない子との分離別学のままであり，文部省からの「就学義務」（1979年より実施）の通知を受け，多くの子どもたちが親元を離れ障がい児施設に入所した。これは，ノーマライゼーションの理念や脱施設化に向かう世界的な動向とは相反する政策であったといえる。

その後，1980年代に入り，「完全参加と平等」をテーマとした「国際障害者年」の流れから，日本にもノーマライゼーションの理念が普及した。親の会だけでなく，障がい者本人（当事者）が運動の中心となり，生まれた地域での生活，就労と社会参加，自立と地域生活支援（地域移行）など「当たり前の普通の願い」を訴えた。このような運動をきっかけに，施設入所中心の施策に地域福祉を加味する形で関連法や施策が変更されるに至った。特に2006（平成18）年施行の障害者自立支援法では，それまで身体障害，知的障害，精神障害と障がい種別ごとに定められていた施設・事業体系が全障がいに共通するサービスシステムとして再編され，2012（平成24）年には，「地域社会における共生の実現に向けて新たな障害保健福祉制度を講ずるための関係法律の整備に関する法律」が公布され，2013（平成25）年には障害者総合支援法へと名称が改められ施行されることとなった。同法では，ニィリエの提唱したノーマライゼーションの8つの原理が制度化され，目的規定の中で，「自立」という表現に代わり「基本的人権を享有する個人としての尊厳」と明記された。

（3）障がい者の地域移行

　障害者権利条約の視点に立てば，障がい者が自分で生活する場所を決めて住むのは当然の権利といえる。2004（平成16）年には宮城県の浅野知事より「施設解体宣言」が出された。欧米でもノーマライゼーション理念の広がりの背景となった「脱施設化」の問題への取り組みを，障がい者地域移行推進者の同知事が行ったものである。この宣言後，全国の都道府県単位で大型入所施設の規模や運営の見直しが行われた。

　障害者自立支援法では，①地域移行とは，障がい者個々人が市民として自ら選んだ地域で安心して自分らしい暮らしを実現すること，②すべての障がい者は地域で暮らす権利を有し，障がいの程度や状況にかかわらず地域移行の対象となる，③国が社会的入院・社会的入所を早急に解消するために地域移行を推進する，④国は，地域移行プログラムと地域定着支援に関して予算配分措置を伴った法定施策として実施するという４点が法定化された。

　障がい者の暮らしには，何らかの支援が必要である場合が多い。障害者入所施設から地域に移行した暮らしは，グループホーム（共同生活援助）での暮らしや，支援を受けて自宅などで暮らす方法がある。

　グループホームは，夜間において相談その他の日常生活上の援助を行う施設であり，世話人という支援者が介護を伴わない生活支援を行う場である。近年は，定員５名程度の少人数が自宅で暮らすような自由度の高いグループホームが増えている。グループホームの利用者実人数は「施設解体宣言」以前の2003（平成15）年には１万1998人であったが，2017（平成29）年には10万9037人と大幅に増加している。

　一方，支援を受けながら自宅などで暮らす場合，ホームヘルパーが食事作りや家事などを支援する家事援助や，食事や着替え，排泄などの身体介護を受けられる居宅介護を利用したり，様々な支援内容を組み合わせて長時間支援を受けることができる重度訪問介護を利用する方法がある。また，施設やグループホームなどから一人暮らしに移行するための準備として日常生活動作の訓練や相談を受ける自立訓練，施設などから移行した障がい者に一定期間，定期的な巡回訪問や支援を行う自立生活援助などのサービスがある。また，一時的に家族からの介護を受けることのできない事情が生じた場合に入所支援を受ける「短期入所（ショートステイ）」を利用することもできる。

　このように，障がい者の地域移行のための施策が進められているが，様々な

事情で障害者支援施設に入所している障がい者は2018（平成30）年の時点で15万人を超える現状がある。

（4）共生社会実現への課題

　バンク＝ミケルセン，ニィリエが提唱したノーマライゼーションの理念は，知的障害者の生活をノーマルにすることであった。これは，後の障害者権利条約で示された「他の人と平等」な状態であるということである。ここで考えなければならないのは，ノーマライゼーションの提唱された当時，知的障害者は「障がいをもっている」という理由で，自分の家を離れて大規模な施設に入所しなければならなかった，つまり，生活の場を選択することができなかったということである。そして，それは障がい者に対する重大な人権侵害であり，それに反対する親の会の運動がこの理念のはじまりであったことを忘れてはならない。

　本章では，障がいの捉え方，ノーマライゼーションからインクルージョン理念への進展，共生社会への実現に向けた障がい者の地域移行について述べてきたが，障がい者の人権を擁護するという視点をもち続けることが重要である。「障害がある」（支援が必要な人：弱者），「障がいがない」（支援をする人：強者）という考え方を基にすると，その実現は難しいのではないだろうか。そもそも両者の区別すらないインクルージョンの理念の浸透は，誰もが平等な真の共生社会への第一歩であると考える。

　また，たとえばノーマライゼーションが目標とする，「ノーマルな経済水準と物理的環境がある暮らしを保障する」では，障がい者の雇用率，賃金の問題など課題は山積している。

　日本は障害者権利条約を2014（平成26）年に批准し，締結国となった。今後その理念を実質的なものにするために，目に見える形で条約批准の効果が表れることが，社会福祉，保育，教育の実践，障がい者へのサービス，社会の意識の向上などで期待される。

参考文献
杉本敏夫監修／立花直樹・波田埜英治編著（2017）『社会福祉概論』ミネルヴァ書房。
直島正樹・原田旬哉（2019）『図解で学ぶ保育　社会福祉』萌文書林。

ニィリエ，B.（2008）『再考・ノーマライゼーションの原理——その広がりと現代的意義』現代書館。

橋本好市・宮田徹（2019）『学ぶ・わかる・みえるシリーズ　保育と現代社会　保育と社会福祉（第3版）』みらい。

花村春樹（1999）『「ノーマリゼーションの父」N. E. バンク‐ミケルセン』ミネルヴァ書房。

山縣文治・岡田忠克編（2016）『よくわかる社会福祉（第11版）』ミネルヴァ書房。

学習課題

①　ノーマライゼーションの8つの基本原理について具体例を挙げ，まとめてみよう。

②　国際障害者年のテーマである「完全参加と平等」とは，どのようなことを目標にしているのか，具体例を挙げてまとめてみよう。

コラム　障がいと生きにくさ

　筆者は，数十年前に社会福祉士養成の大学に在籍していた。学生時は，社会福祉を学びながら，福祉施設でのアルバイトや，各種ボランティア活動を経験した。

　ある日，足に障がいがあり自力歩行ができないために，車椅子を使用して生活をしているＡさんの外出に付き添うボランティア活動を行った。やや遠方への外出なので，電車に乗車する必要があり，最寄りの駅に向かった。駅に着くと当時その駅にはエレベーターはなく，改札のある２階まで，駅員さんに協力してもらいＡさんを車椅子ごと担いで上がり，また改札から電車のホームまで担いで降りた。当時は珍しいことではなかった。

　夏の暑い日だったので，大汗をかき，息を切らしている筆者にＡさんが，「大変な思いをさせてごめん」と何度も謝られるので，「謝らないでください。Ａさんは何も悪いことしてないです」と返答した。すると，Ａさんは「なあ，Ｙ君，もし駅に階段がなくて，改札に上がるにも，ホームに降りる時も誰かにロープを引っ張って上げ下ろししてもらわなければならなかったら，君はどう思う？」と質問された。筆者は考えてもいなかった質問に「相手に気を遣います。謝ると思います」と答えるのがやっとだった。

　Ａさんは，何度か「障がいは，生きにくさだよ」とおっしゃっていた。確かに，現在の都市部のように，すべての駅にエレベーターがあれば，Ａさんは，電動車椅子を使用して誰にも気を遣わず，自力で外出ができたのではないかと思う。誰かに気を遣わなければ行きたいところに行くことができないのは，確かに生きにくいことだと実感した。

　現在，障害者差別解消法が施行され，合理的配慮という言葉も一般的になってきた。駅にエレベーターがあることは「当たり前」であり，「ない」こと自体が差別と捉えられるようになった。しかし，現在でも「生きにくさ」を抱えて生活をしている人は多い。その「生きにくさ」を理解し，改善のための方法を探り続ける社会でなければならないと考える。

第18章

国際化と多様性支援の現状と諸課題

　少子化に加え多死社会の到来が懸念されるわが国は，2010（平成22）年を
ピークとしてすでに人口減少社会へと突入しており，現在の社会サービスや経
済規模を持続するためには，「女性雇用の推進」「定年年齢の引き上げ」「外国
人労働者や移住者の増加」という選択をしなければならないだろう。ただし，
それだけで問題は解決できるのだろうか。新型コロナウイルスの感染拡大のた
め出生数が低下し世界的に出入国等が制限されており「安心・安全」が重要な
キーワードとなっている。根源的な解決策を講じなければ，国際化や少子化等
の施策は対症療法でしかないだろう。また，女性・高齢者や外国人労働者の活
躍が推進されることは，多様な文化・宗教・価値観などを受け入れると同時に，
既存の社会的枠組みや性差・性的誤認を是正し，風習・価値観などの変化を加
速していくことでもある。宗教や文化によっては恋愛や結婚，性に対する意識
も多様であり，性的少数者等も含めた多様な恋愛や結婚，性のあり方を容認し
ていくことも求められる。そのためには，すべての国民が持続可能かつ満足度
の高い社会の構築を目指して協働することが求められる。本章では，そうした
国際化と多様性に関するトピックの現状と諸課題について整理を行う。

1　人口維持・増加に向けた政策

　わが国の総人口は2011（平成23）年以降減少に転じ，国立社会保障・人口問
題研究所によると，このままの出生率で今後推移すれば，2065年には全人口が
8808万人になると推計されている。少子化が進行すれば，「人口減少による国
力低下」「経済成長率の減退」「市場規模の縮小」「社会保障の維持困難」等に
つながるから，政府は少子化に歯止めをかけなければならないという。しかし，
経済や社会保障は国民のために存在する政策であるはずなのに，政策のために

少子化対策を推進しても対症療法でしかない。男女共同参画の取り組みを国・自治体・企業等が一体となって推進し，男性の育児・家事分担が当然の社会とならなければ，人口を維持することは難しく，少子化問題を根本的に解決できないだろう。

　今後の急速な人口減少に鑑みて今後の政策の方向性を検討するなら，「人口減少に伴って社会システムを小規模化する」，または「人口を維持する政策を打ち出す」，もしくは「人口増加を試みる政策に転換する」のいずれかを選択する必要がある。

（1）国の人口増加政策

　厚生労働省によると，人口減少は，第1段階（若年減少，老年増加），②第2段階（若年減少，老年維持・微減），③第3段階（若年減少，老年減少）を経て進行していく。地方は，若い世代の東京圏への流出と，出生率の低下により，都市部に比べ数十年早く人口が減少しており，地方の人口が減少し大都市への人材供給が枯渇すると，いずれ大都市も衰退する。都市部の人口比率は国際的にみても高く，過度に人口が集中しており，長時間通勤，住宅価格や物価の高さ，自然環境の少なさ，待機児童問題等の様々な生活問題や子育てのしにくさといった問題を抱えている。[3]

　そこで，人口減少克服に向けた政府全体の動きとして，「まち・ひと・しごと創生長期ビジョン」と「まち・ひと・しごと創生総合戦略」の推進を挙げ，地方創生により未来に希望をもち個性豊かで潤いのある地域社会を目指すことを提言している。[4] つまり，地方を活性化し，大都市圏への人口流出を食い止めようというのである。もちろん，ゆとりある生活環境は，子どもを産み育てることには必要な条件の1つかもしれないが，そのことが少子化に即効性を与える可能性は小さく，都市部と地方で，総数が決まっている若年層の奪い合いを行う政策であり，根本的な解決につながるとは言い難い。日本全体を住みやすい街にシフトチェンジすることが求められる。

　また国は，上記の地方活性化を柱とした政策以外に，人口減少対策として，2004（平成16）年6月に「少子化社会対策大綱」を策定して以降，定期的に見直しを図り，2020（令和2）年5月に新たな大綱を取りまとめ「不妊治療の対策」「教育費の無償化」「子育て支援政策」などを掲げている。[5]

（2）不妊治療の保険適用化

　国立社会保障・人口問題研究所によると，2015（平成27）年に，5.5組に1組の夫婦が検査や治療を受けた。2017（平成29）年には体外受精（顕微授精を含む）で，全体の出生数（約94万6000人）の16人に1人にあたる5万6000人余が誕生した。その一方で，不妊治療の大半が自由診療のため，費用負担が多くの夫婦が二の足を踏む原因となっている。不妊に悩む人を支援する NPO 法人 Fine（ファイン）が2018（平成30）年から2019（平成31・令和元）年に約1500人に聞いた調査では，1回の平均治療費が50万円を超えると回答したのは体外受精で43％，顕微授精で60％，治療費の総額は100万円以上が56％（うち7％は500万円以上）と答えた。また，経済的理由で治療を延期，断念するなどした人は54％に上った。[6]

　2020（令和2）年9月に就任した菅義偉首相は「不妊治療の保険適用拡大」を政策の目玉に掲げ，保険適用になる所得制限の引き上げの検討を示唆した。しかし，保険適用で多くの病院が不妊治療に参入すれば，「多様な治療方法が画一化される」「医療機関の間で治療の質に格差が生じ，技術不足で成功しないのに費用がかかる」など，治療の信頼性が低下するおそれがある。ある程度の即効性は期待できるかもしれないが，人権や命の尊重に反する生命のコントロールがはじまっていく危険性も孕んでいる。

（3）教育費の無償化

　日本で子どもを産みたくない理由のトップとして「教育費がかかりすぎる」ことが挙げられている。2010（平成22）年の内閣府の調査では，今より子どもを増やさない，増やせないと回答した理由を聞いたところ，日本の男性，女性ともに，「子育てや教育にお金がかかりすぎるから」が最も多かった[7]（男性44.6％，女性39.5％）。

　2019（令和元）年5月に子ども・子育て支援法の一部を改正する法律が成立し，同年10月より「幼児教育・保育の無償化」がスタートした。0から2歳の乳幼児（住民税非課税世帯を対象）の保育所，認定こども園等の利用料が無償化され，幼稚園，保育所，認定こども園，地域型保育，企業主導型保育を利用する3から5歳の幼児の利用料が無償化された。[8]

　また，「高等教育無償化の制度の具体化に向けた方針」（平成30年12月28日関係閣僚合意）により2019（令和元）年5月に大学等における修学の支援に関する法

律が成立し，2020（平成2）年4月より，大学・短期大学・高等専門学校・専門学校のうち機関要件を満たす学校の学生（住民税非課税世帯およびそれに準ずる世帯）を対象に，①授業料・入学金の減免，②給付型奨学金の支給といった「高等教育の無償化」がスタートした。試算によると，学生に必要な費用全体のうち7から8割程度がカバーされ，無償化による費用負担の軽減が期待されている。[9]

　幼児教育無償化や高等教育無償化は，これまで義務教育に該当していなかった乳幼児から若年層の教育に焦点を当てたことに大きな意味がある。しかし，幼児教育無償化により待機児童の全面解消が進まず，「少子化対策」という観点からは即効性がなく，実効性の検証に時間のかかる政策であるといえる。

2　人口減少における社会政策

（1）人口問題と都市政策

　人口減少に対応するために，様々な社会サービスや経済システムを縮小していけば，しばらくは，全国各地をコンパクトシティ（Compact City）[10]に転換し，日本全体をコンパクトステート（Compact State）[11]に変貌させて，人口に見合った形で縮小していく方向性もある。しかし，さらに人口が減少すれば，都道府県単位の機能を維持していくことも難しく，道州制を導入して都道府県が合併し，各都道府県内の拠点となる自治体（都市）のみを残し，規模の大きな都市に多くの機能を集約しなければならなくなるだろう。そうなると，多くの市町村は消滅していくことになる。故郷や住み慣れた街が消えていくことは，国民の心に大きなダメージを与えることになるだろう。さらに，人口減少により，都道府県や市町村のみならず，国のシステムを維持していくこともできなくなると懸念されている。

　また，国の人口や経済規模を維持させるための政策は，当面の間は有効だと考えられるが，人口減少が予想よりも上回った場合や国の政策が遅れた場合には功を奏さない可能性がある。

　そのため，AI（Artificial Intelligence：人工知能）を活用したマシンラーニング（機械学習）が鍵を握っているともいわれている。[12]人口増加策は一朝一夕では成果が出ず失敗する可能性もあるため，確実に社会機能を維持していくためには，AIの活用拡大が必要となっており，実際に工場のオートメーション化だけで

なく，自動運転システムやセルフレジ等が普及しはじめており，今後は創造性が低く汎用性の高いヒューマンサービスをロボットが代替する時代に移り変わる可能性が高い。すでに世界中で，AI，ICT（Information and Communication Technology：情報通信技術）等の先端技術を活用した次世代の都市である「スマートシティ（Smart City）[13]」が構想され建設が進んでいる。世界では，アラブ首長国連邦の「マスダールシティプロジェクト」，ラトビアの首都リガなどが有名で，日本でも千葉県の「柏の葉スマートシティ」や静岡県に建設予定の「ウーブン・シティ構想」等の取り組みが有名である。

　しかし，AI や ICT を活用したマシンラーニングは，人間の身体能力やコミュニケーション能力や知的能力などの減退を加速させるのではないかという懸念もある。果たして，健康で文化的な生活や人間らしく生きることと相容れるのだろうか。また，AI や ICT の全国的な普及は，数年で達成できるわけでない。現在の社会機能やサービスを維持するためには，しばらくの間「在留外国人の活用」「高齢者や障がい者の雇用」等，別の政策が必要となる。

（2）人口問題と雇用政策（在留外国人）

　国家を発展させ，経済規模を維持・拡大させるためには，国内人口では賄いきれず，ヨーロッパ諸国と同様に，わが国でも「海外から労働者や移住者を積極的に受け入れる」という選択をしなければならない可能性が高い。

　2021（令和3）年2月1日現在，わが国が EPA（経済連携協定）を締結した国は15か国以上に上り，物や金だけでなく人材（労働力）の移動や交流が活性化している[14]。

　実は，日本国内において，法務省に認められた在留外国人は年々増加し，2020（令和2）年6月には295万1365人となった[15]。さらに不法在留外国人（旅行者や出張者等の短期滞在者を除く）が8万2616人となっており[16]，2020（令和2）年6月時点で，300万人以上の外国人が国内に存在している。

（3）EPA と技能実習制度を活用した専門職の確保政策

　2013（平成25）年，今後10から20年程度で，702の職種のうち，どれだけコンピューター技術や人工知能によって自動化されるかを分析した結果，アメリカの総雇用者の約47％の仕事が自動化されるリスクが高いという結論が発表され世界中に衝撃を与えた。将来的に残っていく仕事は，医師・看護師・ソーシャ

ルワーカー・カウンセラー・教師・保育士・レクリエーションリーダー 等の保健・医療・福祉・心理・教育・保育等を中心とする専門職であり，いわゆるヒューマンサービスを中心とする対人援助専門職であった[17]。

　しかし，将来生き残るといわれながら，福祉や保育の分野の専門職は全国的に慢性的な人手不足で，特に人口減少が大幅で過疎の進む地域では医療分野の専門職も不足している。今後の超高齢化社会の到来や，障がい児・者の増加，人口減少による人手不足への対応として，専門職の確保が喫緊の課題となっている。

　そのため，日本はインドネシア（2008年7月～）・フィリピン（2008年12月～）・ベトナム（2012年6月～）と EPA（経済連携協定）を結び，それぞれの国から外国人看護師・介護福祉士候補者の受入れを実施し，2016（平成28）年9月現在で累計受入れ人数は3か国合わせて3800人を超えた[18]。現在，インドやタイ等との連携協定も検討され，今後ますます増加すると考えられ，全国のどこの地域の医療施設や福祉施設に行っても，アジア出身の看護職や介護職が当たり前にいる状況となる可能性が高い。もちろん，来日してから看護師を3年以内，介護福祉士を4年以内に資格取得することが原則（2013年から1年の延長措置が認められている）となっているため，将来にわたり在留するためには，一定の高いハードルがあることになる。この政策について，厚生労働省は「看護・介護分野の労働力不足への対応として行うものではなく，相手国からの強い要望に基づき交渉した結果，経済活動の連携の強化の観点から実施するもの」としているが[19]，協定開始からの8年間で600人余しか合格できていない上に，合格者の3割以上が離日している[20]。各国から来日する候補者は成績優秀であるものばかりであるが，国家試験に合格するには，日本文化や生活習慣に慣れなければならない上に，日本語の3種類の文字（ひらがな・カタカナ・漢字）を覚え，日本語で専門用語を多数覚える必要があるため，試験合格は非常に難関である。そして，国家試験に合格し就職できたとしても，日本語での書類作成や引継ぎに戸惑うとともに，祖国に帰郷するための長期休暇の取得が難しく，ストレス解消をしようにも母国の同僚や他職場の仲間と休日が合わない。そのために，日本での就労を諦めるケースが増加している。このような状況に対して，現時点で十分なケアや効果的な支援ができていない[21][22]。

　外国人労働者の問題は EPA の医療や福祉領域にとどまらず，様々な領域に存在する。他の産業や職種で幅広く雇用される「技能実習制度」では，在留外

国人（技能実習生）に対する「低賃金」「サービス残業」「長時間労働」等といった人権侵害が横行してきたため，2017（平成29）年4月に施行された外国人の技能実習の適正な実施及び技能実習生の保護に関する法律（技能実習法）を整備し，医療や介護の人材にも適用されることになった。日本で不足する人材を諸外国の人材で補いたいという本音が見え隠れしている。

3　労働力の確保と外国人労働者

（1）労働力を確保するための既存の政策

　現在の社会サービスや経済規模を維持していく方向を選択している日本は，世界的な男女共同参画社会に鑑みて，まず，社会的就労をしていない女性が就職する環境を整えている。そのため，これまで平均的な男性1人の収入で生活できていた形から夫婦共働きで生活できる形へとシフトしていくために，個人の平均所得が総じて上がらないような経済政策がとられている。さらには，老後も夫婦2人で共働きだった場合に貰える年金収入で，ある程度の生活ができるように年金支給額を減額していき，夫が1人で働いて家計を支えるという高度経済成長期のメジャーモデルを転換するために，専業主婦の税金控除を廃止していく方向へと議論が進んでいる。

　しかし，子育てや介護を担わなければならない状況や本人が病弱だった場合，女性が定年まで就労し続けるのは容易でない。仮に，女性が介護や子育ての後に就労できたとしても，出産等で退職してしまえば，年齢や資格所持等の状況にもよるが，再雇用先はパートかアルバイトがほとんどであり，正規雇用が難しい現状は以前と変化がない。そのため，女性の社会進出だけによる労働人口確保は難しいものがある。そこで，同時に行われているのが，年金支給年齢引き上げと定年延長政策である。

　以前は55歳からの年金支給が基本であったが，1957（昭和32）年から男性が，1987（昭和62）年から女性が60歳からの年金支給となり，2001（平成13）年から男性が，2006（平成18）年から女性が65歳からの年金支給（基礎額部分）に，さらに2013（平成25）年から男性が，2018（平成30）年から女性が全額完全に65歳からの年金支給（報酬比例額も含む）となった。今後は，すでに67歳からの年金支給が決定しているアメリカ・イギリス・ドイツ等の状況に準じて，67歳に引き上げられると予想される。

　また同時に，定年の年齢も変化してきた。長年55歳定年が主流であったが，平均寿命の伸びにより，1986（昭和61）年高年齢者等の雇用の安定等に関する法律の改正で60歳定年が努力義務化され，1994（平成6）年の同法改正で60歳未満定年が禁止され，2000（平成12）年の同法改正で65歳までの雇用確保措置を努力義務化され，2012（平成24）年の同法改正で希望者全員の65歳までの雇用が義務化された[23]。

　今後は年金支給開始年齢に鑑みながら，67歳まで定年が延長され，将来的には，70歳定年・70歳からの年金支給開始が当然となっていく可能性が高い。

　しかし，労働人口年齢にある男性数・女性数はともに，今後は減少していくことが予測されている。さらには，平均寿命の伸びも鈍化してきており，定年や年金支給の年齢を際限なく上げていくことは難しい。そのため，女性の社会進出や定年延長だけで，全体的に減少する労働力人口をカバーできるのか非常に疑問が残る。今後，人口を維持・増加させていくためには，少子化に歯止めをかけるために有効な政策を同時に行うとともに，多世代の労働者同士が理解を深める交流活動なども行っていく必要がある。

（2）労働力を確保するための新たな政策

　高度経済成長期に，開発途上国へ進出した日本企業が，社会貢献と交流を目的として現地社員を日本に招聘し，技術や知識を習得する機会を設けた各種の取り組みが認められ，1981（昭和56）年に国際貢献と国際協力の一環として一定期間の在留資格を認める「外国人研修制度」が創設された。1993（平成5）年には，知識や技能を修得する研修に加えて，実践的に就労可能な技能（知識・技術）を修得するための技能実習制度が導入された[24]。一方で，元来は研修生である期間中（最長3年間）は労働関係法令が適用されない状況であるにもかかわらず，労働者と同様に扱う企業や団体もあり，契約時と異なる重労働や低賃金労働，時間外労働等に関する苦情やトラブルが多発した。当初，開発途上国への支援の一環であった「研修制度」であったものが，裏では安価な労働力として扱われ，労働人権侵害問題が多発していたのである。このようなことから，2014（平成26）年の1年間に4847人，2015（平成27）年の1月から10月までで4930人の研修生が失踪している[25]。

　そのため，2010（平成22）年に出入国管理及び難民認定法の改正とともに，技能習得活動は技能実習制度に一本化された。さらに，2017（平成29）年に外

国人の技能実習の適正な実施及び技能実習生の保護に関する法律（技能実習法）が施行された。特に，法律の柱として，「技能実習生の実習期間を最長5年まで延長可能」「労働人権侵害問題を防ぐため，受け入れ団体や企業を査察・監督し，実習生の相談・援助を行う『外国人技能実習機構』を新設」「技能実習生に対する人権侵害行為（意思に反した実習や労働の強制，私生活の制限など）について，禁止規定ならびに罰則規定（1年以上10年以下の懲役または20万円以上300万円以下の罰金）を設置」等を定めた。

　現在，日本は公に移民を受け入れていないと考えられている。しかし，国連によると，「移住の理由や法的地位に関係なく，定住国を変更した人々を国際移民とみなす。3カ月から12カ月間の移動を短期的または一時的移住，1年以上にわたる居住国の変更を長期的または恒久移住と呼んで区別する」と移民を定義している。つまり，EPA による「外国人看護師・介護福祉士候補者」も，技能実習法に基づく「外国人技能実習生」も〝移民〟であり，日本はすでに多数の移民を受け入れているといえるだろう。

4　人口減少社会における多様な文化と価値観の承認

（1）セクシュアルマイノリティ（LGBTIQA）や SOGI の承認と対応

　近年，セクシュアルマイノリティの社会的認知が広がり，LGBT や SOGI といった言葉にふれる機会が多くなっている（表18-1）。一方で，LGBT の範疇に入らない性的少数者も存在するため，LGBTIQA という言葉が使用されはじめている。これまでは，L（Lesbian：レズビアン）・G（Gay：ゲイ）・B（Bisexual：バイセクシュアル）・T（Transgender：トランスジェンダー）・I（Intersex：インターセックス）・Q（Questioning：クエスチョニング）・A（Asexual：アセクシュアル）等のセクシュアルマイノリティであった場合，社会的偏見や差別のおそれから，自らの心の内に仕舞い込み，カミングアウト（人に知られたくない自己の秘密を告白・公言すること）することが難しい社会的風潮があった。

　電通が全国の20から59歳の6万9989名にインターネット調査で実施した「LGBT 調査2015」によると，LGBT を含む性的少数者（セクシュアルマイノリティ）に該当する人は2012（平成24）年時調査の5.2%から7.6%に増加しており，年々セクシュアルマイノリティが増加している状況である。

　その一方で，LGBTIQA に対する啓発や理解の取り組みも広がっており，

表 18‐1　性的少数者（性的マイノリティ）とは

種　類	意　味	人口割合
L（Lesbian：レズビアン）	女性に対して，美的な憧れや情緒的・精神的な魅惑，あるいは性的・肉体的な欲望を抱くような性的指向をもつ女性をいう。いわゆる女性同性愛者を指す。	0.5%
G（Gay：ゲイ）	男性に対して，美的な憧れや情緒的・精神的な魅惑，あるいは性的・肉体的な欲望を抱くような性的指向をもつ男性をいう。いわゆる男性同性愛者を指す。	0.9%
B（Bisexual：バイセクシュアル）	男性・女性のいずれの性の人に対しても，美的な憧れや情緒的・精神的な魅惑，あるいは性的・肉体的な欲望を抱くような性的指向をもつ人（男性または女性）をいう。いわゆる両性愛者を指す。	1.7%
T（Transgender：トランスジェンダー）	出生時に割り当てられた性別（生理学的・法律的・社会的）に違和感を抱き，全くとらわれない性別の状態をもつ人（男性または女性）。医学的には性同一性障害が用いられている。	0.7%
I（Intersex：インターセックス）	男女両方の性を兼ね備えており，性別の判別が難しい状態の人。半陰陽者や両性具有者とも呼ばれている。医学的には性分化疾患（DSD）が用いられている。	
Q（Questioning：クエスチョニング）	自己の心の性や性的指向を迷っていたり，探していたりする状態の人。または男女のいずれかにカテゴライズされたくない人を指す。	3.8%
A（Asexual：アセクシュアル）	他者に対して性的な欲求・性的衝動をもたず，かつ他者に恋愛感情を抱かない性質の人のことである。いわゆる無性愛者を指す。	

出所：朝日新聞（2017）「LGBT」（2017年1月11日夕刊）と電通「LGBT調査2015」をもとに筆者作成。

2015（平成27）年9月に東京都世田谷区で，個人の尊厳を尊重し多様性を認め合い，自分らしく暮らせる地域社会を築くことを目指し「世田谷区パートナーシップの宣誓の取扱いに関する要綱」が策定された。さらには，2016（平成28）年4月から東京都渋谷区で，性別等にとらわれず，多様な個人が尊重され，一人ひとりがその個性と能力を十分に発揮し，社会的責任を分かち合い，共にあらゆる分野に参画できる社会の実現を目指した「渋谷区男女平等及び多様性を尊重する社会を推進する条例（渋谷区同性パートナーシップ条例）」が施行された。また，2018（平成30）年7月から大阪府大阪市で，同性カップルが行うパートナーシップの「大阪市パートナーシップ宣誓証明制度」が施行された。「住み

たいまちランキング」の"関東行政市区ランキング"で，世田谷区は2017年が第2位，2020年が第2位，渋谷区は2017年が第9位，2020年が第4位となり，"関西ランキング"で大阪市は2017年が北区第2位・中央区第5位，2020年が北区第2位・中央区第5位・天王寺区第6位となり，いずれの自治体とも上位に位置するかランキングが上昇している。つまり，多様な生き方や価値観を認める街は，多くの人々が住み心地のよい街と言い換えることができるだろう。

　一方，労働組合の中央組織・連合が全国で仕事をしている20から59歳の男女1000人にインターネット調査を実施した結果，「職場の上司や同僚，部下が同性愛者や両性愛者だったらどう感じるか」という質問について，「嫌だ」と回答した人が35.0％に上った。また，調査対象者の8.0％がLGBTの当事者であり，「ゲイは気持ち悪い」といったLGBTに対する嫌がらせを職場で受けたり見聞きしたりした人は22.9％に上っていた。LGBTに対する国民の理解を深める学校教育・職場教育，社会啓発等が必要であり，差別禁止やハラスメント防止の法制化も同時に行われていくことが重要である。

　さらに，LGBTよりも広い概念のSOGI（ソジ）やSOGIESC（ソジエスク）という言葉も広がりつつある。「LGB」は性的指向に関わる概念であり，「T」は性自認に関わる概念であって，土台，位相が異なるため，国際人権法などの議論では，2011（平成23）年頃から「LGBT」ではなく，より広い性の多様性の概念「SOGI」という呼称を用いることが提唱されている。SO（Sexual Orientation：性的指向＝恋愛対象の性）・GI（Gender Identity：性自認＝心の性）・GE（Gender Expression：性表現＝ファッションやメイク等）・SC（Sex Characteristics：性的特徴＝体の性）を合わせた造語がSOGIESCである。

（2）在留外国人の承認と支援・対応

　在留外国人が増加する中で，日本語で十分にコミュニケーションが図れない人々が増加している。特に，長期滞在や移住を考えれば，日常生活の中での言語教育は非常に重要な支援となる。在留外国人や国際結婚等の増加により，小学校・中学校・高等学校の教育機関において，日本語指導が必要な児童生徒が増加している。日本語指導が必要な児童生徒は，2007（平成19）年度が外国籍の児童生徒2万5411人，日本国籍の児童生徒4383人であったが，年々増加し，2007（平成19）年度が外国籍の児童生徒4万485人，日本国籍の児童生徒1万274人となった。今後も増加が予測され，幼児期からの日本語指導の充実や保

護者に対する日本語教育の充実が求められている。

　島国で閉鎖的なわが国において，在留外国人に対する一定の偏見や差別があるのは否めない。近年，世界的に問題となっている「ヘイトスピーチ（Hate Speech）」や右極勢力の拡大は，わが国にも及んでいる。そのため，2016（平成28）年 6 月に本邦外出身者に対する不当な差別的言動の解消に向けた取組の推進に関する法律（ヘイトスピーチ対策法）が施行され，日本に居住している外国出身者やその子孫に対する差別意識を助長・誘発し，地域社会から排除することを扇動するような言動の解消に取り組むことを規定している。外国人居住者が偏見・差別される理由として，原住国民の雇用を奪い，原住国民のみが得るはずの権利や富を享受し，犯罪が増加し，原住国民の文化や風習になじもうとしない等の理由が挙げられる。

　在留外国人が日本で暮らす中で，日本の法律や文化・風習に馴れ親しめるように受け入れる土壌を整備するとともに，日本人側にも外国の固有文化や風習を理解し認めていくことが求められる。

5　持続可能型社会の構築と課題

　これまで，人口減少社会に突入した日本の現状や課題を断片的に述べてきたが，人口減少対策として「女性の社会進出」「定年年齢の延長」を社会全体で受け入れるためには，これまでのわれわれの価値観を大きく変えるということが重要である。

　たとえば，これまで1956（昭和31）年に国連の定義した「65歳以上」を高齢者とする定義を各国が用いて日本も準じてきたが，近年の日本人の65歳以上を調査しても，身体的・認知的機能とも向上しており，74歳以下では要介護者等が年々減少している。このような状況から，日本老年学会と日本老年医学会は，健康で活力がある人が多い65から74歳を「准高齢者」，75から89歳は「高齢者」，90歳以上は「超高齢者」と定義し直すことを提言しており，われわれ国民も時代とともに意識変革をしていく必要性に迫られている。

　2000（平成12）年に国連で策定された「MDGs（Millennium Development Goals：ミレニアム開発目標）」は，発展途上国を支援する意味合いが強かった。これが現在では，2015（平成27）年 9 月の国連総会で193か国の総意で採択された「SDGs（Sustainable Development Goals：持続可能な開発目標）」に継承された。

SDGs は，2030年までに世界中の人々が力を合わせて「貧困や不平等，格差，環境など様々な問題を解決するための具体的行動指針」で，世界共通の17の目標・169のターゲット・232の指標が設定され，「だれ一人取り残さない持続可能な開発目標」と記載されている。「だれ一人取り残さない」と謳いながら，能力強化（Empowerment）については女性や若者（児童）を中心とした記述が多く，先住民・少数民族・障がい者による「持続可能な開発の実現に対する貢献」への期待は充分に記述されていない。このことは，先進国の価値観を主導に策定されたことの裏づけでもある。不平等や格差，差別をなくすことはとても重要であるが，マイナスに傾いたベクトルをゼロにすることでしかない。単なる「持続可能な開発目標」ではなく，女性や若者（児童）はもちろん，先住民・少数民族・障がい者等も含めたすべての民族や世代が互いの文化や言語や習慣や特性を理解し交流し共生することができる「持続可能な開発・交流・共生目標」とならなければならない。

　2014年に IFSW（国際ソーシャルワーカー連盟）は，「ソーシャルワーク専門職のグローバル定義」を採択し，ソーシャルワーカーの中核任務について「人種・階級・言語・宗教・ジェンダー・障害・文化・性的指向などに基づく抑圧や，特権の構造的原因の探求を通して批判的意識を養うこと，そして構造的・個人的障壁の問題に取り組む行動戦略を立てることは，人々のエンパワメントと解放をめざす実践の中核をなす」と定義している。つまり，国境を越えて民族が移動し，交わり，時には衝突する世界各国・地域では，人種・階級・言語・宗教・ジェンダー・障がい・文化・性的指向などに基づく抑圧や偏見・差別等を乗り越え，多様な価値を受け入れ認め合うことが根底に必要となるため，ボーダレス社会における「グローバル定義」を採択したのである。また，世界を見渡せば，日本と同様にほとんど移民を受け入れてこなかったフィンランドでも，フィンランド人以外の移民の子ども数が少しずつ増えているので，ヘルシンキ市では，教える立場の人たちに多文化問題に関する研修を行い，保育所レベルでフィンランド語を第2言語として教えている。身体障害や学習障害のある子ども向けには特別教室が用意されている。

　多様な価値を受け入れるということは，たとえばセクシュアルマイノリティの幼児や児童の適切な支援や周囲への啓発を保育者が行う必要がある。あるいは，肌の色や言語の異なる専門職間で連携を行うことであり，宗教や風習の異なる児童に配慮した教育を行うことであり，様々な文化や生活習慣の下で長年

生活してきた様々な利用者への介護を行うことでもある。すべての専門職が当然のこととして対応できるためには，一朝一夕では難しく十分な準備の時間が必要である。

　今，まさに日本は変革の時代を迎えている。社会福祉や保育の専門職が先頭に立ち，意識や価値を変化させ，多様な援助を行えるようにならなければならない。

注

(1)　国立社会保障・人口問題研究所（2017）「日本の将来推計人口（平成29年推計）」１頁。

(2)　内閣府（2020）「少子化社会対策大綱」11頁。

(3)　厚生労働省（2015）「人口減少克服に向けた取組み」『平成27年版厚生労働白書』日経印刷，201～204頁。

(4)　内閣官房・内閣府（2019）「まち・ひと・しごと創生長期ビジョン（令和元年改訂版）」。

(5)　内閣府（2020）『令和２年版少子化社会対策白書』日経印刷，63～65頁。

(6)　東京新聞「不妊治療に光　菅首相の旗振りで保険適用の方針も効果の程は？」（2020年９月25日）。

(7)　内閣府（2011）「少子化社会に関する国際意識調査報告書（概要版：平成23年３月）」11頁。

(8)　内閣府・文部科学省・厚生労働省（2019）「幼児教育・保育の無償化について（令和元年８月２日）」１～２頁。

(9)　坂口純也・是枝俊悟（2019）「高等教育無償化で学生が流出する地域はどこか」大和総研，２～４頁。

(10)　郊外への広がりを制限すると同時に住宅，職場，店舗，病院など，生活に必要な機能（住宅，商店，機関，施設等）を中心部に集めることで，街の規模をコンパクトに保ち，マイカーに頼らず，公共交通機関や徒歩で暮らせる範囲の街にするという，効率的で持続可能な街づくりや都市計画のあり方を示す概念。

(11)　人口減少により，行政・立法・司法のすべてを限定的でコンパクトな範囲に集約し，政治的・経済的・財政的にも小規模な運営を行う国家を示す概念。

(12)　中島恭子（2015）「マイケル・A・オズボーン博士の『未来の雇用』。AI ではなくマシン・ラーニングから考える」AXIS174号，2015年３月５日記事（https://www.axismag.jp/posts/2015/03/53502.html　2020年９月１日閲覧）。

(13)　AI（人工知能），ICT（情報通信技術）等の先端技術を活用し，ガス，電気，電

話，水道，交通，公益施設（保健・医療施設，教育施設，福祉施設など）の基礎インフラと生活インフラ・サービス（住民の健康，交通，行政サービスなど）を環境に配慮しながら効率的に管理・運用し，継続的な経済発展を目的とした次世代の都市。

⒁　外務省（2021）「我が国の経済連携協定（EPA/FTA）等の取組」（https://www.mofa.go.jp/mofaj/gaiko/fta/index.html　2021年2月20日閲覧）。

⒂　法務省出入国在留管理庁（2020）「在留外国人統計（旧登録外国人統計）」（http://www.moj.go.jp/housei/toukei/toukei_ichiran_touroku.html　2021年2月20日閲覧）。

⒃　法務省出入国在留管理庁（2020）「本邦における不法残留者数について（令和2年7月1日現在）」（https://www.moj.go.jp/isa/publications/press/nyuukokukanri04-0019.html　2021年2月20日閲覧）。

⒄　Carl Benedikt Frey and Michael A. Osborne（2013）*"THE FUTURE OF EMPLOYMENT : HOW SUSCEPTIBLE ARE JOBS TO COMPUTERISATION ?"* University of Oxford.（https://www.oxfordmartin.ox.ac.uk/downloads/academic/The_Future_of_Employment.pdf　2020年9月1日閲覧）。

⒅　厚生労働省（2016）「インドネシア，フィリピン及びベトナムからの外国人看護師・介護福祉士候補者の受入れについて」（https://www.mhlw.go.jp/stf/seisakunitsuite/bunya/koyou_roudou/koyou/gaikokujin/other22/index.html　2020年9月1日閲覧）。

⒆　国際厚生事業団（2016）「平成29年度 受入支援等の取り組み・受入れ状況等について」（https://jicwels.or.jp/?page_id=14　2020年9月1日閲覧）3頁。

⒇　「医療・介護の外国人，難しい定着 受け入れ8年 資格取得600人，3割は離脱」朝日新聞デジタル 2016年9月18日付朝刊（https://www.asahi.com/articles/DA3S12565105.html　2020年9月1日閲覧）。

㉑　松川希実・森本美紀「外国人看護師・介護士，難しい定着『もう疲れ果てた』」朝日新聞デジタル 2016年9月18日付朝刊（https://www.asahi.com/articles/ASJ8J354HJ8JUTFL001.html　2020年9月1日閲覧）。

㉒　厚生労働省（2015）「保健師助産師看護師国家試験の現状について」（https://www.mhlw.go.jp/stf/shingi2/0000099643.html　2020年9月1日閲覧）。

㉓　堀江奈保子（2008）「年金支給開始年齢の更なる引上げ──67歳支給開始の検討とその条件」『みずほ総研論集2008年Ⅰ号』みずほ総合研究所，5頁。

㉔　国際研修協力機構（2016）「外国人技能実習制度・『研修』」（https://www.jitco.or.jp/system/shokushu-shiken.html　2020年9月1日閲覧）。

㉕　「外国人実習生の失踪，過去最多に 急増の背景にスマホ？」朝日新聞デジタル 2015年12月21日付朝刊（https://www.asahi.com/articles/AS20151219002455.html　2017年9月1日閲覧）。

⒇　厚生労働省（2016）「外国人の技能実習の適正な実施及び技能実習生の保護に関する法律（技能実習法）について」（https://www.mhlw.go.jp/stf/seisakunitsuite/bunya/0000142615.html　2020年9月1日閲覧）。

⒇　国際連合広報センター「難民と移民の定義」（https://www.unic.or.jp/news_press/features_backgrounders/22174/　2020年9月1日閲覧）。

⒇　NHK「LGBTってなに？」（https://www.nhk.or.jp/heart-net/lgbt/about/　2020年9月1日閲覧）。

⒇　電通（2015）「電通ダイバーシティ・ラボが『LGBT 調査2015』を実施」（https://www.dentsu.co.jp/news/sp/release/2015/0423-004032.html　2020年9月1日閲覧）。

⒇　世田谷区（2015）「世田谷区パートナーシップの宣誓の取組みについて」（https://www.city.setagaya.lg.jp/kurashi/101/167/1871/d00142701.html　2020年9月1日閲覧）。

⒇　渋谷区（2017）「性的マイノリティに寄り添うまちづくりの取り組みを始めます」（https://www.city.shibuya.tokyo.jp/kusei/jorei/jorei/lgbt.html　2020年9月1日閲覧）。

⒇　大阪市（2020）「大阪市パートナーシップ宣誓書受領証を交付しています」（https://www.city.osaka.lg.jp/shimin/page/0000439064.html　2020年9月1日閲覧）。

⒇　株式会社リクルート（2017）「街を知る：住みたいまちランキング2017」（https://www.recruit-sumai.co.jp/press/2017/　2020年9月1日閲覧）。

⒇　株式会社リクルート（2020）「街を知る：住みたいまちランキング2020」（https://www.recruit-sumai.co.jp/press/2020/　2020年9月1日閲覧）。

⒇　北川慧一（2016）「LGBT，働く人の8％　職場にいると『嫌だ』35％」朝日新聞デジタル　2016年8月25日夕刊（https://www.asahi.com/articles/ASJ8T5G48J8TULFA014.html　2020年9月1日閲覧）。

⒇　讀賣新聞（2016）「虹色百話～性的マイノリティへの招待：第28話　今年は『SOGI』が流行る？」2016年1月14日夕刊（https://yomidr.yomiuri.co.jp/article/20160114-OYTEW63503/　2020年9月1日閲覧）。

⒇　文部科学省（2019）「『日本語指導が必要な児童生徒の受入状況等に関する調査（平成30年度）の結果』について」（https://www.mext.go.jp/b_menu/houdou/31/09/1421569.htm　2020年9月1日閲覧）2～3頁。

⒇　憎悪をむき出しにした発言。特に，公の場で，特定の人種，民族，出身国，宗教，性別・性的指向・障がいの有無，職業，身分など，自ら変更することが難しい事柄に基づき，個人や所属する集団に対して，攻撃・脅迫・侮辱・中傷する発言や言動を示す概念。

⑶　ヒューマンライツ・ナウ（2016）「『本邦外出身者に対する不当な差別的言動の解消に向けた取組の推進に関する法律』（ヘイトスピーチ解消法）成立に対する声明」（https://hrn.or.jp/activity/7426/　2020年 9 月 1 日閲覧）。

⑷　細川貴代（2017）「高齢者は『75歳以上』に：若返りの現実考慮」毎日新聞2017年 1 月 5 日夕刊（https://mainichi.jp/articles/20170106/k00/00m/040/122000c 2020年 9 月 1 日閲覧）。

⑷　外務省（2016）「持続可能な開発目標 SDGs とは」（https://www.mofa.go.jp/mofaj/gaiko/oda/sdgs/about/index.html　2020年 9 月 1 日閲覧）。

⑷　松岡広路（2019）「出会いと葛藤から生まれる新しい価値・文化・ライフスタイル」『第25回北海道大会：報告要旨集』日本福祉教育・ボランティア学習学会，50〜55頁。

⑷　日本社会福祉教育学校連盟・社会福祉専門職団体協議会（2014）「ソーシャルワーク専門職のグローバル定義（日本語版）」（http://www.jassw.jp/topics/pdf/14070301.pdf　2020年 9 月 1 日閲覧）。

⑷　UNFPA（2011）『世界人口白書2011』57〜60頁。

学習課題

①　「多様な文化と価値観を認め合うことのできる社会」とは，どのような社会だと思いますか。日本や海外での先進的な取り組み事例を 1 つ取り上げ，その内容について調べて説明し，あなたが考える「多様な文化と価値観を認め合うことのできる社会」について意見を述べてみよう。

②　持続可能型社会をイメージする時，あなた自身が継続的に実践している（または実践したい）取り組みを明らかにし，そのことを継続するとどのような好影響があるのか考えてみよう。

～～～～～ コラム1　こども園における多文化理解の取り組み ～～～～～

　数年前に，Aこども園に就職したばかりの保育教諭から，国際化対応の話を聞く機会があった。

　彼女が就職したAこども園は，食育に力を入れており，毎月1度実施している保護者による「手作りお弁当の日」を設定していた。クラスの子どもたちはキャラクター弁当や様々な惣菜や色とりどりのおかずが盛り付けられた豪華なお弁当を持参していた。しかし，一部の児童が持ってきたお弁当には「ご飯と少量のおかず」や「パンと果物」しか入っていなかったのである。

　その日の夜に，各担任は児童の保護者宅に電話をし，「Aこども園が食育に力を入れていること」を伝え，「なぜ，そのような簡素なお弁当になったのか」という理由を確認した。すると，「ご飯と少量のおかず」や「パンと果物」等の簡素なお弁当を持ってきていた児童の保護者は海外の出身であり，出身国では簡素なお弁当が一般的であることがわかった。それから3日後の夕方，園長は，主任保育教諭や管理栄養士や各担当保育教諭などと協議をしていた。

　園　長：「私は，Aこども園で食育に力を入れているのは間違いとは思えないし，海
　　　　　外出身の保護者の方々の言うこともよくわかるの……子どもたちが，食文化
　　　　　を通じて多様性を理解できる方法はないかしら？」
　栄養士：「確かに，Aこども園の保護者には，アジア，南米などの各国出身の方がた
　　　　　くさんいます。当然，自宅ではそれぞれの国の料理を食べています。これか
　　　　　らは，ますます国際化が広がるので，園児や教職員にとっても，様々な国の
　　　　　食文化を学ぶチャンスだと思うのです。ですから，毎月1回は〝インターナ
　　　　　ショナル・ランチデー〟にして，各国の料理を作り給食に出す日を設けると
　　　　　いうのはどうでしょう。その時に，保護者の方にも作り方を教えていただき，
　　　　　子どもたちの前でその国の文化や料理のことをお話ししてもらうというのは
　　　　　どうでしょうか？」

　それから，Aこども園では，すべての保護者が納得・承諾した上で，毎月〝インターナショナル・ランチデー〟を開催し，保護者や子ども，教職員からも非常に好評を得ることにつながった。

　出所：筆者と卒業生とのエピソードをもとに執筆。

～～～ **コラム2　災害発生時のグローバルな情報伝達** ～～～

　1995（平成7）年1月17日に発生した阪神淡路大震災では，多くの建物が倒壊し火災が起こり，死者・行方不明者が約6500名に上った。国際都市である神戸も被害を受けた大災害であり，外国籍の居住者たちも多数被災した。テレビやラジオで流れる余震や被害，避難所の情報は日本語ばかりで，被災した在留外国人が情報を受け取れないという情報のバリアが発生していた。

　その時に，在日外国人が多数居住している神戸市長田区の地域のコミュニティ FM "FM わいわい" が多言語で災害に関する情報提供を行い，在留外国人の被災者にとって大変役に立つとともに，元気づける源にもなった。

　このような多言語での情報提供は，徐々に他の FM 放送局にも広がりつつある。日常的に多言語での情報提供や放送を行っていないと，いざ災害が発生した場合にスムーズに機能しないおそれがあるため，さらなる多言語放送や情報伝達方法の広がりが求められている。

　また，多言語放送だけでなく，居住地域や SNS コミュニティの中に，他言語の住民や来訪者向けの案内標識や掲示板・広報誌などを用意し，日常的に多言語による地域情報や行政情報の発信，情報交換を行っておくと，災害発生時にも「情報弱者」を生み出すことなく，情報のバリアフリーのシステムが構築できる。

　参考：財団法人地方自治情報センター「災害発生時の活用＊外国語対応」。

第 19 章

福祉政策の国際比較と視点

　社会福祉学とは人々の幸せを考える学問であり，社会福祉とはそのための公的な諸制度のことを指す。わが国においても障がい・高齢・子ども・生活困窮者等の様々な社会課題に対応した法制度があり，それは単なる慈善ではなく，国家が持続可能な発展をするためのものでもある。

　近年制度の改正や新設が相次いで行われているが，その際に諸外国の制度を参考にする場合も少なくない。多くの先進国で労働人口の減少による経済的課題や少子高齢化が深刻化する中，福祉先進国といわれる諸国においても福祉政策の見直しが議論されている。

　本章では現在の諸外国とわが国が抱える福祉的問題や展望について学びを深める。また，その国の福祉政策が生まれた社会的背景についても考察していく。

1　諸外国とわが国の社会福祉の違いを学ぶ視点と意義

　他国の社会システムを知り，日本と比較することは単に知識の幅を増やすことではない。外国語の学習を例にとってみよう。「外国語を知らない者は，自国語も知らざるなり」というゲーテ（J. W. von Goethe）の言葉がある。外国語を学ぶ時の動機として「外国人とコミュニケーションをとるため」「外国の文化や考え方を知るため」等があるだろう。ただ，外国語を学ぶ意義はそれに限らない。外国の異なる表現，その底にある文化を通して，自分の国の文化を見直すことができるのである。社会福祉のあり方も同じようにして見直すことができる。他章でふれた自国，他国の社会福祉の歴史とあわせて，社会福祉に関する諸外国の制度・政策を本章で学び，日本と比較することは主に次のような意義があるといえる。

　第一に，社会福祉制度を軸に他国の社会システムと照らし合わせることに

よって，国際社会の中での自国の立ち位置を確認できる。国際的な潮流が日本に与えている影響を知ることをきっかけにして，その国際的な潮流を成立させている社会システムを分析することができ，ひいては自国の社会システムのあり方を浮き彫りにすることができる。同時に日本の社会福祉システムが抱える意義，または課題の輪郭もより明確になる。

　また，新しい制度を導入する場合，その成果や課題が表面化するのはしばらく後のことになるので，似通った社会制度・社会状況にある国の様子を知ることは，自国の今後の成果や課題をある程度検討する材料になる。また，自国とは大きく異なる社会制度・社会状況であっても，自国と比較してみることで，現在の制度を自明なものとせず，それまでの視座になかった新たな仕組みや制度を創る可能性に開くこともできる。

　福祉国家はもともと，移民や外国人労働者を十分に想定していなかったシステムである。福祉国家は所得再分配やリスク分散などを実施することで，「国民としての同質性を担保し，再生産する[(2)]」ことに主眼を置いている。このため，外国人労働者という少数派が社会に増えると，「福祉国家が国民国家として本来もっている異質性を排除するメカニズムが露わになる[(3)]」という問題が生じてくる。多様な国の福祉制度を知ることで，他国・自国の文化の理解が進めば，多様な背景をもった在留外国人とのよりよい向き合い方にもつながる。

　これらを念頭に，本章では高齢者福祉に加え，従来のテキストではあまり取り上げてこなかった児童，障がい者に関する諸外国の福祉政策もみていきたい。

2　ヨーロッパの福祉政策

（1）イギリス

①　高齢者福祉・障がい者福祉

　イギリスは国民保健サービス（National Health Service：NHS）に強制加入する仕組みで，公立病院の医療費は原則無料であるが，医療アクセスについて課題が多い。また，障がい者・高齢者の区別なくダイレクトペイメント方式[(4)]で提供される一元的な介護サービス「ソーシャルケア」の公費補助の範囲は障がい者と低所得高齢者に限られ，全額自己負担で利用せざるを得ない状況にある人も少なくない。また，地方自治体が運営主体であり，地域に応じたサービス提供が可能である一方で，サービス格差や，医療との連携等様々な課題がある。介

護はまず本人・家族の責任でという伝統的価値観があるイギリスでは，経済的余裕がある場合を除き，介護は家族が担う傾向がある。

　イギリスは手厚い福祉政策を掲げる労働党と，小さな政府を目指す保守党の二大政党制であり，2010年に13年ぶりに保守党が政権を獲得した際に，緊縮財政政策に大きく舵を切った結果，公費でのサービス受給対象者の範囲も狭まった。介護を担う人材不足や事業所の経営悪化も起こり，支援が必要でもサービスを受けられない高齢者が急増した。そこで，介護費用の生涯負担上限額を設定し，2014年介護者ケア法（The Care Act 2014）に基づく，家族も含む介護者への公費補助制度も導入された。インフォーマルな介護を商品化したことで，介護者を選択する幅が広がった一方で，介護者のスキルアップの機会が十分に保障されず，ケアの質，特に虐待等のリスク防止が課題となっている。

　②　就学前乳幼児教育・保育（Early Childhood Education and Care：
　　　ECEC）と児童福祉

　1997年労働党への政権交代時に，子どもの貧困対策として0から14歳を対象とした「シュア・スタート（Sure Start）地域プログラム」がはじまった。収入に左右されない児童手当に加え，低所得の子育て世帯への税額控除，低中所得世帯へ保育サービス利用料の7割以上の補助を行うなどの給付，低所得者の2歳児とすべての3・4歳児に対する無償の就学前教育の大幅拡充が行われた。「子育ては家族の責任」と考えるイギリスでの，日本の乳児保育に相当する，貧困家庭にとどまらない一律の公的保育制度の導入は画期的なことであった。

　しかし，2010年の保守党への政権交代で，「所得制限」「受給のための就労要件の厳格化」「第3子以降の支援廃止」が行われ，共働きの子育て世帯に大きな経済的な打撃を与えた。さらに親への就労支援機能や一時預かり保育，地域のチャイルドマインダーとの連携等の役割を担っていたチルドレンズセンターの機能も縮小され，閉鎖も相次ぎ，子どもの貧困も深刻化している。

　このように今日のイギリスの子育て支援政策はビジョンや目的が定まらず，政権が変わるたびに子育て支援政策の財源基盤や配分先が激しく変わっている。

（2）スウェーデン

　スウェーデンは社会福祉の理想郷として広く認知され，隣国のデンマークと並び他国からの福祉施設の視察旅行等も多く組まれている。移民にも職業訓練等の教育や社会保障についてスウェーデン人と同等の権利が与えられ，国の労

働力の確保とそれに伴う消費，税収の増加等が期待されていた。

　移民には，第二次世界大戦後に労働力不足を補うために国策として移民の受け入れを推進した第一の波と，1970年代頃労働者として長く働いていた移民たちの縁故によって，国家が意図せざる形で流入した第二の波がある。移民の母国の縁故者同士の強いネットワークが国内に持ち込まれ，スウェーデンでは様々な文化が複雑に交じることになった。

　このように，移民を積極的に受け入れてきた歴史があったために，多様性の包摂がこの国に課せられた１つのテーマとなり，社会福祉政策にも色濃く反映されたともいえる。

　①　家族の位置づけ

　スウェーデンには介護は公的責任で行うべきものという社会通念があり，夫婦間の法的扶養義務はあっても，老親の扶養義務はない。加えて，家族等が介護した時も介護手当が支払われ，介護する家族の相談支援を行う家族支援員が配置される制度もある等，家族介護者を経済的・精神的に支える仕組みがあるといえる。ただ，近年では財政難もあり，家族の介護役割期待が強まる等，状況に変化が生じはじめている。

　②　幼児教育と保育を統合したプレスクールと子育て環境

　スウェーデンには１歳から利用できる幼児教育と保育を統合したプレスクールがあるが，公的な０歳児保育はない。それは，スウェーデンでは乳児は家庭で育てるほうがよいという価値観が広く浸透しており，育児休暇や時短勤務の制度も充実し，日本の子育て支援センターのような「オープン保育室」が至るところにある等，子育てに関する社会環境が充実しているためである。

　1990年代初頭の経済危機で経済危機に陥った際，すべての国民の教育体制の充実化を図り，知識社会を形成することで不況を乗り越える施策を講じ，失業対策のための教育も視野に入れた生涯学習制度の構築が目指された。

　③　高齢者・障がい者・児童の枠を越えて利用できる社会サービス法

　社会サービス法は日本の介護保険法のように具体的なサービスの内容や支給基準を示しているのではなく，福祉の目的・住民の権利・行政の義務等の基本的な枠組みを定めた法律であり，細かい支給の方法やサービスの内容は日本の市町村に相当する「コミューン」が独自に定め，大部分が公費で賄われる。日中活動の場の提供，入所・通所・訪問の介護サービスや支援付き住宅等を利用する際のケアの調整，本人のニーズを総合的に把握しそれを叶えるためのコン

タクトパーソン，移動の支援をするガイドヘルパー，短期入所ができるショートステイ，他にも緊急通報や配食サービス等がある。

④　特定の機能障害者に対する援助およびサービスに関する法律（LSS法）

比較的重度の障がい児・者の権利を実現するための法律として LSS 法があり，在宅介護を支えるパーソナルアシスタンス，放課後等デイサービスや生活介護に相当する通所サービス，グループホームやショートステイに相当する住居に関するサービス，移動を支援するガイドヘルプサービス，介護者の休息を目的としたレスパイトサービス，心理・言語・理学に関する専門職への相談支援等が，原則として利用者負担がなく公費でサービスを利用できる。中でも特徴的なサービスであるパーソナルアシスタンスは，利用が週20時間を超える場合，介護事業者を通さず利用者自らが選んだ介護者を直接雇用することができ，希望する介護者を自由に選択することができる。日本の高齢者・障がい者・児童福祉政策と類似するサービスもあるが，以下の点で大きく異なっている。

日本では高齢者は介護保険制度，障がい者は障害者総合支援法，児童は児童福祉法というように分野別サービスになっている。そのため，障がい者がホームヘルパーを利用する場合，65歳になると介護保険法指定のヘルパー事業所の利用が優先されるため，今まで利用していたヘルパー事業所を継続利用できなくなるといった，「サービスを自由に選択できない」事態が発生することがある。一方，スウェーデンでは，LSS 法の対象になる障がい児・者は社会サービス法に基づくサービスも併用可能であり，LSS 法の対象外の者も必要と認められれば社会サービス法の一環として LSS 法を根拠とするサービスの利用ができる等，柔軟なサービス選択を可能とする制度設計になっている。

また日本の障がい福祉サービスは利用料の９割が公費負担，１割を利用者が負担することを原則とし，所得に応じ負担上限額が設定される仕組みになっている。一方，LSS 法のサービス利用は原則無料であり，社会サービス法対象のサービスを LSS 法のサービスとして取り扱えるケースがある。社会サービス法に基づくサービス利用に自己負担が発生する場合でも，家賃等の生活費は控除され，利用者の手元に残る金銭の下限額が設けられるため，経済的な問題でサービス利用ができない事態を防止する仕組みづくりがなされている。

さらに，スウェーデンではサービス利用が利用者の権利として明確に位置づけられている。住み慣れた地域で住み続けるために，利用者が必要なサービスと利用者自身が望む生活を共に考える存在や，資格の有無にかかわらず信頼で

きる介護者（親族も含む）を直接雇用することができる。また，サービス支給決定に不服がある場合は異議申立できる制度もあり，利用者の主体的な生活はサービスを通して実現されるべきものという基本的な方針が生きている。さらに，スウェーデン国籍や住民登録がない外国人も利用でき，利用対象者は選別されない。

⑤　北欧の介護事情の変化

スウェーデンはかつて「寝たきり老人がいない国」として，国家が高齢者介護の第一義的責任を負うことが社会的合意となっており，日本でも手本にすべき国と考えられていたが，社会保障のあり方が再検討されている。

従来，スウェーデン，デンマーク，ノルウェー，そしてフィンランドでは人々がケアを受ける権利が法律に明記され，すべての国民に均質な介護サービスを提供する「普遍主義」がとられていた。

しかし近年，高齢者人口の比率が大きくなり続け，フィンランドでは働き手である若者人口が海外へ流出する等で財政がひっ迫し，高齢者予算が大幅に削減された。その結果，介護サービスの受給資格が厳格化され，ケアサービスの充足率が低下した。特に在宅ケアはより切迫したニーズがある層の利用が中心となり，家事援助より身体介護に主眼が置かれるようになっている。デンマークは家事援助の利用率は高いが，1人あたりの利用時間数はスウェーデンの半分であり，またほぼ公営だった介護事業者は現在9割以上が民間運営で，国境を越えた営利企業の参入も著しく，サービスの選択の自由があっても，実質的な選択肢が限られる状況があることも見逃してはならない。

3　アメリカの福祉政策

アメリカでも高齢化が急速に進んでおり，2019年の高齢化率（総人口に対する65歳以上人口の比率）は16.21％で，地域による偏りが大きく，特に人種的・民族的マイノリティの高齢者人口の大幅な増加が予測されている。介護に関する自己責任の精神と，州の権限が強いことが社会保障制度にも大きく影響しており，介護・医療は民間または州政府が中心的な役割を果たしている。

①　医療・福祉・保育

高齢者と障がい者向けの公的医療保険制度であるメディケア（Medicare）と低所得者向けのメディケイド（Medicaid）はあるものの，介護サービスを活用

する際には民間介護保険を活用することが通常であり，障がい者・高齢者ともに公的負担による福祉サービスは，米国高齢者法による民間サービス事業者の情報提供，介護予防，権利擁護に関するサービス等に限られる。また，保育サービスもヘッドスタートプログラム等の低所得者向けの保育サービスを除き，基本的には公的な補助制度はなく，全額自己負担である。

　②　障がい観の転換を世界に示した ADA 法（障害のあるアメリカ人に関する法律）

　1990年7月に発効した ADA 法[6]は，障がいがあることによって，「民間企業の雇用」「不特定多数の集まる公共的施設」「交通機関」において差別禁止とした法律である。

　従来，障がい者に関する政策では，社会的不利益を受けるのは心身の機能障害のためと考えられており，それを克服するための治療やリハビリテーションを重視する「医学モデル」に基づく制度設計がなされ障がい者の努力が強く求められていた。1970年代以降，アメリカやイギリスで提唱されるようになった「社会モデル」では，障がい者の社会的不利益は，個人の機能障害の問題とするのではなく，社会環境との相互作用によって生じるとの問題提起を行ってきた。ADA 法もまた，障がい者を，健常者社会によって保護されるべき存在から，「権利の主体」へ転換させようとする画期的なものであった。

　しかし，ADA 法が対象とする障がい者の範囲は限られ，また雇用差別禁止においては本質的な仕事の能力があるとされる「有資格障害者」であることが求められる。障がい者の教育機会の不平等等を考えると ADA 法の対象となるにはハードルが高く，対象になったとしても就労における合理的配慮のコスト負担は使用者側にあるため，実際には雇用を躊躇する会社もあり，ADA 法施行以後の障がい者雇用率も伸び悩んでいるのが現状である。

　③　アメリカの福祉とマイノリティ

　アメリカでは，人種や民族，移民かどうかによって学歴や所得に大きな差があり，結果としてマイノリティの福祉受給率は高くなっている。たとえば黒人とラテンアメリカ系のラティーノの3割程度がメディケイドを受給しており，これは全人口の受給率の2倍に近い。2016年の大統領選でトランプ大統領はメキシコからの非合法移民を防ぐために壁を建設すると公約し，公的扶助の一環で無料食糧クーポンが支給される SNAP（補充的栄養支援プログラム）受給者の就労義務化を提唱した。このように人種の坩堝といわれるアメリカで，意外にも社会福祉界で人種差別の問題に関する議論は十分になされてこなかった。他

人に頼らず，経済的自立をすることを美学と考える「セルフ・メイド・マン」の思想が根底にある上に，初期のアメリカ入植者を指す WASP（White Anglo-Saxon Protestant）視点からみた世界観を中心に動き，支援すべきと考える対象を取捨選択してきた歴史があるといえる。

4　東アジアの福祉政策

（1）中　国

①　高齢者福祉

　中国の世帯構造は，長くの一人っ子政策の影響で，夫婦2人が自分の子どもを育てながら双方の親の面倒をみなければならない「4・2・1家庭」が大半を占め，被介護者の家族に介護負担が大きくのしかかる。2020年までに全土に日本の介護保険を参考にした制度を導入する予定であったが，インフラ整備や人材育成が不十分で先送りになっており，2020年現在約70の都市で日本の介護保険制度に近い試行事業を実施している。

②　障がい者福祉

　1990年中華人民共和国障害者保障法が施行され，2008年障害者権利条約の批准に伴い同法は全面改正された。障がい者の権利，差別の禁止，社会参加の保障に加え，雇用促進，特別支援教育等が追加され，低所得の障がい者を対象にした「困難障害者生活手当」と重度障がい者を対象にした「重度障害者介護手当」が導入されたが，一部の入所施設を除き，公的負担による福祉サービスはない状況である。

　法では障がい者を社会で受け入れ助けるべきとされているが，一方で，障がい児が生まれることを「予防」するという思想もある。「康復」（リハビリテーション）も重視されているが，ADL を向上させるその目標は就労を可能にすることを中心に置かれており，当事者の生活の質を向上するという視点は不十分である点を見逃してはならない。

③　児童福祉・保育

　中国では日本の児童手当に相当する子育て世帯に対する直接的経済的支援制度はない。2016年に一人っ子政策が緩和され，国民の保育ニーズは高いものの，保育園も国営企業改革で激減し，3歳児以下の公的保育施設はほとんどない。中国でも少子高齢化は課題であり，子育てにあたり中国女性は親からの強力な

サポートがあることが多い。これは，多くの中高年世代が大家族主義的な価値観をもち，祖父母が孫の面倒をみる習慣が残っていることや，中国では女性労働者の定年が50歳（管理職は55歳）であるため結果的に定年退職後の女性のマンパワーがあることが理由として考えられる。

④　中国の制度の特徴

日本で社会保障制度は，国会での審議を経て成立した法律に基づいて実施され，多くの国でも類似の手順を踏む。一方，中国の場合は，立法より先に制度の導入が行われることがある。行政府である国務院や，省庁の決定・意見といった行政文書の形で制度が実施される。また，中央政府は大まかな方針を提示するにとどめ，具体的な制度の設計などは地方政府の裁量権が大きい。そのため経済状況などの要因により地域で格差が大きく，制度運用の安定性にも差が生じる構造がある。

（2）韓　国

①　保育・児童福祉

韓国では家族愛や親の個人的な努力に依存した子育て政策が行われているが，1991年に「嬰幼児保育法」が制定され，保育料の公費負担がはじまり，所得制限の緩和が段階的に行われ，2013年には所得に関係なく基本的な保育料に相当する補助がなされるようになった。日本より一足先に保育料の無償化を実施したが，日本の保育所に相当するオリニチップへの入所の競争倍率が激化した結果，入所できない児童が発生し，一方で富裕層は自費で希望する保育所を利用しているので，経済格差による保育所の利用格差が広がっているとの指摘がある。

②　障がい者福祉

韓国の障がい者福祉は登録制度になっており，以前は医師が登録の可否と障害等級を決める権限があったが，2011年に障碍人福祉法が改正され，医師による診断後，国民年金公団の障害等級審査委員会が障碍登録の可否と障害等級を決定するようになった。2019年には等級制度が廃止され，「重度」「軽度」による障害程度の判定が簡素化された。障害手当の支給，活動支援のサービス・障害者補助機器の支援や，障害者の雇用促進のために，障害者雇用義務制度等があり，日本の制度と類似する点が多い。

③　急速な高齢化・少子化

　1960年代の韓国は世界的にみても出生率の高い国で，合計特殊出生率は6を超えていたが，2018年には世界で初めて1を切り，急速な少子化が進んでいる。少子化に伴う急速な高齢化への対応策として2008年に東アジア地域で日本の次に介護保険法が施行された。ドイツの介護保険をベースに何年もかけて導入に至った日本と違い，韓国では大統領のリーダーシップのもと，短期間で導入されたものである。訪問介護やデイケアなどのサービスに対する居宅型給付，高齢者施設に対する施設型給付の他，日本にはない制度として，サービスが提供されていない離島等の地域での特別現金給付がある。また課題として，年金の給付で生活することが難しく，高齢者の貧困率が非常に高いことが指摘されている。

5　福祉の類型

　福祉国家とは「国民の生存権を積極的に保障し，その福祉の増進を図るような国家。イギリスをはじめ西ヨーロッパ諸国が第二次世界大戦後にかかげた国家の理想像で，資本主義の長所を維持しながら，貧富の差や生活不安などの欠点を是正しようとするもの[7]」である。資本主義が発達した国家では貧富の差が広がり，極端な貧富の差の広がりを是正するための政策をとってきた。

　1990年エスピン゠アンデルセンは福祉国家レジーム論を提起し，福祉国家を，個人の労働市場への参加，つまり働いているかどうかにかかわらず一定の生活水準が保てるかの「脱商品化」，社会保障制度と社会階層との関係性の度合いである「階層化」から分析し，「自由主義」「社会民主主義」「保守主義」の3タイプのレジームに分類した（表19-1）。

　国家の福祉に関する制度の整備状況や国家予算における支出の割合だけに着目するのではなく，労働市場への参加度合い，つまり働けるかどうかにかかわらず一定水準の社会的サービスを受給できる仕組みになっているかどうかである「脱商品化」という要素と，職種や社会階層による給付の差異についての要素を比較するものである。しかし，エスピン゠アンデルセンによる福祉国家の分類は，宗教による救済活動の影響力や，特に民主化後発国の家族福祉への依存度合い等の要因が十分に加味されていない等，分類の限界が指摘されるようになった。このように，福祉レジーム論は国家が国民に対して果たしている役

表 19‑1　福祉国家の 3 種類

類　型	主な特徴	脱商品化	階層化	脱家族化	所得再配分規模	給付の対象・性格
自由主義レジーム （アングロ・サクソン諸国）	自助ありき 市場の役割大	低	高	中	小規模 （小さな政府）	生活困窮者への給付が中心 選別主義（支給対象が制限）
社会民主主義レジーム （北欧諸国）	公助重視 国家の役割大	高	低	高	大規模 （大きな政府）	現役・高齢者世代共に充実 普遍主義（広範に支給）
保守主義レジーム （大陸ヨーロッパ諸国）	社会保険・職 域役割大	中	中	低	中～大規模	社会保険は普遍主義 公的扶助は選別主義

出所：厚生労働省（2012）『平成24年度版　厚生労働白書』84頁の表を一部改変。

割について国際比較をする際にわかりやすい指標となり，その後様々な修正を加えた類型化が多くの研究者によって行われるようになったことは大きな成果であったといえるが，いくつかの課題もある。福祉レジーム論は特定の国の福祉政策の全体像とその傾向について財政や社会の仕組みを基に説明することはできるが，障がい者・高齢者・子ども等各分野に限定した福祉のあり方を分析するには不十分である。また，日本や韓国等の東アジア諸国は 3 類型に当てはめようとしてもおさまりが悪く，福祉国家の時間軸による発展プロセスの視点を取り入れる等，現在，様々な研究者が様々な分析軸で新たな分類を試みようとしているところである。このように分類の枠組みをつくり，当てはめることに限界はあるものの，様々な分析軸で国際比較を行うことによって，社会福祉が個々人に果たす役割と国家的意味や意義の両面から考えることができ，未来の社会福祉のよりよいあり方を創造することにつながるのである。コロナ禍による心理的社会的不安から経済成長を軸とした社会の安定の好循環を望むことが難しくなり，人々の格差や分断を防ぎつつ SDGs を前提とした新たな社会の仕組みづくりを検討することが喫緊の課題となっている。日本の社会の仕組みやあり方を，社会状況に応じたより良いものにしていくためにも，他国の社会福祉の変化にも是非アンテナを伸ばしてほしい。

注
(1)　社会保障政策によって国民の福祉の増進を目標としている国家。
(2)　新川敏光編（2017）『国民再統合の政治──福祉国家とリベラル・ナショナリズムの間』ナカニシヤ出版。

(3)　(2)と同じ。

(4)　障がい者自身が介助者を直接雇用するシステム。

(5)　L：権利，S：サービス，S：サポート。

(6)　Americans with Disabilities Act of 1990。1990年7月26日発効。

(7)　小学館編（2005）『精選版 日本国語大辞典』小学館。

参考文献

阿部志郎・井岡勉編（2000）『社会福祉の国際比較』有斐閣。

石黒万里子（2017）「英国における乳幼児期の教育とケア（ECEC）の転型論——OECD 報告書『人生の始まりこそ力強く（Starting Strong)』を手がかりに—」『日英教育研究フォーラム』21，71〜84頁。

伊藤善典（2016）「イギリスの高齢者介護費用負担制度の改革——責任と公平を巡る17年間の議論」『海外社会保障研究』193，54〜67頁。

今井小の実・陳礼美（2013）「スウェーデンにおける雇用労働と家族"ケア"労働の調和——A. サンド氏の調査報告を通して」『Human Welfare』5（1），53〜74頁。

植村英晴・柳田正明（2006）「イギリスの介護施策と障害者施策」『海外社会保障研究』154，37〜45頁。

上村泰裕編（2020）『新 世界の社会福祉　第7巻　東アジア』旬報社。

埋橋玲子（2011）「イギリスのシュア・スタートと日本の課題——貧困問題と就学前のワンストップ機能」『部落解放研究』192，40〜51頁。

NHK 解説委員室ホームページ「パラサイト　韓国映画に見る格差社会」（http://www.nhk.or.jp/kaisetsu-blog/700/421074.html　2020年8月31日閲覧）。

奥村芳孝・伊澤知法（2006）「スウェーデンにおける障害者施策の動向——高齢者ケア政策との異同を中心に」『海外社会保障研究』154，46〜59頁。

片山ゆき（2018）「老いる中国，介護保険制度はどれくらい普及したのか（2018）。——15のパイロット地域の導入状況は？」（https://www.nli-research.co.jp/report/detail/id=59452&pno=1?site=nli　2020年9月1日閲覧）。

片山ゆき（2019）「アリババが医療保障を変える？——次なる「相互宝」の投入」（ニッセイ基礎研究所　2019-05-20　基礎研レター）。

片山ゆき（2020）「高齢者の25％は全面的な介助が必要（中国）——子女に重くのしかかる負担【アジア・新興国】中国保険市場の最新動向（43)」（https://www.nli-research.co.jp/report/detail/id=65191&pno=1?site=nli　2020年9月1日閲覧）。

金子光一・小舘尚文編（2019）『新 世界の社会福祉　第1巻　イギリス／アイルランド』旬報社。

久保恵理子（2018）「スウェーデン・日本における認知症高齢者の家族介護者支援に関する比較研究——支援者の家族視点に注目して」『大阪大学大学院人間科学研究

科紀要』44，147〜165頁。

厚生労働省「第 3 章　欧州地域にみる厚生労働施策の概要と最近の動向　第 4 節　英国（United Kingdom of Great Britain and Northern Ireland）（2）社会保障施策」『2019年海外情勢報告』（https://www.mhlw.go.jp/wp/hakusyo/kaigai/20/　2020年 9 月 1 日閲覧）。

国立社会保障・人口問題研究所（2016）『海外社会保障研究』193。

後藤玲子・新川敏光編（2019）『新世界の社会福祉　第 6 巻　アメリカ合衆国／カナダ』旬報社。

株本千鶴「韓国における社会福祉の動向——政策・構想・研究」『福祉社会学研究』2005（2）。

斉藤弥生・石黒暢編（2019）『新 世界の社会福祉　第 3 巻　北欧』旬報社。

社会福祉士養成講座編集委員会編（2014）『現代社会と福祉（第 4 版）』中央法規出版。

神野直彦（2002）「スウェーデンに学ぶ生涯学習社会」『国立女性教育会館紀要』6，39〜44頁。

竹沢純子（2019）「仕事と育児の両立に関する国際比較」『季刊個人金融2019冬』36〜45頁。

椨瑞希子（2017）「イギリスにおける保育無償化政策の展開と課題」『保育学研究』55（2），132〜143頁。

奈倉京子（2019）「現代中国の「社会工作」システムから見る社会的弱者の排除と包摂——政府・等による障害者支援政策」『国際関係・比較文化研究』18（1），21〜39頁。

西﨑緑（2020）『ソーシャルワークはマイノリティをどう捉えてきたのか——制度的人種差別とアメリカ社会福祉史』勁草書房。

春木育美（2020）「韓国の保活が厳しすぎ！入園倍率1000倍に苦しむ『経断女』たち…」講談社現代ビジネス（https://gendai.ismedia.jp/articles/-/75337　2020年 9 月 1 日閲覧）。

稗田健志（2010）「研究助成報告論文　現代アメリカにおける高齢者介護政策の政治過程——『改革』なき漸進的制度変化の一事例として」『家計経済研究』88，72〜80頁。

久塚純一（2001）『比較福祉論［新版］』早稲田大学出版部。

久塚純一・岡沢憲芙編（2004）『世界の福祉——その理念と具体化（第 2 版）』早稲田大学出版部。

松本健太郎（2019）「G7 で 2 番目に高い日本の相対的貧困率。そこで何が起きている？」日経ビジネス（https://business.nikkei.com/atcl/seminar/19/00067/111200016/　2020年 9 月 1 日閲覧）。

山田純子（2009）「スウェーデンの障害者福祉サービス——利用者負担の視点から」

『植草学園短期大学紀要』10，1〜11頁。

山田麻紗子・渡邊忍・小平英志・橋本和明（2017）「韓国（ソウル市）の児童福祉・虐待への取組み——関係機関の視察報告」『日本福祉大学社会福祉論集』137，133〜151頁。

杜林（2017）「現代中国における障害者観——障害当事者と非当事者の聞き取り調査から」『人間社会環境研究』33，15〜30頁。

包敏（2020）「中国における高齢者介護サービスの現状と今後——『国務院弁公庁による高齢者介護サービスの発展推進に関する意見』を中心に」『東京医科歯科大学教養部研究紀要』50，13〜29頁。

沈潔（2016）「中国における介護保険制度の創設を巡って——政策の動向と政策的な要因の整理」『日本女子大学紀要人間社会学部』27，13〜21頁。

張紀南・韓懿（2019）「中国における高齢者福祉の現状および問題点に関する分析——天心市住民を対象にアンケート調査を中心に」『城西現代政策研究』12（1），83〜105頁。

張健（2018）「中国における介護保険制度の試行現状と課題」『岡山大学掲載学会雑誌』49（3），109〜120頁。

金明中（2019）「韓国における無償保育の現状や日本に与えるインプリケーション」（https://www.nli-research.co.jp/report/detail/id=61212&pno=1?site=nli　2020年9月1日閲覧）。

柳煌碩（2018）「現代韓国社会における親教育の政策的推進——親教育テキストの質的内容分析を中心に」『東京大学大学院教育学研究科紀要』58，583〜593頁。

「韓国の子育てポータルサイト『アイサラン』」（http://www.childcare.go.kr/　2020年9月1日閲覧）。

「OECD 所得分配データベース」（https://www1.compareyourcountry.org/inequality/en/0/314/default　2020年9月1日閲覧）。

コラム　社会福祉制度を創ってきた「社会運動・当事者運動」

　学生から「制度・政策の勉強は退屈」という声をよく聞く。筆者も短大保育科に入学した当初，実践的に関わりがある授業には力を入れていたが，法律や制度については現場で必要になってから学べばよいと考えていた。しかし，その考えが浅はかだったと思い知らされたのは障がい当事者や障がい児の母親による「当事者運動」との出会いだった。自分や仲間たちの尊厳ある生活を実現するために，人の暮らしを十分に支えているはずの福祉制度と生活実態の乖離を当事者の視点から社会に問題提起し，社会を変えようとする姿は筆者に大きな衝撃を与えた。最近でも当事者の人権を制限する精神保健福祉法の改正案が上程された時，全国「精神病」者集団という当事者団体が運動を展開した。様々な形での情報発信だけでなく，国会議員との勉強会等も積み重ねた結果，簡単に可決されるとみられていた法案を廃案にすることにつながったのである。

　ソーシャルワーカーに求められる役割の1つに目の前にいる人への支援を通じて見出した様々な社会的課題を把握し，社会資源を創出・新しい仕組みづくりを行う「ソーシャルアクション」がある。福祉制度の成り立ちや理念を学ぶことで，今の社会の課題がみえてくる。また様々な国との違いを知ることで，自分一人では気がつかなかった問題の構造を知り，乗り越えるための手がかりを得ることもできる。その視野と知見が「未だに存在しない社会に必要とされているもの」を創り出すソーシャルアクションのよりよい実践をしていくために役に立つであろう。今ソーシャルワーカーは当事者の困り感を解決するだけでなく，当事者がやりたいことや実現したいことを見つけ，主体的に活躍できる舞台を共に創る役割も求められ，当事者団体とのパートナーシップを築くための具体的なアクションも重要になってくる。障がい当事者は単なる支援する対象ではなく，対話の場を積極的に設け，社会問題を共に解決していく対等な協力者になるためにも，様々な国の多様な仕組みを知ることで社会を変える選択肢を広げていける。

エピローグ

社会福祉の動向と展望

（1）わが国の社会福祉の動向

　わが国の社会福祉制度は，第二次世界大戦終結後において，戦争被災者や引揚者が急増する中，主に生活困窮者への対策を中心として開始された。1946（昭和21）年の旧生活保護法や1947（昭和22）年の児童福祉法，1949（昭和24）年の身体障害者福祉法などを皮切りに，法律によって福祉サービスの具体的な内容が定められた。そして，高度経済成長期の1960年代には相次いで現在の知的障害者福祉法や老人福祉法，母子及び父子並びに寡婦福祉法が制定され，終戦当時は想定されなかった分野の福祉にもそれぞれ法律が設けられることで，その内容に沿った政策がその都度展開された。こうした一連の法制定とその実行の根拠には，日本国憲法の第25条（生存権の保障）があり，同条では，「国は，すべての生活部面について，社会福祉，社会保障及び公衆衛生の向上及び増進に努めなければならない」と規定されており，日本において社会福祉とは，単なる慈善や相互扶助ではなく，国家の責任として行われるべきだと示している。戦後60年以上過ぎて社会福祉基礎構造改革として改革の方向が打ち出され，個人の自立を基本とし，その選択を尊重した制度の確立や質の高い福祉サービスの拡充，地域での生活を総合的に支援するための地域福祉の充実が掲げられた。そして，個人が尊厳をもってその人らしい自立した生活が送れるよう支えるという社会福祉の理念に基づいて改革を推進すると検討された結果，2000（平成12）年に社会福祉事業法が改正されて社会福祉法が制定された。

　高齢者福祉の分野では，2000（平成12）年4月から介護保険制度が実施された。措置から契約への移行，選択と権利の保障，保健・医療・福祉サービスの一体的提供など，わが国の高齢者介護の歴史においても時代を画す改革であり，介護保険制度の導入によって高齢者介護のあり方は大きく変容した。しかし，高齢者の増加により，2014（平成26）年に地域における医療及び介護の総合的

な確保を推進するための関係法律の整備等に関する法律が公布され，持続可能な社会保障制度の確立を図るための改革の推進に関する法律に基づく措置として，効率的かつ質の高い医療提供体制を構築するとともに，地域包括ケアシステムを構築することを通じ，地域における医療および介護の総合的な確保を推進するため，医療法，介護保険法等の関係法律について所要の整備等を行うことが打ち出された。

　障がい者施策では2003（平成15）年より，措置制度に代わって支援費制度がスタートした。支援費制度は，利用者自身によるサービスの選択と決定および契約といった利用者の権利性を重視することで，その主体性を尊重し，利用者とサービス提供者との対等な関係を目指したものであった。さらに，年齢や障害がい種別にとらわれない支援の提供「障害保健福祉施策の総合化」，障がいがある人の地域生活支援の基盤と就労を含めた障害福祉サービス提供システムの再構築「自立支援型システムの転換」，効率で安定した制度運営「制度の持続可能性の確保」の基本的視点に基づき，2006（平成18）年度から障害者自立支援法が施行されたのである。しかし，地域社会における共生の実現に向けて新たな障害保健福祉施策を講ずるための関係法が整備されて，2013（平成25）年4月1日から，障害者自立支援法を障害者の日常生活及び社会生活を総合的に支援するための法律（障害者総合支援法）とするとともに，障害者の定義に難病等を追加し，2014（平成26）年4月1日から，重度訪問介護の対象者の拡大，ケアホームのグループホームへの一元化などが実施された。

　児童福祉施策では1989（平成元）年に合計特殊出生率が1.57と急落し，統計史上最低を記録したことから「1.57ショック」と呼ばれた。合計特殊出生率の低下が一時的な傾向にとどまらず，中長期化することが次第に明らかになってきたことから，1994（平成6）年に文部・厚生・労働・建設の4大臣合意により「今後の子育て支援のための施策の基本的方向について（エンゼルプラン）」が策定された。これは，おおむね10年間に取り組むべき基本的方向と重点施策を定め，その総合的・計画的な推進に向けて国・自治体・企業・地域社会など社会全体で取り組もうとした最初の少子化対策であった。その後，1999（平成11）年に大蔵・文部・厚生・労働・建設・自治の6大臣合意により「重点的に推進すべき少子化対策の具体的実施計画について（新エンゼルプラン）」が策定された。2001（平成13）年には，「仕事と子育ての両立支援策の方針について」を閣議決定し，その中で保育所入所児童の受け入れ拡大に向け「待機児童ゼロ

作戦」が打ち出された。その後も少子化の流れに歯止めがかからないことから，政府はこれまでの次世代育成施策を点検し直し，もう一歩踏み込んだ対策として，2002（平成14）年に「少子化対策プラスワン」を打ち出した。これを踏まえて，2003（平成15）年3月には少子化対策推進関係閣僚会議で「次世代育成支援に関する当面の取組方針」が決定され，同年7月に次世代育成支援対策推進法が成立した。また，同法と同じ時期に少子化社会対策基本法も制定された。翌年に少子化社会対策大綱が閣議決定され，2004（平成16）年には「少子化社会対策大綱に基づく具体的実施計画（子ども・子育て応援プラン）」が策定された。さらに，2007（平成19）年には，少子化社会対策会議の決定により，「子どもと家族を応援する日本」重点戦略検討会議が設置され，そこで「仕事と生活の調和の実現」と「包括的な次世代育成支援の枠組みの構築」を両輪とする重点戦略をとりまとめた。これを受けて，厚生労働省は同年，社会保障審議会に少子化対策特別部会を設置し，次世代育成支援のための具体的な制度設計の検討に乗り出した。同部会では，保育や子育て支援の基盤整備に向けて議論を重ね，子育て支援のための包括的・一元的な制度の構築や社会全体による費用負担（財源確保）について考えをとりまとめたものが子ども・子育て支援新システムの議論に引き継がれ，子ども・子育て関連3法の成立につながり，2015（平成27）年4月から子ども・子育て支援新制度がスタートしたのである。

（2）わが国の社会福祉の展望

　社会保障制度改革国民会議報告書を踏まえた改革の方向性として，すべての世代が安心感と納得感の得られる，「全世代型」の社会保障制へと転換を図ること，そして社会保障制度を将来の世代にしっかりと伝えることが示されている。また現在の社会の状況を「超高齢化社会へ」「家族・地域の支え合い機能の低下」「雇用の不安化」があり，社会経済情勢が変容していると分析している。政策としては次の3つの方向性を示している。①社会保障の機能の充実と財源確保および給付の重点化・効率化によって安定化を図り持続可能な社会保障の構築をする，②子ども・子育て支援策の充実等，若い人々の希望につながる投資を積極的に実施する，③年齢ではなく，負担能力に応じて負担を支え合うために，すべての世代が相互に支え合い，必要な財源を確保する。

　わが国において高齢化率は2010（平成22）年の23.0％から，2013（平成25）年には25.1％で4人に1人を上回り，50年後の2060年には39.9％，すなわち2.5

人に 1 人が65歳以上となることが見込まれているので，公助の社会福祉や社会保障だけでは成り立たない状況になる。つまり，相互扶助による地域共生社会の構築をあわせて考えなくてはならない。地域共生社会とは地域住民や地域の多様な主体が参画し，人と人，人と資源が世代や分野を超えてつながることで，住民一人ひとりの暮らしと生きがい，地域を共に創っていく社会である。そのため，これまで主として展開されてきた社会福祉制度を，支援対象者が抱える生活上の課題を解決することを目的とした課題解決型の支援から，支援対象者一人ひとりが地域住民として社会参加することを支えていく支援へと転換することが求められている。

　最後に，少子化に加え多死社会の到来が懸念される現在社会では，2010（平成22）年をピークとしてすでに人口減少社会へと突入しており，現在の社会サービスや経済規模を持続するために，「女性雇用の推進」「定年年齢の引き上げ」「外国人労働者や移住者の増加」という選択を迫られている。そして，女性・高齢者や外国人労働者の活躍を促進させるためにも，多様な文化・宗教・価値観などを受け入れると同時に，既存の社会的枠組みや性差・性的誤認を是正し，風習・価値観などの変化を加速させていくことが重要である。宗教や文化によっては恋愛や結婚，性に対する意識も多様であり，性的少数者（LGBTIQA）等も含めた多様な恋愛や結婚，性のあり方を容認していくことも求められる。そのためには，すべての国民が人権意識を正しくもち，人権侵害の起こらない社会を人々が協働して構築していくことが求められる。

参考文献

厚生労働省（2018）「公的介護保険制度の現状と今後の役割」（https://www.mhlw.
　go.jp/file/06-Seisakujouhou-12300000-Roukenkyoku/0000213177.pdf　2020年12月 8
　日閲覧）。

厚生労働省「地域における医療及び介護の総合的な確保を推進するための関係法律の
　整備等に関する法律の概要」（https://www.mhlw.go.jp/topics/bukyoku/soumu/
　houritu/dl/186-06.pdf　2020年12月 8 日閲覧）。

厚生労働省「障害者総合支援法施行 3 年後の見直しについて〜社会保障審議会 障害
　者部会 報告書〜」（平成27年12月14日）（https://www.mhlw.go.jp/stf/shingi2/00
　00107941.html　2020年12月 8 日閲覧）。

厚生労働省「地域社会における共生の実現に向けて――新たな障害保健福祉施策を講

　ずるための関係法律の整備に関する法律の概要」(https://www.mhlw.go.jp/topics/
　bukyoku/soumu/houritu/180-26.html　2020年12月20日閲覧)。

厚生労働省「障害者の日常生活及び社会生活を総合的に支援するための法律及び児童
　福祉法の一部を改正する法律の施行に伴う検討事項について」(https://www.
　mhlw.go.jp/file/05-Shingikai-12601000-Seisakutoukatsukan-Sanjikanshitsu_Shakaiho
　shoutantou/0000168829.pdf　2020年12月20日閲覧)。

国立社会保障・人口問題研究所（2017）「日本の将来推計人口（平成29年）」(http://
　www.ipss.go.jp/pp-zenkoku/j/zenkoku2017/db_zenkoku2017/db_zenkoku2017gai
　yo.html　2020年12月 8 日閲覧)。

あとがき

　本書は，ミネルヴァ書房「最新・はじめて学ぶ社会福祉」の一冊として刊行させていただいた書である。

　「尊厳を持ってその人らしい生活が送れるよう支えるという社会福祉の理念」に基づいた社会福祉基礎構造改革に沿って，2000年5月に社会福祉事業法から社会福祉法へと，社会福祉の根幹である法律が抜本的に改正された。これは，単に「措置から契約へ」という制度的枠組みを転換するだけでなく，福祉サービスの質の向上と量の拡充を目指して，介護保険制度，障害者自立支援制度，子ども・子育て支援新制度，サービス評価制度などが制定され，様々な制度改革が行われた。

　同時に，児童虐待防止法，高齢者虐待防止法，障害者虐待防止法，DV 防止法，障害者差別解消法などが改正や整備されたことは，苦情解決や人権尊重といった個人の尊厳が重視されている証である。現在，人口が減少し続ける少子・高齢社会の中で，国際化や新しい福祉の視点が必要とされ，日本の社会福祉を取り巻く状況は大きく転換を迫られており，国民一人ひとりを重視した「持続可能型の福祉社会」を模索している状況である。新たに産出される多種多様かつ複層的な問題を解決していくためには，国民はもちろんのこと専門職自身が意識変革を迫られている。

　このような時代の要請に応えるために，福祉専門職や社会福祉士・精神保健福祉士・介護福祉士・保育士等を目指す学生にとって，わかりやすく役に立つテキストを目指し創り上げた。本書が専門職や専門職を目指す学生の一助となれば幸いである。

　発刊にあたり，杉本敏夫先生（関西福祉科学大学名誉教授）に監修していただいた。さらには，保育や介護福祉，社会福祉や精神保健福祉の分野で活躍されている先生，社会福祉分野での職務経験が豊富な先生方にも執筆者に加わっていただいた。新制度の動向等を見ながら構成していったこともあり，執筆者の先生方にも無理なお願いをすることもあったが，その要望にも快く応えていただき感謝している。

2021年3月

編者一同

さくいん

(＊は人名)

248

監修者紹介

杉本　敏夫 (すぎもと・としお)

　現　在　関西福祉科学大学名誉教授
　主　著　『新社会福祉方法原論』（共著）ミネルヴァ書房，1996年
　　　　　『高齢者福祉とソーシャルワーク』（監訳）晃洋書房，2012年
　　　　　『社会福祉概論（第3版）』（共編著）勁草書房，2014年

執筆者紹介 （執筆順，＊印は編者）

＊立花　直樹 (たちばな　なおき)（プロローグ，第18章）

編著者紹介参照

田島　望 (たしま　のぞみ)（第1章）

九州看護福祉大学社会福祉学科専任講師

西川　友理 (にしかわ　ゆり)（第2章）

白鳳短期大学講師

牛島　豊広 (うしじま　とよひろ)（第3章）

周南公立大学福祉情報学部准教授

渡邊　慶一 (わたなべ　けいいち)（第4章）

京都文教短期大学教授

森合　真一 (もりあい　しんいち)（第5章）

ひめじカウンセリング・ソーシャルワークオフィス代
表（管理者）

丸目　満弓 (まるめ　まゆみ)（第6章）

大阪城南女子短期大学准教授

川﨑　竜太 (かわさき　りゅうた)（第7章）

鹿児島国際大学福祉社会学部准教授

田中　秀和 (たなか　ひでかず)（第8章）

静岡福祉大学社会福祉学部准教授

青井　夕貴 (あおい　ゆうき)（第9章）

仁愛大学人間生活学部准教授

竹下　徹 (たけした　とおる)（第10章）

周南公立大学福祉情報学部准教授

楳原　直美 (うめはら　なおみ)（第11章）

日本メディカル福祉専門学校

岩本　華子 (いわもと　はなこ)（第12章）

奈良教育大学教育学部特任講師

＊波田埜　英治 (はたの　えいじ)（第13章，エピローグ）

編著者紹介参照

荷出　翠 (にで　みどり)（第14章）

平安女学院大学子ども教育学部助教

中　典子 (なか　のりこ)（第15章）

中国学園大学子ども学部教授

＊家髙　将明 (いえたか　まさあき)（第16章）

編著者紹介参照

藪　一裕 (やぶ　かずひろ)（第17章）

京都文教大学こども教育学部講師

山田　裕一 (やまだ　ゆういち)（第19章）

小田原短期大学特任講師

編著者紹介

立花　直樹 （たちばな・なおき）

現　在　関西学院聖和短期大学准教授
主　著　『障害児の保育・福祉と特別支援教育』（共編著）ミネルヴァ書房，2019年
　　　　『保育者の協働性を高める子ども家庭支援・子育て支援』（共編著）晃洋書房，2019年

波田埜　英治 （はたの・えいじ）

現　在　関西学院聖和短期大学准教授
主　著　『子ども家庭福祉論』（共著）晃洋書房，2011年
　　　　『保育現場で役立つ相談援助・相談支援』（共著）晃洋書房，2013年

家髙　将明 （いえたか・まさあき）

現　在　関西福祉科学大学社会福祉学部准教授
主　著　『災害ソーシャルワークの可能性』（共編著）中央法規出版，2017年
　　　　『改訂版　現代ソーシャルワーク論』（共編著）晃洋書房，2020年

最新・はじめて学ぶ社会福祉④

社会福祉
——原理と政策——

2021 年 5 月 1 日　初版第 1 刷発行　　　　　〈検印省略〉
2022 年 12 月 10 日　初版第 3 刷発行

定価はカバーに
表示しています

監 修 者	杉	本	敏	夫
編 著 者	立	花	直	樹
	波 田 埜	英	治
	家	髙	将	明
発 行 者	杉	田	啓	三
印 刷 者	坂	本	喜	杏

発行所　株式会社　ミネルヴァ書房
607-8494　京都市山科区日ノ岡堤谷町 1
電話代表　（075）581-5191
振替口座　01020-0-8076

ISBN 978-4-623-09159-1

Printed in Japan

杉本敏夫　監修

──────── 最新・はじめて学ぶ社会福祉 ────────

全23巻予定／Ａ５判　並製

順次刊行，　●数字は既刊

──────── ミネルヴァ書房 ────────

https://www.minervashobo.co.jp/